KB088362

3rd Edition

TOPIK
MASTER

TOPIK I • Basic
문제집

Final
실전 모의고사
Actual Tests

3rd Edition

TOPIK MASTER

FINAL ACTUAL TESTS

TOPIK I · **Basic** 문제집

Written by	Darakwon Korean Language Lab
Translated by	Katelyn Hemmeke, Wang Hye-sook
Third Edition	June 2023
First printing	June 2023
Publisher	Chung Kyudo
Editors	Lee Suk-hee, Lee Hyeon-soo, Baek Da-heuin
Cover Design	Yoon Ji-young
Interior Design	Yoon Ji-young, Park Eun-bi
Proofread by	Ryan Paul Lagace
Illustrated by	AFEAL
Voice Actors	Jeong Ma-ri, Cha Jin-wook, Kim Sung-hee, Kim Hee-seung

☑ DARAKWON

Darakwon Bldg., 211 Munbal-ro, Paju-si,
Gyeonggi-do, 10881 Republic of Korea
Tel: 02-736-2031 **Fax:** 02-732-2037
(Marketing Dept. ext.: 250~252 Editorial Dept. ext.: 420~426)

Copyright © 2023, Darakwon Korean Language Lab
TOPIK Trademark® and Copyright© by NIIED(National Institute
for International Education), Republic of Korea
※ 한국어능력시험(TOPIK)의 저작권과 상표권은 대한민국 국립국제교육원에 있습니다.

All rights reserved. No part of this publication may be reproduced, stored in a
retrieval system, or transmitted in any form or by any means, electronic, mechanical,
photocopying or otherwise, without the prior consent of the copyright owner.
Refund after purchase is possible only according to the company regulations.
Contact the Editorial Department at the above telephone number for any inquiry.
Consumer damages caused by loss, damage etc. can be compensated according to
consumer dispute resolution standards announced by the Korea Fair Trade
Commission. An incorrectly collated book will be exchanged.

ISBN: 978-89-277-3310-2 14710
     978-89-277-3309-6 (set)

Visit the Darakwon homepage to learn about our other publications and
promotions and to download the contents in MP3 format.
http://www.darakwon.co.kr
http://koreanbooks.darakwon.co.kr

TOPIK MASTER

3rd Edition

TOPIK I · Basic

문제집

Final
실전 모의고사
Actual Tests

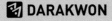
DARAKWON

차례 CONTENTS

제1회 **FINAL 실전 모의고사**

The 1st Final Actual Test

TOPIK I

듣기, 읽기

수험번호 (Registration No.)		
이 름 (Name)	한국어 (Korean)	
	영 어 (English)	

유 의 사 항
Information

1. 시험 시작 지시가 있을 때까지 문제를 풀지 마십시오.

   Do not open the booklet until you are allowed to start.

2. 수험번호와 이름을 정확하게 적어 주십시오.

   Write your name and registration number on the answer sheet.

3. 답안지를 구기거나 훼손하지 마십시오.

   Do not fold the answer sheet; keep it clean.

4. 답안지의 이름, 수험번호 및 정답의 기입은 배부된 펜을 사용하여 주십시오.

   Use the given pen only.

5. 정답은 답안지에 정확하게 표시하여 주십시오.

   Mark your answer accurately and clearly on the answer sheet.

   marking example   ① ● ③ ④

6. 문제를 읽을 때에는 소리가 나지 않도록 하십시오.

   Keep quiet while answering the questions.

7. 질문이 있을 때에는 손을 들고 감독관이 올 때까지 기다려 주십시오.

   When you have any questions, please raise your hand.

TOPIK Ⅰ 듣기 (1번 ~ 30번)

Test 01

※ [1~4] 다음을 듣고 〈보기〉와 같이 물음에 맞는 대답을 고르십시오.

─────〈 보　기 〉─────

가: 공부를 해요?

나: _____

❶ 네, 공부를 해요.　　　　　　② 아니요, 공부예요.

③ 네, 공부가 아니에요.　　　　④ 아니요, 공부를 좋아해요.

1. (4점)

　① 네, 우산이에요.　　　　　　② 네, 우산이 많아요.

　③ 아니요, 우산이 있어요.　　　④ 아니요, 우산이 좋아요.

2. (4점)

　① 네, 운동이에요.　　　　　　② 네, 운동을 해요.

　③ 아니요, 운동이 힘들어요.　　④ 아니요, 운동을 좋아해요.

3. (3점)

　① 버스로 왔어요.　　　　　　② 도서관에 왔어요.

　③ 아침에 왔어요.　　　　　　④ 친구하고 왔어요.

4. (3점)

　① 버스로 가요.　　　　　　　② 오후에 가요.

　③ 친구와 가요.　　　　　　　④ 20분 동안 가요.

※ [5~6] 다음을 듣고 〈보기〉와 같이 이어지는 말을 고르십시오.

┌─────────────〈보 기〉─────────────┐
│ 가: 늦어서 미안해요.   │
│ 나: _____   │
│   │
│ ① 고마워요.   ❷ 괜찮아요.   │
│ ③ 여기 앉으세요.   ④ 안녕히 계세요.   │
└──────────────────────────────────┘

5. (4점)
    ① 괜찮아요.   ② 실례합니다.
    ③ 잘 부탁드려요.   ④ 안녕히 계세요.

6. (3점)
    ① 미안해요.   ② 부탁해요.
    ③ 시험 잘 봐요.   ④ 어서 오세요.

※ [7~10] 여기는 어디입니까? 〈보기〉와 같이 알맞은 것을 고르십시오.

┌─────────────〈보 기〉─────────────┐
│ 가: 어서 오세요.   │
│ 나: 여기 수박 있어요?   │
│ ① 학교   ② 약국   ❸ 시장   ④ 서점 │
└──────────────────────────────────┘

7. (3점)
    ① 빵집   ② 서점   ③ 병원   ④ 은행

8. (3점)
    ① 사진관   ② 운동장   ③ 미용실   ④ 백화점

9. (3점)
　　① 학교　　　　　② 시장　　　　　③ 약국　　　　　④ 서점

10. (4점)
　　① 영화관　　　　② 공항　　　　　③ 경찰서　　　　④ 여행사

※ [11~14] 다음은 무엇에 대해 말하고 있습니까? 〈보기〉와 같이 알맞은 것을 고르십시오.

┌─────────────────〈 보　기 〉─────────────────┐
│   │
│ 가: 누구예요?   │
│ 나: 이 사람은 형이고, 이 사람은 동생이에요.   │
│   │
│ ❶ 가족　　　　② 이름　　　　③ 선생님　　　　④ 부모님 │
│   │
└──┘

11. (3점)
　　① 사진　　　　　② 날씨　　　　　③ 계획　　　　　④ 그림

12. (3점)
　　① 교통　　　　　② 고향　　　　　③ 계절　　　　　④ 주소

13. (4점)
　　① 시간　　　　　② 요일　　　　　③ 나이　　　　　④ 생일

14. (3점)
　　① 취미　　　　　② 선물　　　　　③ 기분　　　　　④ 운동

15. ①  ②

③  ④

16. ①  ②

③  ④

※ [17~21] 다음을 듣고 〈보기〉와 같이 대화 내용과 같은 것을 고르십시오. (각 3점)

---〈보 기〉---

남자: 요즘 한국어를 공부해요?

여자: 네. 한국 친구한테서 한국어를 배워요.

① 남자는 학생입니다.　　　　　② 여자는 학교에 다닙니다.

③ 남자는 한국어를 가르칩니다.　❹ 여자는 한국어를 공부합니다.

---

17. ① 남자는 학생들을 가르치고 있습니다.

　　② 여자는 남자와 같이 여행을 갈 겁니다.

　　③ 여자는 요즘 일을 하지 않고 있습니다.

　　④ 남자는 어머니와 여행을 하고 있습니다.

18. ① 남자는 콘서트 표를 미리 샀습니다.

　　② 남자는 주말에 여자 친구를 만날 겁니다.

　　③ 여자는 남자와 같이 저녁을 먹을 겁니다.

　　④ 여자는 남자 친구와 콘서트를 보러 갈 겁니다.

19. ① 남자는 커피를 만들 줄 모릅니다.

　　② 남자는 아르바이트를 하려고 합니다.

　　③ 여자는 커피 만드는 방법을 알고 있습니다.

　　④ 여자는 커피숍에서 아르바이트를 해 봤습니다.

20. ① 여자는 집에 가서 일을 하고 있습니다.

　　② 여자는 남자와 같이 병원에 갈 겁니다.

　　③ 여자는 내일 회사에 가지 않을 겁니다.

　　④ 여자는 요즘 회사 일이 많아서 힘듭니다.

21. ① 여자는 고기를 사서 남자에게 줄 겁니다.

② 남자는 오늘 집에 가기 전에 고기를 살 겁니다.

③ 여자는 내일 일회용 물건들을 가지고 올 겁니다.

④ 남자는 회사 때문에 바빠서 여행을 갈 수 없습니다.

※ [22~24] 다음을 듣고 <u>여자</u>의 중심 생각을 고르십시오. (각 3점)

22. ① 시장 물건이 더 좋습니다.

② 시장을 이용하는 것이 좋습니다.

③ 마트 물건은 종류가 많지 않습니다.

④ 사람들과 같이 시장에 가면 좋겠습니다.

23. ① 여름에는 짧은 머리가 좋은 것 같습니다.

② 남자가 헤어스타일을 바꾸면 좋겠습니다.

③ 유행하는 스타일로 머리를 바꾸고 싶습니다.

④ 유명한 모델의 헤어스타일이 예쁜 것 같습니다.

24. ① 남자가 수리비를 내야 합니다.

② 새 컴퓨터를 사면 좋겠습니다.

③ 남자가 컴퓨터를 고쳐 줘야 합니다.

④ 컴퓨터를 수리해서 사용하는 게 좋습니다.

25. 여자가 왜 이 이야기를 하고 있는지 고르십시오. (3점)

　　① 졸업식 행사에서 인사하려고

　　② 졸업식 행사 계획을 알리려고

　　③ 졸업식 행사에 학생들을 초대하려고

　　④ 졸업식 행사에 필요한 교복을 모으려고

26. 들은 내용과 같은 것을 고르십시오. (4점)

　　① 옷을 가져다준 사람이 많습니다.

　　② 교복 판 돈을 신입생들에게 줍니다.

　　③ 입학할 학생들은 옷을 살 수 있습니다.

　　④ 신입생들은 공짜로 교복을 받을 수 있습니다.

※ [27~28] 다음을 듣고 물음에 답하십시오.

27. 두 사람이 무엇에 대해 이야기를 하고 있는지 고르십시오. (3점)

　　① 악기의 좋은 점

　　② 여자의 주말 활동

　　③ 기타를 치는 방법

　　④ 좋은 악기를 고르는 방법

28. 들은 내용과 같은 것을 고르십시오. (4점)

　　① 여자는 모든 악기를 연주할 수 있습니다.

　　② 남자는 악기를 연주해 본 적이 없습니다.

　　③ 남자는 여자의 연주회를 보러 갈 겁니다.

　　④ 여자는 기타를 친 지 1년 정도 되었습니다.

※　　[29~30] 다음을 듣고 물음에 답하십시오.

29.　여자가 전화한 이유를 고르십시오. (3점)

　　① 옷을 만드는 날짜를 확인하려고

　　② 옷을 못 받은 이유를 물어보려고

　　③ 옷을 환불해도 되는지 물어보려고

　　④ 옷을 주문할 수 있는지 물어보려고

30.　들은 내용과 같은 것을 고르십시오. (4점)

　　① 남자는 옷을 만들 수 없습니다.

　　② 여자는 남자에게 옷을 보냈습니다.

　　③ 여자는 2주일 동안 옷을 기다렸습니다.

　　④ 남자는 여자에게 옷을 환불해 줄 수 있습니다.

TOPIK I 읽기 (31번~70번)

※ [31~33] 무엇에 대한 내용입니까? 〈보기〉와 같이 알맞은 것을 고르십시오. (각 2점)

─────〈보 기〉─────

사과가 있습니다. 그리고 배도 있습니다.

① 요일　　　② 공부　　　❸ 과일　　　④ 날씨

31. 저는 23살입니다. 동생은 20살입니다.

① 사진　　　② 나이　　　③ 시간　　　④ 부모

32. 우리 반 선생님입니다. 그분은 남자입니다.

① 얼굴　　　② 방학　　　③ 동생　　　④ 사람

33. 친구에게 선물을 줍니다. 축하 노래를 부릅니다.

① 교실　　　② 기차　　　③ 생일　　　④ 고향

※ [34~39] 〈보기〉와 같이 (　　　　)에 들어갈 말로 가장 알맞은 것을 고르십시오.

─────〈보 기〉─────

날씨가 좋습니다. (　　　)이 맑습니다.

① 눈　　　② 밤　　　❸ 하늘　　　④ 구름

34. (2점)

도서관에 갑니다. 책(   ) 빌립니다.

① 에   ② 을   ③ 이   ④ 의

35. (2점)

부모님이 보고 싶습니다. 그래서 부모님께 편지를 (   ).

① 삽니다   ② 씁니다   ③ 봅니다   ④ 놉니다

36. (2점)

서점에 갑니다. (   )을 삽니다.

① 빵   ② 집   ③ 옷   ④ 책

37. (3점)

봄입니다. 날씨가 (   ).

① 따뜻합니다   ② 깨끗합니다   ③ 어렵습니다   ④ 비슷합니다

38. (3점)

저희 가족은 (   ) 세 명입니다. 아버지, 어머니 그리고 저입니다.

① 서로   ② 보통   ③ 모두   ④ 일찍

39. (2점)

운동을 열심히 했습니다. 그래서 (   ) 싶습니다.

① 숙제하고   ② 샤워하고   ③ 일어나고   ④ 전화하고

※ [40~42] 다음을 읽고 맞지 않는 것을 고르십시오. (각 3점)

40.

영화 초대권

제목: 작년, 그 서울
날짜: 2024. 4. 8. (월) 20:00～22:10
인원: 2명
장소: 종로 한국극장

① 월요일에 영화관에 갑니다.
② 영화는 여덟 시에 끝납니다.
③ 영화는 두 명이 볼 수 있습니다.
④ 영화 제목은 '작년, 그 서울'입니다.

41.

기타 동아리 '기타랑'

신입생 여러분, 안녕하세요?
우리 동아리는 기타를 치는 사람들의 모임입니다.
기타를 못 쳐요? 괜찮습니다. 우리가 기타를 가르쳐 줍니다.
우리 동아리에 들어오세요!

① 신입생을 찾습니다.
② 동아리 소개를 합니다.
③ 기타를 배워야 합니다.
④ 기타를 가르쳐 줍니다.

42.

춘천 여행 버스 시간표

◉ **출발:** 동대문역 1번 출구 앞 7시, 9시
◉ **도착:** 춘천역 앞 9시, 11시

어른: 20,000원, 어린이: 10,000원

① 어른은 이만 원을 냅니다.

② 어린이도 갈 수 있습니다.

③ 아홉 시에 출발할 수 있습니다.

④ 동대문역에서 기차를 타고 갑니다.

※ [43~45] 다음을 읽고 내용이 같은 것을 고르십시오.

43. (3점)

오늘 학교에서 한국어 시험을 봅니다. 저는 어제 도서관에서 열심히 공부했습니다. 그래서 오늘 시험을 잘 볼 겁니다.

① 저는 내일 시험을 볼 겁니다.

② 저는 오늘 도서관에 갈 겁니다.

③ 저는 한국어 공부를 열심히 했습니다.

④ 저는 도서관에서 한국어 시험을 봅니다.

44. (2점)

> 저는 은행 앞에 있는 식당을 좋아합니다. 그 식당은 음식값이 싸고 아주 깨끗합니다.
> 그래서 오늘도 친구와 그 식당에 갑니다.

① 은행 식당은 깨끗합니다.
② 은행 앞에 식당이 있습니다.
③ 어제 친구와 밥을 먹었습니다.
④ 음식값이 비싼 식당을 좋아합니다.

45. (3점)

> 작년 겨울에 테니스를 배웠습니다. 하지만 지금은 다리를 다쳐서 운동을 못 합니다.
> 이번 여름부터 다시 테니스를 치고 싶습니다.

① 저는 테니스를 잘 칩니다.
② 저는 테니스를 배울 겁니다.
③ 저는 겨울에 다리를 다쳤습니다.
④ 이번 여름에 다시 운동하고 싶습니다.

※ [46~48] 다음을 읽고 중심 내용을 고르십시오.

46. (3점)

> 저는 저녁마다 운동을 하려고 했습니다. 그런데 학원이 매일 늦게 끝납니다. 그래서
> 매일 늦게 집에 옵니다. 빨리 시험이 끝났으면 좋겠습니다.

① 저녁에 운동하면 좋습니다.
② 운동을 하면 살을 뺄 수 있습니다.
③ 시험이 있어서 공부를 해야 합니다.
④ 시험이 빨리 끝나서 운동하면 좋겠습니다.

47. (3점)

> 저는 집에서 할 일이 많습니다. 오전에는 청소를 하고 오후에는 식사 준비를 합니다. 쉴 시간이 없어서 힘이 듭니다.

① 저는 청소 후에 쉬고 싶습니다.

② 저는 청소하는 것을 좋아합니다.

③ 저는 집안일이 많아서 힘이 듭니다.

④ 저는 식사 준비 후에 청소를 하고 싶습니다.

48. (2점)

> 축구는 정말 재미있습니다. 저는 수업 후에 친구들하고 축구를 합니다. 축구 경기가 있으면 꼭 경기장에 가서 구경을 합니다.

① 저는 축구를 좋아합니다.

② 친구들은 축구를 잘합니다.

③ 수업 후에 운동을 자주 합니다.

④ 경기장에 가서 축구를 보면 재미있습니다.

※ [49~50] 다음을 읽고 물음에 답하십시오. (각 2점)

> 제 휴대폰은 오래되어서 아주 느립니다. 그래서 내일 (㉠) 모델의 휴대폰을 사러 갈 겁니다. 오늘은 사진과 전화번호를 정리했습니다. 그런데 올해는 연락을 안 한 친구들 사진이 많았습니다. 그 친구들에게 오랜만에 전화하고 싶습니다.

49. ㉠에 들어갈 말로 가장 알맞은 것을 고르십시오.

① 사용한   ② 조용한

③ 새로운   ④ 가벼운

50. 윗글의 내용과 같은 것을 고르십시오.

① 제 휴대폰은 올해 샀습니다.

② 제 휴대폰이 느려서 바꿀 겁니다.

③ 친구들하고 다시 만나고 싶습니다.

④ 어제 친구들 사진을 정리했습니다.

※ [51~52] 다음을 읽고 물음에 답하십시오.

> 고양이를 좋아하시는 분을 찾습니다. 저희 집에 고양이가 세 마리 태어났습니다. 하얀색이고 아주 귀엽고 예쁩니다. 하지만 저희 집에는 고양이가 두 마리가 있어서 고양이를 더 (㉠   ). 돈은 받지 않고 고양이를 드리고 싶습니다. 고양이를 기르고 싶은 분은 저에게 연락해 주십시오. 제 전화번호는 010-1234-5678입니다.

51. ㉠에 들어갈 말로 가장 알맞은 것을 고르십시오. (3점)

① 줄 수 없습니다   ② 드릴 수 없습니다

③ 찾을 수 없습니다   ④ 기를 수 없습니다

52. 무엇에 대한 내용인지 맞는 것을 고르십시오. (2점)

① 고양이를 사기   ② 고양이와 놀기

③ 고양이와 생활하기   ④ 고양이 주인 구하기

※ [53~54] 다음을 읽고 물음에 답하십시오.

> 저는 대학에서 그림을 배운 지 3년이 되었습니다. 가끔 친구와 함께 미술관에 가서 전시회를 봅니다. 그 미술관은 학교에서 (㉠   ) 걸어갈 수 있습니다. 그림을 본 후에 학교로 돌아와서 같은 과 사람들과 미술관에서 본 그림에 대해 이야기합니다.

53. ㉠에 들어갈 말로 가장 알맞은 것을 고르십시오. (2점)

① 가깝고   ② 가까워서

③ 가깝지만   ④ 가까우면

54. 윗글의 내용과 같은 것을 고르십시오. (3점)

① 저는 가끔 친구와 그림을 삽니다.

② 저는 미술관에서 친구를 기다립니다.

③ 저는 친구가 그린 그림을 좋아합니다.

④ 저는 대학에서 3년 전부터 그림을 공부했습니다.

※ [55~56] 다음을 읽고 물음에 답하십시오.

> 저는 요즘 백화점보다 가격이 싸고 물건도 많이 있는 인터넷 쇼핑을 자주 합니다. 예전에는 인터넷으로 쇼핑을 할 때 문제가 많았습니다. 물건이 사진과 달랐고 물건이 안 좋아서 오래 사용하지 못했습니다. (㉠   ) 요즘은 그런 일이 많지 않습니다. 물건을 자세하게 찍은 사진이 많고 품질도 예전보다 많이 좋아졌습니다. 그래서 믿고 살 수 있습니다.

55. ㉠에 들어갈 말로 가장 알맞은 것을 고르십시오. (2점)

① 그리고   ② 그래서

③ 그러면   ④ 그런데

56. 윗글의 내용과 같은 것을 고르십시오. (3점)

① 쇼핑은 백화점에서 하는 것이 좋습니다.

② 인터넷에서 파는 물건의 수가 적습니다.

③ 인터넷으로 쇼핑을 해도 문제가 없습니다.

④ 인터넷에서 파는 물건은 자주 고장이 납니다.

57. (3점)

> (가) 버스 번호는 5200번하고 160번입니다.
>
> (나) 저는 일요일에 친구 집에 가려고 합니다.
>
> (다) 친구 집에 갈 때에는 버스를 두 번 타야 합니다.
>
> (라) 먼저 5200번을 타고 40분을 간 후에 160번을 탑니다.

① (나) - (가) - (다) - (라)　　　② (나) - (가) - (라) - (다)

③ (나) - (다) - (가) - (라)　　　④ (나) - (다) - (라) - (가)

58. (2점)

> (가) 그래서 사람이 많은 곳은 가지 않습니다.
>
> (나) 그러면 감기에 걸리지 않을 수 있습니다.
>
> (다) 요즘은 날씨가 덥지만 감기가 유행입니다.
>
> (라) 그리고 집으로 돌아왔을 때 손을 꼭 씻습니다.

① (다) - (나) - (가) - (라)　　　② (다) - (나) - (라) - (가)

③ (다) - (가) - (나) - (라)　　　④ (다) - (가) - (라) - (나)

※ [59~60] 다음을 읽고 물음에 답하십시오.

> 　우리 가족은 모두 음악을 좋아합니다. (㉠) 악기 연주도 좋아해서 아버지는 기타를 잘 치고 오빠는 바이올린을 잘 켭니다. 저는 피아노 치는 것을 좋아합니다. 어머니는 노래를 잘 부르십니다. (㉡) 우리 가족은 매달 가족 음악회를 엽니다. (㉢) 실수를 할 때도 있지만 모두들 우리 가족의 음악을 좋아합니다. (㉣) 우리는 정말 즐거운 시간을 같이 보냅니다.

59. 다음 문장이 들어갈 곳으로 가장 알맞은 것을 고르십시오. (2점)

> 친한 친구나 친척들을 초대해서 우리 가족의 연주를 들려 줍니다.

① ㉠   ② ㉡   ③ ㉢   ④ ㉣

60. 윗글의 내용과 같은 것을 고르십시오. (3점)

① 우리 가족은 실수를 많이 합니다.

② 저는 노래를 잘 부르고 싶습니다.

③ 우리 가족은 악기 연주를 잘합니다.

④ 우리 가족은 한 달에 한 번 음악회를 합니다.

※ **[61~62] 다음을 읽고 물음에 답하십시오. (각 2점)**

> 저는 어제 도서관에서 중국 여행책을 빌렸습니다. 그 책에서 중국의 유명한 관광지를 많이 볼 수 있었습니다. 멋있는 사진도 많아서 책이 아주 마음에 듭니다. 그 책을 다 읽고 중국으로 여행을 갈 겁니다. 하지만 중요한 시험이 다음 주에 있으니까 먼저 시험공부를 열심히 하겠습니다. 책은 시험이 (㉠   ) 읽겠습니다.

61. ㉠에 들어갈 말로 가장 알맞은 것을 고르십시오.

① 끝나려고

② 끝났지만

③ 끝난 후에

④ 끝날 때마다

62. 윗글의 내용과 같은 것을 고르십시오.

① 저는 시험을 보러 중국에 갑니다.

② 저는 도서관에서 빌린 책이 좋습니다.

③ 저는 오늘 도서관에 공부하러 갈 겁니다.

④ 저는 지난번에 중국으로 여행을 다녀왔습니다.

※ [63~64] 다음을 읽고 물음에 답하십시오.

받는 사람: kmj@han.ac.kr

보낸 사람: happy@han.ac.kr

제목: 수업 결석

교수님, 안녕하세요?

저는 한국어학과 2학년 왕웨이입니다. 저는 중국에서 온 유학생인데, 이번 주 금요일에 중국에서 부모님이 오십니다. 아직 방학이 아니지만 부모님께서 일찍 오셔서 함께 여행을 하려고 합니다. 그래서 이번 주 금요일에는 학교에 못 갑니다. 하지만 집에서 공부를 열심히 하겠습니다.

왕웨이 올림

63. 왜 윗글을 썼는지 맞는 것을 고르십시오. (2점)

① 방학 계획을 바꾸려고

② 여행 일정을 취소하려고

③ 결석하는 이유를 알려 주려고

④ 집에서 공부하는 것을 허락받으려고

64. 윗글의 내용과 같은 것을 고르십시오. (3점)

① 방학을 해서 여행을 갈 겁니다.

② 중국에 있는 대학교에 다닙니다.

③ 이 사람은 한국어학과 학생입니다.

④ 지난주 금요일에 여행을 갔습니다.

> 저는 대학생 때부터 강아지를 키웠는데, 매우 즐거웠습니다. 처음부터 강아지와 같이 산 것은 아닙니다. 저는 원래 동물을 싫어해서 혼자 살았던 사람입니다. 하지만 길에서 혼자 먹을 것을 찾고 있는 강아지를 보고 마음이 아팠습니다. 그래서 강아지를 집으로 데리고 와서 먹을 것을 주고 깨끗하게 씻겨 주었습니다. 그때부터 동물을 (㉠   ).

65. ㉠에 들어갈 말로 가장 알맞은 것을 고르십시오. (2점)

① 좋아할까 합니다   ② 좋을 것 같습니다

③ 좋아하게 됐습니다   ④ 좋아하면 좋습니다

66. 윗글의 내용과 같은 것을 고르십시오. (3점)

① 동물이 싫었던 적이 있습니다.

② 집 앞에서 엄마 강아지를 찾았습니다.

③ 강아지를 키우는 것이 조금 힘듭니다.

④ 고등학생일 때 강아지를 처음 키웠습니다.

※ [67~68] 다음을 읽고 물음에 답하십시오. (각 3점)

> 공부 계획을 하고 그 계획을 잘 지키는 사람이 몇 명이나 될까요? 많은 사람들은 (㉠   ) 잘 하지만 그것을 모두 지키기는 어렵습니다. 그 이유는 원하는 목표를 너무 높게 세웠기 때문입니다. 하루에 한 시간도 공부를 안 하던 사람이 갑자기 두세 시간으로 공부 시간을 늘리면 첫날은 성공해도 3일이 지나면 포기하게 됩니다. 따라서 갑자기 계획을 바꾸려고 하지 말고 10분씩 더 공부하겠다는 방법으로 조금씩 바꾼다면 공부 계획이 성공할 것입니다.

67. ㉠에 들어갈 말로 가장 알맞은 것을 고르십시오.

① 공부를 하는 것은   ② 숙제를 내는 것은

③ 목표를 지키는 것은   ④ 계획을 세우는 것은

68. 윗글의 내용과 같은 것을 고르십시오.

① 하루에 십 분씩 공부하는 것이 좋습니다.

② 계획을 갑자기 바꿔서 끝까지 성공하면 됩니다.

③ 목표를 너무 높게 세우면 쉽게 포기하게 됩니다.

④ 하루 한 시간 이상 공부하면 성공할 수 있습니다.

※ [69~70] 다음을 읽고 물음에 답하십시오. (각 3점)

> 저는 지난주에 한국문화센터에 갔습니다. 한국문화센터에서 여러 한국 문화에 대해서 공부할 수 있고 체험할 수 있었습니다. 그중에서 한국의 왕과 왕비가 입었던 옷을 입어 보는 체험이 있었습니다. 옷을 입고 나서 그곳에서 해 주는 화장과 머리 손질 서비스도 받았습니다. 옷을 입고 찍은 사진을 받을 수도 있었습니다. 이렇게 한국 전통 옷을 (㉠) 친구들에게도 소개할 생각입니다.

69. ㉠에 들어갈 말로 가장 알맞은 것을 고르십시오.

① 입을까 해서   ② 입으려고 해서

③ 입어야 하기 때문에   ④ 입을 수 있기 때문에

70. 윗글의 내용으로 알 수 있는 것을 고르십시오.

① 한국문화센터에서 많은 옷을 입을 수 있습니다.

② 한국문화센터에서 사진을 찍는 방법을 배웁니다.

③ 한국문화센터에서 한국 문화를 배울 수 있습니다.

④ 한국문화센터에서 옷을 입을 때 화장은 할 수 없습니다.

제2회 **FINAL 실전 모의고사**

The 2nd Final Actual Test

TOPIK I

듣기, 읽기

수험번호 (Registration No.)	
이 름 (Name) 한국어 (Korean)	
영 어 (English)	

유 의 사 항
Information

1. 시험 시작 지시가 있을 때까지 문제를 풀지 마십시오.

   Do not open the booklet until you are allowed to start.

2. 수험번호와 이름을 정확하게 적어 주십시오.

   Write your name and registration number on the answer sheet.

3. 답안지를 구기거나 훼손하지 마십시오.

   Do not fold the answer sheet; keep it clean.

4. 답안지의 이름, 수험번호 및 정답의 기입은 배부된 펜을 사용하여 주십시오.

   Use the given pen only.

5. 정답은 답안지에 정확하게 표시하여 주십시오.

   Mark your answer accurately and clearly on the answer sheet.

6. 문제를 읽을 때에는 소리가 나지 않도록 하십시오.

   Keep quiet while answering the questions.

7. 질문이 있을 때에는 손을 들고 감독관이 올 때까지 기다려 주십시오.

   When you have any questions, please raise your hand.

※ [1~4] 다음을 듣고 〈보기〉와 같이 물음에 맞는 대답을 고르십시오.

〈보 기〉

가: 공부를 해요?

나: _____

❶ 네, 공부를 해요.　　　　　② 아니요, 공부예요.

③ 네, 공부가 아니에요.　　　④ 아니요, 공부를 좋아해요.

---

1. (4점)

　① 네, 동생이 많아요.　　　　② 네, 동생이 없어요.

　③ 아니요, 동생이 아니에요.　④ 아니요, 동생이 적어요.

2. (4점)

　① 네, 영화예요.　　　　　　② 네, 영화가 많아요.

　③ 아니요, 영화를 봐요.　　　④ 아니요, 영화가 재미없어요.

3. (3점)

　① 동생을 만날 거예요.　　　② 저녁에 만날 거예요.

　③ 부모님과 만날 거예요.　　④ 도서관에서 만날 거예요.

4. (3점)

　① 아침에 배웠어요.　　　　　② 친구에게 배웠어요.

　③ 3년 동안 배웠어요.　　　　④ 학교에서 배웠어요.

※ [5~6] 다음을 듣고 〈보기〉와 같이 이어지는 말을 고르십시오.

┌─────────────────── 〈보 기〉───────────────────┐
│   │
│ 가: 늦어서 미안해요.   │
│ 나: _____   │
│   │
│ ① 고마워요.   ❷ 괜찮아요.   │
│ ③ 여기 앉으세요.   ④ 안녕히 계세요.   │
│   │
└───┘

5. (4점)
    ① 안녕하세요.   ② 감사합니다.
    ③ 미안합니다.   ④ 안녕히 가세요.

6. (3점)
    ① 또 오세요.   ② 오랜만입니다.
    ③ 잘 다녀오세요.   ④ 잘 부탁드려요.

※ [7~10] 여기는 어디입니까? 〈보기〉와 같이 알맞은 것을 고르십시오.

┌─────────────────── 〈보 기〉───────────────────┐
│   │
│ 가: 어서 오세요.   │
│ 나: 여기 수박 있어요?   │
│ ① 학교   ② 약국   ❸ 시장   ④ 병원   │
│   │
└───┘

7. (3점)
    ① 학교   ② 병원   ③ 호텔   ④ 회사

8. (3점)
    ① 시장   ② 교실   ③ 은행   ④ 서점

9. (3점)

　① 극장　　　　② 회사　　　　③ 빵집　　　　④ 식당

10. (4점)

　① 학교　　　　② 공항　　　　③ 백화점　　　　④ 영화관

※ [11~14] 다음은 무엇에 대해 말하고 있습니까? 〈보기〉와 같이 알맞은 것을 고르십시오.

〈보　　기〉

가: 누구예요?

나: 이 사람은 형이고, 이 사람은 동생이에요.

❶ 가족　　　　② 이름　　　　③ 선생님　　　　④ 부모님

11. (3점)

　① 여행　　　　② 계획　　　　③ 방학　　　　④ 생일

12. (3점)

　① 값　　　　② 옷　　　　③ 맛　　　　④ 집

13. (4점)

　① 취미　　　　② 사진　　　　③ 휴일　　　　④ 계절

14. (3점)

　① 시간　　　　② 달력　　　　③ 음식　　　　④ 나이

※ [15~16] 다음 대화를 듣고 가장 알맞은 그림을 고르십시오. (각 4점)

15. ①

②

③

④

16. ①

②

③

④

※ [17~21] 다음을 듣고 〈보기〉와 같이 대화 내용과 같은 것을 고르십시오. (각 3점)

〈 보 기 〉

남자: 요즘 한국어를 공부해요?

여자: 네. 한국 친구한테서 한국어를 배워요.

① 남자는 학생입니다.　　　　　② 여자는 학교에 다닙니다.

③ 남자는 한국어를 가르칩니다.　❹ 여자는 한국어를 공부합니다.

---

17. ① 남자는 여자와 커피숍에 갈 겁니다.

　　② 남자는 선생님을 만나서 인사했습니다.

　　③ 여자는 선생님의 사무실에 가 봤습니다.

　　④ 여자는 커피숍에서 선생님을 만나기로 했습니다.

18. ① 여자는 차를 타고 춘천에 갈 겁니다.

　　② 여자는 1박 2일 동안 여행할 겁니다.

　　③ 남자는 기차 타는 장소를 알고 있습니다.

　　④ 남자는 회사 사람들과 여행하기로 했습니다.

19. ① 남자는 다음 달에 미국에 갑니다.

　　② 남자는 공부하러 미국에 갈 겁니다.

　　③ 여자는 미국에서 영어를 배울 겁니다.

　　④ 여자는 일 년 동안만 미국에 있을 겁니다.

20. ① 남자는 피자를 만들 줄 압니다.

　　② 여자는 피자를 자주 만들어 먹습니다.

　　③ 남자는 피자를 좋아해서 자주 먹습니다.

　　④ 여자는 남자에게 비싼 피자를 사 줬습니다.

21. ① 남자는 콘서트를 볼 수 있습니다.

② 여자는 오늘 기분이 좋지 않습니다.

③ 남자는 오늘 여자 친구를 만날 겁니다.

④ 여자는 회의가 있어서 늦게 끝날 겁니다.

※ **[22~24] 다음을 듣고 <u>여자</u>의 중심 생각을 고르십시오. (각 3점)**

22. ① 새 차보다 아버지 차가 더 좋습니다.

② 운전할 때 사고가 많이 날 수 있습니다.

③ 다른 사람이 사용한 차는 사고가 많이 납니다.

④ 처음 운전할 때 새 차를 사는 것은 안 좋습니다.

23. ① 날씨가 더워서 차가운 것을 먹고 싶습니다.

② 따뜻한 것을 마시면 감기에 걸리지 않습니다.

③ 건강을 위해서 따뜻한 차를 마시면 좋겠습니다.

④ 감기에 걸리면 아이스크림을 먹으면 안 됩니다.

24. ① 매운 음식은 건강에 좋지 않습니다.

② 매운 떡볶이는 제일 좋아하는 음식입니다.

③ 매운 음식을 많이 먹는 것은 좋지 않습니다.

④ 매운 음식을 먹으면 스트레스를 풀 수 있습니다.

※　[25~26] 다음을 듣고 물음에 답하십시오.

25. 여자가 왜 이 이야기를 하고 있는지 고르십시오. (3점)

① 일주일 동안 식당 문을 닫아서

② 백화점 청소 시간을 설명하려고

③ 백화점 세일 기간을 알려 주려고

④ 백화점 손님들에게 안내할 내용이 있어서

26. 들은 내용과 같은 것을 고르십시오. (4점)

① 백화점 세일은 오늘 끝났습니다.

② 오늘은 오전 8시에 백화점 문을 엽니다.

③ 오늘은 저녁 10시에 백화점 문을 닫습니다.

④ 백화점 세일 기간과 5층 청소 기간이 같습니다.

※　[27~28] 다음을 듣고 물음에 답하십시오.

27. 두 사람이 무엇에 대해 이야기를 하고 있는지 고르십시오. (3점)

① 봉사 활동 장소

② 봉사 활동 일정

③ 봉사 활동의 좋은 점

④ 봉사 활동을 해야 하는 이유

28. 들은 내용과 같은 것을 고르십시오. (4점)

① 남자는 여자와 둘이 차를 마실 겁니다.

② 남자는 수원역에서 할아버지를 만날 겁니다.

③ 여자는 점심 준비를 한 후에 방 청소를 할 겁니다.

④ 여자는 남자와 함께 수원에서 봉사 활동을 할 겁니다.

29. 여자가 면접을 본 이유를 고르십시오. (3점)

① 중국에서 공부하고 싶어서

② 외국인을 가르치고 싶어서

③ 한국어 도우미가 되고 싶어서

④ 외국인에게 영어를 배우고 싶어서

30. 들은 내용과 같은 것을 고르십시오. (4점)

① 여자는 중국에 안 가 봤습니다.

② 여자는 면접 결과를 알고 있습니다.

③ 여자는 외국어를 배운 적이 없습니다.

④ 여자는 외국인에게 한국어를 가르쳤습니다.

TOPIK I 읽기 (31번~70번)

※ [31~33] 무엇에 대한 내용입니까? 〈보기〉와 같이 알맞은 것을 고르십시오. (각 2점)

─────〈보 기〉─────

사과가 있습니다. 그리고 배도 있습니다.

① 요일　　　② 공부　　　❸ 과일　　　④ 생일

31. 밖에 비가 옵니다. 우산을 씁니다.

① 날씨　　　② 버스　　　③ 신체　　　④ 장소

32. 학교가 쉽니다. 집에서 공부합니다.

① 노래　　　② 방학　　　③ 계절　　　④ 공항

33. 오늘은 오 월 이십구 일입니다. 목요일입니다.

① 음식　　　② 건물　　　③ 가게　　　④ 날짜

※ [34~39] 〈보기〉와 같이 (　　　　)에 들어갈 말로 가장 알맞은 것을 고르십시오.

─────〈보 기〉─────

날씨가 좋습니다. (　　)이 맑습니다.

① 눈　　　② 밤　　　❸ 하늘　　　④ 구름

34. (2점)

> 이것은 사전(   ) 아닙니다. 책입니다.

① 과   ② 을   ③ 이   ④ 의

35. (2점)

> 방이 덥습니다. 창문을 (   ).

① 엽니다   ② 만듭니다   ③ 닦습니다   ④ 그립니다

36. (2점)

> (   )에 갑니다. 돈을 환전합니다.

① 가게   ② 은행   ③ 학교   ④ 식당

37. (3점)

> 방 청소를 했습니다. 방이 (   ).

① 좁습니다   ② 다릅니다   ③ 깨끗합니다   ④ 시원합니다

38. (3점)

> 저는 노래를 좋아합니다. 그래서 (   ) 노래방에 갑니다.

① 자주   ② 아주   ③ 다시   ④ 제일

39. (2점)

> 단어를 모릅니다. 선생님에게 (   ).

① 줍니다   ② 팝니다   ③ 가르칩니다   ④ 질문합니다

※ [40~42] 다음을 읽고 맞지 <u>않는</u> 것을 고르십시오. (각 3점)

40.

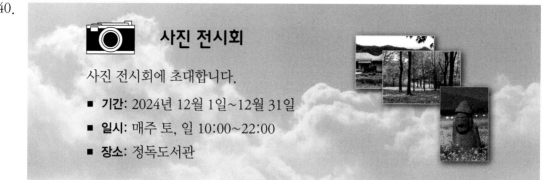

사진 전시회

사진 전시회에 초대합니다.

- **기간**: 2024년 12월 1일~12월 31일
- **일시**: 매주 토, 일 10:00~22:00
- **장소**: 정독도서관

① 매일 전시회를 엽니다.

② 전시회는 열 시에 끝납니다.

③ 한 달 동안 전시회를 합니다.

④ 도서관에서 사진을 볼 수 있습니다.

41.

책 읽기 모임

우리 함께 책을 읽어요!

매주 수요일 저녁 7시에 2층 회의실로 오세요!

* 저녁 식사는 하고 오세요.

① 수요일마다 모입니다.

② 저녁밥도 같이 먹습니다.

③ 저녁 일곱 시에 시작합니다.

④ 이 층 회의실에서 만납니다.

42.

> # 시험 알림
>
> 5월 27일(금)
>
> 1교시: 듣기 · 읽기 10:00~11:50
>
> 2교시: 말하기 12:10~14:00
>
> *시험 시작 5분 전에 자리에 앉으세요.

① 시험은 세 과목을 봅니다.

② 열 시까지 자리에 앉습니다.

③ 시험은 오후 두 시에 끝납니다.

④ 쉬는 시간은 열한 시 오십 분부터입니다.

※ [43~45] 다음을 읽고 내용이 같은 것을 고르십시오.

43. (3점)

> 다음 주 일요일은 어머니의 생신입니다. 어머니께서는 꽃을 좋아하십니다. 그래서 선물로 꽃을 드릴 겁니다.

① 저는 꽃을 좋아합니다.

② 어머니께서 꽃을 주십니다.

③ 일요일에 꽃을 받았습니다.

④ 주말에 어머니의 생신이 있습니다.

44. (2점)

> 어제 회사 근처에 있는 박물관에 갔습니다. 아들하고 같이 가서 구경했습니다. 아들이 매우 좋아했습니다.

① 박물관은 회사에서 멉니다.
② 저는 박물관을 구경할 겁니다.
③ 어제 아들과 회사에 갔습니다.
④ 아들이 박물관을 좋아했습니다.

45. (3점)

> 내일 친구하고 쇼핑하러 명동에 갑니다. 저는 옷하고 화장품을 사고 싶습니다. 제 친구는 화장품하고 신발을 사고 싶어 합니다.

① 명동에서 신발을 많이 팝니다.
② 오늘 명동에서 쇼핑을 합니다.
③ 친구는 옷을 사고 싶어 합니다.
④ 우리는 둘 다 화장품을 살 겁니다.

※ [46~48] 다음을 읽고 중심 내용을 고르십시오.

46. (3점)

> 어제는 학교 축제였지만 저는 못 갔습니다. 유명한 가수가 와서 노래를 하고 춤도 췄습니다. 내년에는 꼭 축제에 갈 겁니다.

① 저는 내년에 할 축제를 기다립니다.
② 저는 유명한 가수가 되고 싶습니다.
③ 제가 본 축제는 정말 재미있었습니다.
④ 저는 축제 때 노래하고 춤을 췄습니다.

47. (3점)

> 저는 회사 앞에 있는 커피숍에서 책 읽기를 좋아합니다. 그 커피숍은 조용하고 커서 좋습니다. 오늘은 거기에서 친구도 만날 겁니다.

① 저는 매일 책을 읽으려고 합니다.

② 저는 회사 근처 커피숍이 좋습니다.

③ 저는 친구를 만나면 기분이 좋습니다.

④ 저는 조용한 커피숍에 가고 싶습니다.

48. (2점)

> 저는 백화점에서 일합니다. 요즘 손님이 아주 많아서 쉴 시간이 없습니다. 백화점 일이 너무 많습니다.

① 백화점에 사람이 많아 바쁩니다.

② 백화점에서 매일 일하고 싶습니다.

③ 백화점에서 일하는 것이 쉽습니다.

④ 백화점에 손님이 많으면 좋겠습니다.

※ **[49~50] 다음을 읽고 물음에 답하십시오. (각 2점)**

> 저는 잠을 자기 전에 항상 (㉠   ) 차를 마십니다. 차를 마시면 잠이 잘 옵니다. 그런데 어제는 집에 마실 차가 없었습니다. 그래서 아침까지 잠을 못 잤습니다. 오늘은 집에 갈 때 차를 사서 가야겠습니다.

49. ㉠에 들어갈 말로 가장 알맞은 것을 고르십시오.

① 친절한   ② 따뜻한

③ 어려운   ④ 무거운

50. 윗글의 내용과 같은 것을 고르십시오.

① 어제 차를 마시고 잤습니다.

② 저는 잠을 항상 일찍 잡니다.

③ 저는 매일 아침 차를 마십니다.

④ 오늘 마실 차를 사고 집에 갈 겁니다.

※ [51~52] 다음을 읽고 물음에 답하십시오.

> 식물을 기를 때는 주의할 점이 있습니다. 식물이 햇빛을 좋아하는지 그늘을 좋아하는지를 알아야 합니다. 모든 식물이 햇빛을 좋아하지는 않습니다. 그리고 식물에 얼마나 물을 (㉠) 알아야 합니다. 보통 화분의 흙에 손가락을 넣어서 흙이 말랐을 때 물을 주는 것이 좋습니다.

51. ㉠에 들어갈 말로 가장 알맞은 것을 고르십시오. (3점)

① 사야 하는지   ② 줘야 하는지

③ 마셔야 하는지   ④ 버려야 하는지

52. 무엇에 대한 내용인지 맞는 것을 고르십시오. (2점)

① 식물의 종류   ② 식물을 사는 법

③ 식물을 기르는 법   ④ 식물이 좋아하는 것

※ [53~54] 다음을 읽고 물음에 답하십시오.

> 저는 자이아파트에 한 달 전에 이사를 왔습니다. 아파트에 자동차가 적고 조용해서 살기 좋습니다. 학교로 가는 버스가 많이 없어서 학교에 갈 때 (㉠) 곧 졸업을 하니까 괜찮습니다. 그리고 회사에 취직하면 차를 살 겁니다.

53. ㉠에 들어갈 말로 가장 알맞은 것을 고르십시오. (2점)

① 불편해서 　　　　　　　　　② 불편하고

③ 불편하니까 　　　　　　　　④ 불편하지만

54. 윗글의 내용과 같은 것을 고르십시오. (3점)

① 저는 한 달 후에 취직을 할 겁니다.

② 저는 이사 온 지 한 달이 되었습니다.

③ 집에서 학교까지 운전을 해서 갑니다.

④ 아파트에 버스가 많아서 살기 좋습니다.

※ [55~56] 다음을 읽고 물음에 답하십시오.

> 　저는 약속을 잘 잊어버립니다. 오늘도 친구와 같이 저녁을 먹은 후에 운동을 하기로 약속했습니다. 그런데 수업이 끝나고 약속을 잊어버리고 숙제를 했습니다. 저는 친구와 약속을 했는데 못 지켰습니다. 다음부터는 약속을 하면 잊어버리지 않을 겁니다. (　㉠　) 앞으로 약속을 하면 꼭 메모를 하려고 합니다.

55. ㉠에 들어갈 말로 가장 알맞은 것을 고르십시오. (2점)

① 그래서 　　　　　　　　　　② 그리고

③ 그런데 　　　　　　　　　　④ 그렇지만

56. 윗글의 내용과 같은 것을 고르십시오. (3점)

① 저는 약속이 중요하지 않습니다.

② 저는 약속을 많이 하지 않습니다.

③ 저는 약속을 잘 지키려고 합니다.

④ 저는 약속 장소에 일찍 가려고 합니다.

※ [57~58] 다음을 순서에 맞게 배열한 것을 고르십시오.

57. (3점)

(가) 그래서 오늘도 한국 영화를 보러 갈 겁니다.

(나) 저는 한국 영화 보는 것을 아주 좋아합니다.

(다) 그리고 한국의 문화를 배울 수 있어서 좋습니다.

(라) 영화의 내용이 재미있고 영화배우도 멋있습니다.

① (나) - (다) - (가) - (라)　　② (나) - (다) - (라) - (가)

③ (나) - (라) - (가) - (다)　　④ (나) - (라) - (다) - (가)

58. (2점)

(가) 특히 불고기하고 비빔밥이 유명합니다.

(나) 한국의 음식은 외국인에게 인기가 많습니다.

(다) 두 음식은 모두 맵지 않아서 누구나 먹을 수 있습니다.

(라) 그리고 만드는 것도 쉬워서 집에서 요리할 수 있습니다.

① (나) - (다) - (가) - (라)　　② (나) - (다) - (라) - (가)

③ (나) - (가) - (다) - (라)　　④ (나) - (가) - (라) - (다)

※ [59~60] 다음을 읽고 물음에 답하십시오.

　　한국에는 옛날에 왕이 살던 집, 궁이 있습니다. (　　㉠　　) 서울에는 경복궁, 창덕궁, 덕수궁 등이 있습니다. 창덕궁에서는 매년 5월과 6월에 밤에도 볼 수 있게 문을 엽니다. (　　㉡　　) 달빛 아래에서 보는 궁은 햇빛 아래에서 보는 궁과는 다른 분위기가 있습니다. (　　㉢　　) 조용히 산책을 하며 사진을 찍거나 한국 전통 음악을 듣거나 할 수 있습니다. (　　㉣　　)

59. 다음 문장이 들어갈 곳으로 가장 알맞은 것을 고르십시오. (2점)

> 그래서 낮에 궁을 보는 것이 아닌 밤에 달과 함께 궁을 볼 수 있습니다.

① ㉠   ② ㉡   ③ ㉢   ④ ㉣

60. 윗글의 내용과 같은 것을 고르십시오. (3점)

① 궁에서는 조용히 해야 합니다.

② 밤에는 궁에 들어갈 수 없습니다.

③ 서울에는 옛날 왕의 집이 있습니다.

④ 궁에서는 음악 공연을 할 수 없습니다.

※ [61~62] 다음을 읽고 물음에 답하십시오. (각 2점)

> 제가 다니는 학교에는 재미있는 수업이 많이 있습니다. 주말마다 한국의 관광지를 여행할 수 있는 수업도 있습니다. 그 수업은 신청자가 많아서 반드시 일찍 신청해야 합니다. 먼저 이메일로 이름과 주소를 보낸 후에 사무실에 돈을 냅니다. 여행비는 학교에서 내 주고 학생들은 식사비만 (㉠) 좋습니다.

61. ㉠에 들어갈 말로 가장 알맞은 것을 고르십시오.

① 낸 지   ② 내니까   ③ 내려고   ④ 낸 후에

62. 윗글의 내용과 같은 것을 고르십시오.

① 저는 주말마다 학교에서 공부합니다.

② 여행비가 비싸지만 신청자가 많습니다.

③ 수업 신청서는 사무실에서 접수합니다.

④ 수업에 신청하려면 이메일을 써야 합니다.

※ [63~64] 다음을 읽고 물음에 답하십시오.

받는 사람: kmj@maver.com
보낸 사람: pop1887@maver.com
제목: 조별 발표

───────────────────────────────

첸첸 씨, 안녕하세요?
저는 동건입니다. 다음 주 수요일에 발표할 내용을 이번 주 토요일까지 보내 주세요. 그리고 월요일 수업이 끝난 후에 만나서 발표 연습을 합시다. 5시에 연습을 시작해서 1시간 정도 걸릴 거예요. 이번 발표를 열심히 준비합시다! 그리고 발표 연습이 끝나면 같이 밥을 먹는 게 어때요? 답장 주세요.

동건

63. 왜 윗글을 썼는지 맞는 것을 고르십시오. (2점)

① 숙제를 보내려고

② 수업을 소개하려고

③ 발표 준비를 하려고

④ 저녁 식사에 초대하려고

64. 윗글의 내용과 같은 것을 고르십시오. (3점)

① 발표 준비를 주말에 모두 끝냈습니다.

② 수요일에 수업이 1시간 정도 걸립니다.

③ 발표 연습은 여섯 시쯤에 끝날 겁니다.

④ 월요일까지 발표 내용을 보내야 합니다.

제주도는 한국의 유명한 관광지로 외국인들이 많이 찾는 곳입니다. 하지만 제주도에서 나오는 유명한 과일은 외국인들이 잘 (㉠). 그것은 바로 한라봉과 귤입니다. 한라봉은 오렌지처럼 크고 맛있는데 가격이 조금 비쌉니다. 하지만 귤은 비싸지 않아서 자주 사 먹을 수 있습니다. 또한 몸에도 좋아서 인기가 많습니다.

65. ㉠에 들어갈 말로 가장 알맞은 것을 고르십시오. (2점)

① 모르게 됩니다   ② 몰라서 좋습니다

③ 몰라도 괜찮습니다   ④ 모르는 것 같습니다

66. 윗글의 내용과 같은 것을 고르십시오. (3점)

① 귤보다 한라봉이 몸에 더 좋습니다.

② 제주도는 한라봉과 귤이 유명합니다.

③ 귤은 크기가 크고 싸서 인기가 많습니다.

④ 한라봉은 비싸지만 자주 사 먹을 수 있습니다.

※ [67~68] 다음을 읽고 물음에 답하십시오. (각 3점)

요즘 감기가 유행하고 있습니다. 감기에 자주 걸리는 사람들 중에는 생활 습관이 잘못된 경우가 많습니다. 감기를 (㉠) 평소에 따뜻한 물을 자주 마시고 운동을 하는 것이 좋습니다. 외출한 뒤 집에 왔을 때 손을 꼭 씻습니다. 안 씻은 손으로 눈이나 코, 입을 만지지 않습니다. 음식을 잘 먹고 잠을 잘 자며 규칙적인 생활을 하는 것이 중요합니다.

67. ㉠에 들어갈 말로 가장 알맞은 것을 고르십시오.

① 잡기 위해서는   ② 걸리기 위해서는

③ 예방하기 위해서는   ④ 치료하기 위해서는

68. 윗글의 내용과 같은 것을 고르십시오.

① 잠을 안 자도 괜찮습니다.

② 음식을 많이 먹어야 합니다.

③ 손을 자주 씻는 것이 중요합니다.

④ 평소에 눈, 코, 입을 만지면 안 됩니다.

※ [69~70] 다음을 읽고 물음에 답하십시오. (각 3점)

저는 요즘 한국 예능 프로그램을 자주 봅니다. 단어가 어렵고 말이 빨라서 무슨 말을 하는지 모를 때가 많습니다. 하지만 한국 사람들이 (㉠   ) 말들을 배울 수 있습니다. 또 한국의 문화를 배울 수 있습니다. 한국의 유명한 장소나 음식, 유행하는 말, 게임 등을 알 수 있습니다. 그래서 한국 문화를 이해하는 데 많은 도움이 됩니다.

69. ㉠에 들어갈 알맞은 말로 가장 알맞은 것을 고르십시오.

① 사용하는   ② 사용하려는

③ 사용했던   ④ 사용하려고 하는

70. 윗글의 내용으로 알 수 있는 것을 고르십시오.

① 한국 예능 프로그램은 재미가 없습니다.

② 한국 예능 프로그램에 출연하고 싶습니다.

③ 한국 예능 프로그램을 이해할 수 있습니다.

④ 한국 예능 프로그램으로 한국 문화를 알 수 있습니다.

제3회 FiNAL 실전 모의고사

The 3rd Final Actual Test

TOPIK I

듣기, 읽기

수험번호 (Registration No.)		
이 름 (Name)	한국어 (Korean)	
	영 어 (English)	

유 의 사 항
Information

1. 시험 시작 지시가 있을 때까지 문제를 풀지 마십시오.

   Do not open the booklet until you are allowed to start.

2. 수험번호와 이름을 정확하게 적어 주십시오.

   Write your name and registration number on the answer sheet.

3. 답안지를 구기거나 훼손하지 마십시오.

   Do not fold the answer sheet; keep it clean.

4. 답안지의 이름, 수험번호 및 정답의 기입은 배부된 펜을 사용하여 주십시오.

   Use the given pen only.

5. 정답은 답안지에 정확하게 표시하여 주십시오.

   Mark your answer accurately and clearly on the answer sheet.

   marking example   ① ● ③ ④

6. 문제를 읽을 때에는 소리가 나지 않도록 하십시오.

   Keep quiet while answering the questions.

7. 질문이 있을 때에는 손을 들고 감독관이 올 때까지 기다려 주십시오.

   When you have any questions, please raise your hand.

TOPIK I 듣기 (1번 ~ 30번)

Test 03

※ [1~4] 다음을 듣고 〈보기〉와 같이 물음에 맞는 대답을 고르십시오.

---〈보　기〉---

가: 공부를 해요?
나: _____

❶ 네, 공부를 해요.　　　　② 아니요, 공부예요.
③ 네, 공부가 아니에요.　　④ 아니요, 공부를 좋아해요.

---

1. (4점)
   ① 네, 영화관이 있어요.　　　② 네, 영화관이 좋아요.
   ③ 아니요, 영화관이 아니에요.　④ 아니요, 영화관이 넓어요.

2. (4점)
   ① 네, 사진이에요.　　　　② 네, 사진이 좋아요.
   ③ 아니요, 사진을 찍어요.　④ 아니요, 사진이 적어요.

3. (3점)
   ① 밤에 전화했어요.　　　　② 친구가 전화했어요.
   ③ 학교에서 전화했어요.　　④ 선생님에게 전화했어요.

4. (3점)
   ① 지금 만들고 있어요.　　② 집에서 만들고 있어요.
   ③ 김밥을 만들고 있어요.　④ 친구하고 만들고 있어요.

※ [5~6] 다음을 듣고 〈보기〉와 같이 이어지는 말을 고르십시오.

┌─────────────────〈 보   기 〉─────────────────┐
│   │
│ 가: 늦어서 미안해요.   │
│ 나: _____   │
│   │
│ ① 고마워요.   ❷ 괜찮아요.   │
│ ③ 여기 앉으세요.   ④ 안녕히 계세요.   │
│   │
└──┘

5. (4점)

① 잘 가요.   ② 괜찮아요.

③ 좋겠습니다.   ④ 고맙습니다.

6. (3점)

① 아닙니다.   ② 죄송합니다.

③ 어서 오십시오.   ④ 여기 있습니다.

※ [7~10] 여기는 어디입니까? 〈보기〉와 같이 알맞은 것을 고르십시오.

┌─────────────────〈 보   기 〉─────────────────┐
│   │
│ 가: 어서 오세요.   │
│ 나: 여기 수박 있어요?   │
│   │
│ ① 학교   ② 약국   ❸ 시장   ④ 병원   │
│   │
└──┘

7. (3점)

① 영화관   ② 백화점   ③ 수영장   ④ 운동장

8. (3점)

① 은행   ② 회사   ③ 학교   ④ 공항

9. (3점)

    ① 병원   ② 공항   ③ 학교   ④ 호텔

10. (4점)

    ① 백화점   ② 운동장   ③ 도서관   ④ 박물관

※ [11~14] 다음은 무엇에 대해 말하고 있습니까? 〈보기〉와 같이 알맞은 것을 고르십시오.

〈보　기〉

가: 누구예요?

나: 이 사람은 형이고, 이 사람은 동생이에요.

❶ 가족   ② 이름   ③ 선생님   ④ 부모님

11. (3점)

    ① 날씨   ② 생일   ③ 여행   ④ 계획

12. (3점)

    ① 주소   ② 교통   ③ 주말   ④ 가구

13. (4점)

    ① 고향   ② 가족   ③ 약속   ④ 소포

14. (3점)

    ① 시간   ② 계절   ③ 주말   ④ 날짜

※ [15~16] 다음 대화를 듣고 가장 알맞은 그림을 고르십시오. (각 4점)

15. ①  ②

③  ④

16. ①  ②

③  ④

※ [17~21] 다음을 듣고 〈보기〉와 같이 대화 내용과 같은 것을 고르십시오. (각 3점)

<보   기>

남자: 요즘 한국어를 공부해요?

여자: 네. 한국 친구한테서 한국어를 배워요.

① 남자는 학생입니다.　　　② 여자는 학교에 다닙니다.

③ 남자는 한국어를 가르칩니다.　❹ 여자는 한국어를 공부합니다.

17. ① 남자는 백화점에서 쇼핑할 겁니다.

　　② 여자는 남자에게 선물을 줄 겁니다.

　　③ 여자는 남자와 같이 선물을 고를 겁니다.

　　④ 남자는 오늘 생일이라서 선물을 받았습니다.

18. ① 여자는 공항에 가야 합니다.

　　② 여자는 금요일 저녁에 수업이 있습니다.

　　③ 남자는 주말에 외국 친구를 만날 겁니다.

　　④ 남자는 여자와 함께 주말에 영화를 볼 겁니다.

19. ① 남자는 교통사고 때문에 입원했습니다.

　　② 여자는 병원에서 치료를 받고 있습니다.

　　③ 여자는 일주일 동안 병원에 있을 겁니다.

　　④ 남자는 다리 치료를 받아서 이제 괜찮습니다.

20. ① 여자는 제주도에 가 본 적이 있습니다.

　　② 남자는 여름에 제주도를 여행할 겁니다.

　　③ 여자는 제주도에 가족이 살고 있습니다.

　　④ 남자는 제주도 정보를 여자에게 알려 줄 겁니다.

21. ① 남자는 회식 날짜를 모릅니다.

② 남자는 고향에 내려가야 합니다.

③ 남자는 부모님과 같이 살고 있습니다.

④ 남자는 여자와 함께 회식하러 갈 겁니다.

※ [22~24] 다음을 듣고 여자의 중심 생각을 고르십시오. (각 3점)

22. ① 라면을 나눠 먹기 싫습니다.

② 아침을 먹어도 배가 고픕니다.

③ 음식을 더 주문하고 싶습니다.

④ 남자와 같은 음식을 먹어도 됩니다.

23. ① 청소하는 것이 싫습니다.

② 친구와 사는 것이 너무 즐겁습니다.

③ 방 청소를 저 혼자 하면 좋겠습니다.

④ 친구가 집안일을 도와주면 좋겠습니다.

24. ① 남자에게 태권도를 배우고 싶습니다.

② 태권도 학원에서 태권도를 배우면 좋겠습니다.

③ 태권도를 하면 자전거를 타지 않아도 괜찮습니다.

④ 한국 전통 문화를 경험할 수 있어서 태권도를 배워야 합니다.

25. 여자가 왜 이 이야기를 하고 있는지 고르십시오. (3점)

    ① 수국을 기르는 방법을 설명하려고

    ② 꽃집에서 꽃 사는 방법을 안내하려고

    ③ 수국을 사야 하는 때를 가르쳐 주려고

    ④ 수국이 물을 좋아하는 이유를 알려 주려고

26. 들은 내용과 같은 것을 고르십시오. (4점)

    ① 수국은 흙이 말라도 죽지 않습니다.

    ② 수국은 여름에 꽃이 예쁘게 핍니다.

    ③ 수국은 매일 물을 주지 않아도 됩니다.

    ④ 수국은 강한 햇빛이 있어야 잘 자랍니다.

27. 두 사람이 무엇에 대해 이야기를 하고 있는지 고르십시오. (3점)

    ① 집 청소

    ② 이사 비용

    ③ 이사할 장소

    ④ 이삿짐 옮기기

28. 들은 내용과 같은 것을 고르십시오. (4점)

    ① 여자는 새 집을 청소하려고 합니다.

    ② 여자는 혼자서 이삿짐을 모두 옮길 겁니다.

    ③ 남자는 여자에게 이삿짐 차를 불러 줄 겁니다.

    ④ 남자는 여자가 짐 싸는 것을 도와주고 있습니다.

[29~30] 다음을 듣고 물음에 답하십시오.

29. 여자가 전화한 이유를 고르십시오. (3점)

    ① 신청 기간을 알려 주려고

    ② 말하기 주제를 가르쳐 주려고

    ③ 말하기 대회 신청을 도와주려고

    ④ 말하기 대회를 도와 달라고 하려고

30. 들은 내용과 같은 것을 고르십시오. (4점)

    ① 여자는 말하기 대회 신청을 했습니다.

    ② 여자는 선생님에게 이메일을 보낼 겁니다.

    ③ 여자는 크리스와 말하기 연습을 할 겁니다.

    ④ 여자는 이미 말하기 발표 준비를 끝냈습니다.

TOPIK Ⅰ 읽기 (31번~70번)

※ [31~33] 무엇에 대한 내용입니까? 〈보기〉와 같이 알맞은 것을 고르십시오. (각 2점)

┌─────────────〈보 기〉─────────────┐
│ 사과가 있습니다. 그리고 배도 있습니다. │
│   │
│ ① 요일   ② 주말   ❸ 과일   ④ 생일 │
└─────────────────────────────────────┘

31. ┌──────────────────────────────┐
    │ 가방을 삽니다. 구두도 삽니다.   │
    └──────────────────────────────┘

   ① 감기   ② 쇼핑   ③ 날짜   ④ 계절

32. ┌──────────────────────────────┐
    │ 10시 50분입니다. 10분 쉽니다.   │
    └──────────────────────────────┘

   ① 시간   ② 공부   ③ 나라   ④ 선물

33. ┌──────────────────────────────┐
    │ 저는 알리스입니다. 제 친구는 김승철입니다. │
    └──────────────────────────────┘

   ① 구두   ② 나이   ③ 이름   ④ 극장

※ [34~39] 〈보기〉와 같이 (   )에 들어갈 말로 가장 알맞은 것을 고르십시오.

┌─────────────〈보 기〉─────────────┐
│ 날씨가 좋습니다. (   )이 맑습니다. │
│   │
│ ① 눈   ② 밤   ❸ 하늘   ④ 구름 │
└─────────────────────────────────────┘

34. (2점)

친구의 생일입니다. 그래서 친구(　　　　　) 선물을 줍니다.

① 를 　　　　　　② 에 　　　　　　③ 에게 　　　　　　④ 에서

35. (2점)

백화점에 갑니다. 가방을 (　　　　　).

① 삽니다 　　　　② 씁니다 　　　　③ 빌립니다 　　　　④ 버립니다

36. (2점)

(　　　　　)에 갑니다. 편지를 보냅니다.

① 공항 　　　　　② 가게 　　　　　③ 우체국 　　　　　④ 백화점

37. (3점)

학교가 (　　　　　). 그래서 지하철을 타고 갑니다.

① 멉니다 　　　　② 큽니다 　　　　③ 작습니다 　　　　④ 많습니다

38. (3점)

저는 운동을 좋아합니다. (　　　　　) 수영을 합니다.

① 매일 　　　　　② 제일 　　　　　③ 아주 　　　　　④ 아까

39. (2점)

저는 스키를 좋아합니다. 스키를 잘 (　　　　　).

① 합니다 　　　　② 탑니다 　　　　③ 칩니다 　　　　④ 붑니다

※ [40~42] 다음을 읽고 맞지 <u>않는</u> 것을 고르십시오. (각 3점)

40.

한국어 말하기 대회

외국인을 위한 한국어 말하기 대회에 신청하세요!

- **대회 일자**: 7월 2일 일요일 오후 2시
- **장소**: 도서관 3층 대강당

* 6월 21일부터 27일까지 han-test.or.kr에서 신청하세요.

① 대회는 오후 두 시에 합니다.

② 도서관 삼 층에서 신청합니다.

③ 신청은 일주일 동안 할 수 있습니다.

④ 주말에 한국어 말하기 대회가 있습니다.

41.

등산 여행

- **가는 곳**: 북한산
- **모임 장소**: 학교 정문 앞 버스 정류장(1001번 버스)
- **모임 시간**: 아침 7시

① 오후에 출발합니다.

② 버스를 타고 갑니다.

③ 북한산으로 등산을 갑니다.

④ 학교 정문 앞에서 만납니다.

42.

한강 유람선 시간표

평일	10:00	14:00	16:00	
주말	10:00	12:00	14:00	16:00

요금: 어른 16,000원, 어린이 11,000원

★ 월요일은 운행하지 않습니다.

① 월요일은 쉽니다.

② 한강에서 배를 탑니다.

③ 어린이는 만 천 원입니다.

④ 매일 네 번씩 표를 팝니다.

※ [43~45] 다음을 읽고 내용이 같은 것을 고르십시오.

43. (3점)

> 학교에 있는 컴퓨터는 빠르고 좋습니다. 집에 있는 컴퓨터는 오래되어 시간이 많이 걸립니다. 그래서 새 컴퓨터를 사고 싶습니다.

① 새 컴퓨터가 아주 느립니다.

② 학교의 컴퓨터는 오래 걸립니다.

③ 집에 있는 컴퓨터는 새 것입니다.

④ 집에 있는 컴퓨터를 바꾸고 싶습니다.

44. (2점)

> 저는 불고기를 좋아해서 자주 먹습니다. 오늘도 아침과 점심에 불고기를 먹었습니다. 불고기를 매일 먹으면 좋겠습니다.

① 저는 불고기를 자주 먹습니다.

② 저는 매일 불고기를 만듭니다.

③ 불고기를 먹으면 몸에 좋습니다.

④ 오늘 저녁에 불고기를 먹었습니다.

45. (3점)

> 저는 책 읽는 것을 좋아해서 서점에 주말마다 갔습니다. 하지만 지금은 돈이 없어서 도서관에 갑니다. 일주일에 세 번 갑니다.

① 도서관에서 책을 삽니다.

② 저는 책을 자주 읽습니다.

③ 주말마다 도서관에 갑니다.

④ 일주일에 세 번 서점에 갑니다.

※ [46~48] 다음을 읽고 중심 내용을 고르십시오.

46. (3점)

> 저는 새로 생긴 수영장에 다닙니다. 수영장은 청소를 자주 해서 깨끗하고 샤워하는 곳도 넓습니다. 그래서 매일 가려고 합니다.

① 수영장이 새로 생겼습니다.

② 수영장이 넓어서 자주 갑니다.

③ 수영장이 깨끗하면 좋겠습니다.

④ 수영장이 좋아서 매일 다니고 싶습니다.

47. (3점)

> 서울에 있는 경복궁은 유명한 곳입니다. 친구들은 경복궁에 많이 갔지만 저는 아직 못 갔습니다. 올해는 꼭 갈 겁니다.

① 저는 친구들과 경복궁에 갔습니다.
② 저는 경복궁이 유명해서 좋습니다.
③ 저는 올해 경복궁에 가려고 합니다.
④ 저는 경복궁에 다시 가고 싶습니다.

48. (2점)

> 저는 한 달에 두 번씩 미용실에 갑니다. 긴 머리를 싫어해서 머리를 자주 자릅니다. 돈을 많이 쓰지만 괜찮습니다.

① 저는 돈을 너무 많이 씁니다.
② 저는 머리를 기르고 싶습니다.
③ 저는 짧은 머리를 좋아합니다.
④ 저는 미용실에서 일하려고 합니다.

※ [49~50] 다음을 읽고 물음에 답하십시오. (각 2점)

> 제가 사는 집 근처에는 편의점이 많습니다. 편의점마다 물건이 많고 가격도 쌉니다. 그래서 사람들이 큰 슈퍼마켓에 가지 않고 편의점에 자주 갑니다. 그리고 편의점은 문을 닫지 않습니다. 밤에도 (㉠   ) 물건을 빨리 살 수 있어서 좋습니다.

49. ㉠에 들어갈 말로 가장 알맞은 것을 고르십시오.
　① 필요한　　　　　　　② 사용한
　③ 깨끗한　　　　　　　④ 똑똑한

50. 윗글의 내용과 같은 것을 고르십시오.

① 저는 편의점에 자주 갑니다.

② 편의점이 비싸지만 좋습니다.

③ 큰 슈퍼마켓은 밤에도 합니다.

④ 편의점이 집 가까운 곳에 있습니다.

※ [51~52] 다음을 읽고 물음에 답하십시오.

> 스트레스는 모든 병의 원인이 됩니다. 스트레스가 쌓일 때는 빨리 (㉠   )이 중요합니다. 스트레스를 어떻게 줄이는 것이 좋을까요? 운동을 하거나 몸에 좋은 음식을 먹으면 좋습니다. 운동을 하면 기분이 좋아지고 건강한 음식을 먹으면 쉽게 피로를 느끼지 않게 됩니다. 그리고 밖에 나가서 기분을 바꿔 보는 것도 좋습니다.

51. ㉠에 들어갈 말로 가장 알맞은 것을 고르십시오. (3점)

① 푸는 것　　　　　　　② 하는 것

③ 쓰는 것　　　　　　　④ 씻는 것

52. 무엇에 대한 내용인지 맞는 것을 고르십시오. (2점)

① 스트레스의 종류　　　　② 스트레스 해결 방법

③ 스트레스를 받는 이유　　④ 스트레스로 할 수 있는 일

※ [53~54] 다음을 읽고 물음에 답하십시오.

> 저는 한국 음식을 만드는 것이 취미입니다. 지난주에는 떡볶이를 만들어서 친구들과 같이 먹었습니다. 이번 주에는 김치찌개를 만들려고 합니다. 제 친구들은 항상 밥을 많이 (㉠   ) 음식 준비를 많이 해야 합니다.

53. ㉠에 들어갈 말로 가장 알맞은 것을 고르십시오. (2점)

① 먹지만   ② 먹으면

③ 먹으니까   ④ 먹으려고

54. 윗글의 내용과 같은 것을 고르십시오. (3점)

① 제 친구들은 떡볶이를 잘 만듭니다.

② 저는 친구 집에서 밥을 먹었습니다.

③ 저는 이번 주에 한국 음식을 요리합니다.

④ 지난주에 먹은 김치찌개가 맛있었습니다.

※ [55~56] 다음을 읽고 물음에 답하십시오.

> 저는 한국에 와서 여러 나라의 친구들을 사귀었습니다. 마이클 씨는 우리 반에서 한국어를 제일 잘합니다. (㉠) 친절하고 재미있어서 많은 친구들이 좋아합니다. 준코 씨는 한국의 대학교에서 디자인을 공부하고 싶어 합니다. 저와 제일 친합니다. 처음에는 한국에서 친구가 없어서 외로웠지만 지금은 좋은 친구가 많아서 매일이 즐겁습니다.

55. ㉠에 들어갈 말로 가장 알맞은 것을 고르십시오. (2점)

① 그리고   ② 그래서

③ 그러면   ④ 그런데

56. 윗글의 내용과 같은 것을 고르십시오. (3점)

① 저는 친구가 없어서 외롭습니다.

② 저는 준코 씨와 사이가 좋습니다.

③ 마이클 씨는 디자인을 좋아합니다.

④ 준코 씨는 친절하고 재미있는 사람입니다.

※ [57~58] 다음을 순서에 맞게 배열한 것을 고르십시오.

57. (3점)

> (가) 저는 책을 좋아해서 자주 서점에 갑니다.
>
> (나) 그래서 새로운 책이 나올 때까지 기다립니다.
>
> (다) 그런데 서점에 갈 때마다 책을 사는 것은 아닙니다.
>
> (라) 서점에는 제가 사고 싶은 책이 없을 때도 있습니다.

① (가) - (다) - (나) - (라)　　② (가) - (다) - (라) - (나)

③ (가) - (라) - (나) - (다)　　④ (가) - (라) - (다) - (나)

58. (2점)

> (가) 편지를 받는 사람도 행복할 겁니다.
>
> (나) 그래서 편지를 쓰는 일이 거의 없습니다.
>
> (다) 하지만 손으로 편지를 쓰면 기분이 좋습니다.
>
> (라) 요즘은 사람들이 모두 휴대폰을 사용합니다.

① (라) - (가) - (나) - (다)　　② (라) - (가) - (다) - (나)

③ (라) - (나) - (가) - (다)　　④ (라) - (나) - (다) - (가)

※ [59~60] 다음을 읽고 물음에 답하십시오.

> 　한국에서는 식사할 때 젓가락하고 숟가락을 사용합니다. (　　㉠　　) 서양 사람들이 한국에 처음 와서 식사를 할 때 젓가락 사용을 많이 어려워합니다. (　　㉡　　) 젓가락은 사용하기가 쉽지 않지만 익숙해지면 음식을 집을 때 편리합니다. (　　㉢　　) 또한 어릴 때부터 젓가락을 사용하면 '두뇌 발달'에도 좋습니다. (　　㉣　　)

59. 다음 문장이 들어갈 곳으로 가장 알맞은 것을 고르십시오. (2점)

서양에서는 식사할 때 나이프와 포크를 주로 사용하기 때문입니다.

① ㉠   ② ㉡   ③ ㉢   ④ ㉣

60. 윗글의 내용과 같은 것을 고르십시오. (3점)

① 젓가락은 문제가 있습니다.

② 젓가락은 배우기가 쉽습니다.

③ 한국 사람들은 젓가락을 싫어합니다.

④ 젓가락을 사용하면 머리가 좋아집니다.

※ **[61~62] 다음을 읽고 물음에 답하십시오. (각 2점)**

저는 작년에 한국에 와서 서울에서 1년 동안 살았습니다. 서울은 버스와 지하철이 발달되어서 차가 없어도 편합니다. 그리고 택시가 많고 운전기사님들이 친절해서 좋습니다. 처음에는 한국어를 못해서 택시를 타기가 어려웠는데 지금은 괜찮습니다. 그래서 공항에 갈 때나 쇼핑을 많이 해서 가방이 (㉠   ) 택시를 자주 이용합니다.

61.   ㉠에 들어갈 말로 가장 알맞은 것을 고르십시오.

① 무겁고   ② 무겁지만

③ 무거운지   ④ 무거울 때

62. 윗글의 내용과 같은 것을 고르십시오.

① 저는 한국에 산 지 이 년이 되었습니다.

② 저는 차가 없지만 한국 생활이 편합니다.

③ 제가 만난 버스 운전기사가 친절했습니다.

④ 택시를 타는 것이 어렵지만 싸서 좋습니다.

※ [63~64] 다음을 읽고 물음에 답하십시오.

받는 사람: kmj@maver.com, anghi@maver.com...
보낸 사람: park@maver.com
제목: 친구들을 위한 졸업 파티

친구들, 졸업을 축하합니다!
저는 여러분을 위해서 금요일 저녁에 파티를 하려고 합니다. 이번 주 금요일 오전에 졸업식이 있으니까 졸업식이 끝난 후에 모입시다. 그리고 같이 장을 본 후, 우리 집에서 노래도 부르고 즐거운 파티를 합시다. 음료수는 미리 샀습니다. 과일하고 과자만 더 사면 됩니다. 그럼 금요일 졸업식에서 만나요!

영호

63. 왜 윗글을 썼는지 맞는 것을 고르십시오. (2점)

① 장을 본 후 친구를 만나려고
② 금요일에 부를 노래를 준비하려고
③ 졸업 파티에 친구들을 초대하려고
④ 졸업 파티에 친구하고 같이 가려고

64. 윗글의 내용과 같은 것을 고르십시오. (3점)

① 졸업식이 끝난 후에 파티 준비를 합니다.
② 영호 씨는 이번 주말에 졸업식을 합니다.
③ 친구들하고 금요일 오전에 시장에 갑니다.
④ 장을 보러 가서 음료수하고 과자를 살 겁니다.

> 제가 일하는 곳은 한국의 공항 중에서 가장 큰 인천공항입니다. 저는 제가 일하는 곳이 아주 마음에 듭니다. 집에서 멀어서 기숙사 생활을 해야 하는 단점도 있습니다. 하지만 많은 손님들이 바쁘게 다니는 것을 보면서 저도 열심히 살아야겠다는 생각을 (㉠). 그리고 가끔 영화배우나 가수가 오면 대화도 할 수 있어서 아주 재미있습니다.

65. ㉠에 들어갈 말로 가장 알맞은 것을 고르십시오. (2점)

① 하게 됩니다   ② 할까 합니다

③ 하면 좋습니다   ④ 하고 싶습니다

66. 윗글의 내용과 같은 것을 고르십시오. (3점)

① 일하는 곳이 멀지만 집에서 출근합니다.

② 인천공항에서 일하는 사람들은 바쁩니다.

③ 인천공항은 한국에서 제일 큰 공항입니다.

④ 기숙사에서 생활하는 것이 아주 재미있습니다.

※ [67~68] 다음을 읽고 물음에 답하십시오. (각 3점)

> 호랑이 선생님은 호랑이처럼 무서운 선생님을 말합니다. 이것은 선생님의 성격이 나쁘고 항상 화를 낸다는 뜻이 아닙니다. 학생들이 바르게 생활할 수 있게 하려고 학생들에게 무섭게 하는 선생님을 말합니다. 그래서 규칙을 지키지 않는 학생들은 호랑이 선생님을 피해서 다닙니다. 하지만 선생님이 무서운 모습과는 달리 마음속으로는 따뜻하게 학생들을 생각한다는 것을 느끼게 되면 학생들은 자신들이 많은 (㉠) 알게 됩니다. 그래서 학교를 졸업한 후에도 호랑이 선생님을 계속 생각하고 찾아가는 것입니다.

67. ㉠에 들어갈 말로 가장 알맞은 것을 고르십시오.

① 공부를 한다는 것을   ② 숙제를 준다는 것을

③ 편지를 쓴다는 것을   ④ 사랑을 받고 있다는 것을

68. 윗글의 내용과 같은 것을 고르십시오.

① 호랑이 선생님은 규칙을 지키지 않습니다.

② 호랑이 선생님을 찾아오는 학생들이 없습니다.

③ 호랑이 선생님은 항상 학생들에게 무섭게 합니다.

④ 호랑이 선생님은 따뜻한 마음을 가지고 있습니다.

※ [69~70] 다음을 읽고 물음에 답하십시오. (각 3점)

> 저는 어릴 때부터 다양한 우표를 모았습니다. 특히 외국에 사는 친구나 친척에게서 받은 편지에 있는 우표를 좋아합니다. 우표를 보면 그 나라의 문화를 알 수 있습니다. 한국에서는 볼 수 없는 우표들도 많이 있습니다. 우표의 가격이 바뀌는 것도 알 수 있습니다. 많은 정보가 (㉠) 저는 우표를 수집하는 것을 좋아합니다.

69. ㉠에 들어갈 말로 가장 알맞은 것을 고르십시오.

① 있을까 해서   ② 있기 때문에

③ 있으면 좋아서   ④ 있을 수 없어서

70. 윗글의 내용으로 알 수 있는 것을 고르십시오.

① 우표는 가격이 항상 같습니다.

② 저는 외국에 친척이 있습니다.

③ 우표는 종류가 하나밖에 없습니다.

④ 친구에게 편지 받는 것을 좋아합니다.

제4회 FINAL 실전 모의고사

The 4th Final Actual Test

TOPIK I

듣기, 읽기

수험번호 (Registration No.)		
이 름 (Name)	한국어 (Korean)	
	영 어 (English)	

유 의 사 항
Information

1. 시험 시작 지시가 있을 때까지 문제를 풀지 마십시오.

   Do not open the booklet until you are allowed to start.

2. 수험번호와 이름을 정확하게 적어 주십시오.

   Write your name and registration number on the answer sheet.

3. 답안지를 구기거나 훼손하지 마십시오.

   Do not fold the answer sheet; keep it clean.

4. 답안지의 이름, 수험번호 및 정답의 기입은 배부된 펜을 사용하여 주십시오.

   Use the given pen only.

5. 정답은 답안지에 정확하게 표시하여 주십시오.

   Mark your answer accurately and clearly on the answer sheet.

   marking example ① ● ③ ④

6. 문제를 읽을 때에는 소리가 나지 않도록 하십시오.

   Keep quiet while answering the questions.

7. 질문이 있을 때에는 손을 들고 감독관이 올 때까지 기다려 주십시오.

   When you have any questions, please raise your hand.

TOPIK Ⅰ 듣기 (1번 ~ 30번)

Test 04

※ [1~4] 다음을 듣고 〈보기〉와 같이 물음에 맞는 대답을 고르십시오.

─────〈보   기〉─────

가: 공부를 해요?

나: _____

❶ 네, 공부를 해요.　　　　　② 아니요, 공부예요.

③ 네, 공부가 아니에요.　　　④ 아니요, 공부를 좋아해요.

1. (4점)

① 네, 친구가 많아요.　　　　② 네, 친구가 없어요.

③ 아니요, 친구가 작아요.　　④ 아니요, 친구가 아니에요.

2. (4점)

① 네, 방이 작아요.　　　　　② 네, 방이 있어요.

③ 아니요, 방이 좁아요.　　　④ 아니요, 방이 아니에요.

3. (3점)

① 친구가 주문할 거예요.　　② 커피를 주문할 거예요.

③ 이따가 주문할 거예요.　　④ 커피숍에서 주문할 거예요.

4. (3점)

① 동생하고 가고 싶어요.　　② 방학에 가고 싶어요.

③ 1년 동안 가고 싶어요.　　④ 한국에 가고 싶어요.

※ [5~6] 다음을 듣고 〈보기〉와 같이 이어지는 말을 고르십시오.

〈 보 기 〉

가: 늦어서 미안해요.

나: _____

① 고마워요.　　　　　　　　　❷ 괜찮아요.

③ 여기 앉으세요.　　　　　　　④ 안녕히 계세요.

---

5. (4점)

① 또 오세요.　　　　　　　　　② 실례합니다.

③ 반갑습니다.　　　　　　　　④ 잘 지내세요.

6. (3점)

① 네, 말씀하세요.　　　　　　　② 네, 그렇습니다.

③ 네, 반갑습니다.　　　　　　　④ 네, 부탁합니다.

※ [7~10] 여기는 어디입니까? 〈보기〉와 같이 알맞은 것을 고르십시오.

〈 보 기 〉

가: 어서 오세요.

나: 여기 수박 있어요?

① 학교　　　　② 약국　　　　❸ 시장　　　　④ 병원

---

7. (3점)

① 가게　　　　② 식당　　　　③ 공항　　　　④ 약국

8. (3점)

① 학교　　　　② 마트　　　　③ 공원　　　　④ 극장

9. (3점)

① 미술관　　　　② 대사관　　　　③ 우체국　　　　④ 기차역

10. (4점)

① 도서관　　　　② 박물관　　　　③ 미용실　　　　④ 문구점

※ [11~14] 다음은 무엇에 대해 말하고 있습니까? 〈보기〉와 같이 알맞은 것을 고르십시오.

〈보　기〉

가: 누구예요?
나: 이 사람은 형이고, 이 사람은 동생이에요.

❶ 가족　　　　② 이름　　　　③ 선생님　　　　④ 부모님

11. (3점)

① 취미　　　　② 나라　　　　③ 계획　　　　④ 직업

12. (3점)

① 인사　　　　② 친구　　　　③ 가족　　　　④ 주소

13. (4점)

① 요리　　　　② 기분　　　　③ 날짜　　　　④ 운동

14. (3점)

① 약속　　　　② 시간　　　　③ 날씨　　　　④ 달력

※ [15~16] 다음 대화를 듣고 가장 알맞은 그림을 고르십시오. (각 4점)

15. ①    ②

③    ④

16. ①    ②

③    ④

※ [17~21] 다음을 듣고 〈보기〉와 같이 대화 내용과 같은 것을 고르십시오. (각 3점)

〈보 기〉

남자: 요즘 한국어를 공부해요?

여자: 네. 한국 친구한테서 한국어를 배워요.

① 남자는 학생입니다.　　　　　② 여자는 학교에 다닙니다.

③ 남자는 한국어를 가르칩니다.　❹ 여자는 한국어를 공부합니다.

---

17. ① 여자는 남자와 함께 버스를 탈 겁니다.

　② 남자는 남대문에 가는 방법을 모릅니다.

　③ 여자는 남자와 남대문에서 만날 겁니다.

　④ 남자는 여자에게 길을 물어보고 있습니다.

18. ① 여자는 회의 준비를 하고 있습니다.

　② 여자는 커피와 빵을 사러 갈 겁니다.

　③ 남자는 여자에게 점심을 사 줬습니다.

　④ 남자는 여자에게 회의 자료를 줄 겁니다.

19. ① 여자는 걷다가 다리를 다쳤습니다.

　② 남자는 여자를 치료해 주고 있습니다.

　③ 여자는 오늘 퇴원해서 집에 갈 수 있습니다.

　④ 남자는 규칙적으로 걷는 운동을 하고 있습니다.

20. ① 여자는 스키를 배운 적이 없습니다.

　② 남자는 여자보다 스키를 잘 못 탑니다.

　③ 남자는 스키를 배운 지 10년이 됐습니다.

　④ 여자는 남자와 스키장에 간 적이 있습니다.

21. ① 여자는 점심으로 냉면을 먹을 겁니다.

② 남자는 사장님과 함께 식당에 갈 겁니다.

③ 남자는 회사 근처 식당에서 냉면을 먹어 봤습니다.

④ 여자는 약속이 있어서 남자와 식당에 갈 수 없습니다.

※ [22~24] 다음을 듣고 여자의 중심 생각을 고르십시오. (각 3점)

22. ① 수업을 자주 듣는 게 중요합니다.

② 발음은 혼자 연습하는 것이 좋습니다.

③ 학원에서 영어를 배우는 것이 중요합니다.

④ 매일 조금씩 연습하면 발음 실력이 좋아집니다.

23. ① 파티에 참석할 수 없어서 슬픕니다.

② 친구들이 없어서 기분이 안 좋습니다.

③ 다른 사람들에게 저녁을 사야 합니다.

④ 파티를 하려면 식당을 예약해야 합니다.

24. ① 실수하는 것은 나쁜 일입니다.

② 할 일을 잊어버리면 안 됩니다.

③ 잘못한 일은 잊어버려야 합니다.

④ 메모를 하면 할 일을 기억하기 쉽습니다.

25. 여자가 왜 이 이야기를 하고 있는지 고르십시오. (3점)

   ① 여행 신청을 받으려고

   ② 자기 여행사를 알리려고

   ③ 여행 정보를 설명하려고

   ④ 국내 여행을 부탁하려고

26. 들은 내용과 같은 것을 고르십시오. (4점)

   ① 여행 계획을 세우는 게 쉽습니다.

   ② 여행사에서 호텔을 예약할 수 있습니다.

   ③ 여행사에서 해외여행 준비도 도와줍니다.

   ④ 항상 20% 싸게 기차표를 살 수 있습니다.

※ [27~28] 다음을 듣고 물음에 답하십시오.

27. 두 사람이 무엇에 대해 이야기를 하고 있는지 고르십시오. (3점)

   ① 돈의 나쁜 점

   ② 돈이 중요한 이유

   ③ 돈을 모으는 방법

   ④ 돈을 모으면 좋은 점

28. 들은 내용과 같은 것을 고르십시오. (4점)

   ① 남자는 자동차를 사고 싶어 합니다.

   ② 남자는 매달 30만 원을 저금하고 있습니다.

   ③ 여자는 자동차를 산 지 10년이 되었습니다.

   ④ 여자는 모은 돈으로 자동차를 사려고 합니다.

[29~30] 다음을 듣고 물음에 답하십시오.

29. 여자가 전화를 못 받은 이유를 고르십시오. (3점)

    ① 일찍 잠이 들어서

    ② 남자에게 화가 나서

    ③ 아르바이트를 하고 있어서

    ④ 도서관에서 공부하고 있어서

30. 들은 내용과 같은 것을 고르십시오. (4점)

    ① 여자는 공부하러 도서관에 갔습니다.

    ② 남자는 일찍 끝나는 일을 하고 있습니다.

    ③ 남자는 일이 끝난 후에 도서관에서 공부합니다.

    ④ 여자는 편의점에서 아르바이트를 하고 있습니다.

TOPIK I 읽기 (31번~70번)

※ [31~33] 무엇에 대한 내용입니까? 〈보기〉와 같이 알맞은 것을 고르십시오. (각 2점)

─────〈 보   기 〉─────

사과가 있습니다. 그리고 배도 있습니다.

① 요일　　　　② 공부　　　　❸ 과일　　　　④ 생일

31.

배가 아픕니다. 의사를 만납니다.

① 가수　　　　② 책상　　　　③ 가족　　　　④ 병원

32.

아버지는 서울에서 일하십니다. 어머니는 부산에 사십니다.

① 바지　　　　② 부모　　　　③ 날씨　　　　④ 고향

33.

여기는 1층입니다. 사무실은 2층에 있습니다.

① 건물　　　　② 지하　　　　③ 신발　　　　④ 모임

※ [34~39] 〈보기〉와 같이 (　　　　)에 들어갈 말로 가장 알맞은 것을 고르십시오.

─────〈 보   기 〉─────

날씨가 좋습니다. (　　　)이 맑습니다.

① 눈　　　　② 밤　　　　❸ 하늘　　　　④ 구름

34. (2점)

백화점에 갔습니다. 옷(   ) 구두를 샀습니다.

① 을   ② 이   ③ 과   ④ 의

35. (2점)

창문이 더럽습니다. 창문을 (   ).

① 만듭니다   ② 그립니다   ③ 닫습니다   ④ 닦습니다

36. (2점)

날씨가 좋습니다. 공원에서 (   )을 합니다.

① 여행   ② 산책   ③ 수영   ④ 등산

37. (3점)

백화점은 옷이 (   ). 그래서 시장에서 옷을 삽니다.

① 비쌉니다   ② 예쁩니다   ③ 같습니다   ④ 짧습니다

38. (3점)

저는 여행을 (   ) 좋아합니다. 이번 방학에도 제주도로 여행을 갈 겁니다.

① 보통   ② 자주   ③ 정말   ④ 아까

39. (2점)

피아노를 오래 배웠습니다. 그래서 피아노를 잘 (   ).

① 붑니다   ② 칩니다   ③ 합니다   ④ 탑니다

※ [40~42] 다음을 읽고 맞지 <u>않는</u> 것을 고르십시오. (각 3점)

40.

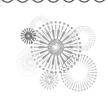

학교 축제

초대 가수 공연과 동아리 공연이 있습니다.

■ **기간**: 2024년 5월 13일 ~ 5월 17일
■ **시간**: 17:00
■ **장소**: 대운동장

① 동아리 공연을 할 겁니다.
② 일곱 시에 공연을 시작합니다.
③ 오월 십삼 일에 축제를 시작합니다.
④ 대운동장에서 공연을 볼 수 있습니다.

41.

수영 대회

수영을 잘합니까?

더운 여름! 수영 대회에 참가 신청하세요!

■ **대회 일자**: 2024년 8월 15일
■ **신청 기간**: 2024년 8월 1일 ~ 8월 8일

* 신청자에게 수영 모자를 드립니다.

① 수영 모자를 선물로 받습니다.
② 신청이 팔월 팔 일부터입니다.
③ 수영 대회에 신청할 수 있습니다.
④ 대회가 팔월 십오 일에 있습니다.

42.

◆◆ 학생 식당 메뉴 ◆◆		
아침	07:00~09:30	불고기
점심	11:00~01:30	냉면
저녁	05:30~08:00	비빔밥

※ 가격: 4,500원

① 아침에 불고기를 팝니다.

② 두 시에 냉면을 먹습니다.

③ 식당은 여덟 시까지 합니다.

④ 비빔밥은 사천오백 원입니다.

※　[43~45] 다음을 읽고 내용이 같은 것을 고르십시오.

43.　(3점)

집 앞에 곧 은행이 생깁니다. 전에는 은행이 멀어서 버스를 타고 갔습니다. 하지만 이제 걸어서 갈 수 있습니다.

① 집 앞에 은행이 생길 겁니다.

② 은행에 버스를 타고 갈 겁니다.

③ 전에는 걸어서 은행에 갔습니다.

④ 가까운 곳에서 돈을 찾았습니다.

44. (2점)

> 저는 커피를 좋아해서 하루에 한 잔씩 꼭 마십니다. 오늘도 커피를 마셨습니다. 그런데 오늘은 너무 많이 마셔서 잠이 안 옵니다.

① 오늘은 일찍 자겠습니다.

② 저는 커피를 매일 마십니다.

③ 커피를 마시고 잠을 잤습니다.

④ 저는 커피를 만들어서 마십니다.

45. (3점)

> 저는 금요일 아침마다 수영을 배웁니다. 수영이 어렵지 않아서 빨리 배웠습니다. 수영을 하니까 하루가 즐겁고 좋습니다.

① 수영을 하면 즐겁습니다.

② 수영이 어려워서 힘듭니다.

③ 저는 수영을 배우고 싶습니다.

④ 저는 주말마다 수영을 배웁니다.

※ [46~48] 다음을 읽고 중심 내용을 고르십시오.

46. (3점)

> 저는 회사원입니다. 제가 지금 일하는 회사는 집에서 너무 멉니다. 그래서 요즘 집 근처에 있는 회사를 찾고 있습니다.

① 저는 회사가 가까워서 좋습니다.

② 저는 회사를 열심히 다니겠습니다.

③ 저는 다른 회사에 다니고 싶습니다.

④ 저는 회사에서 일하는 것이 힘듭니다.

47. (3점)

> 저는 지난주에 운동을 시작했습니다. 요즘 살이 많이 쪄서 좋아하는 옷을 못 입습니다. 운동을 열심히 해서 좋아하는 옷을 다시 입을 겁니다.

① 저는 옷을 사고 싶습니다.

② 저는 운동하는 것을 좋아합니다.

③ 저는 지난주까지 운동을 했습니다.

④ 저는 좋아하는 옷을 입으려고 운동합니다.

48. (2점)

> 행복병원은 사람이 많습니다. 친절해서 외국인도 많습니다. 의사가 천천히 말하고 항상 웃습니다.

① 행복병원은 의사가 많습니다.

② 행복병원은 외국인이 다닙니다.

③ 행복병원은 의사가 친절해서 좋습니다.

④ 행복병원은 사람이 많아서 오래 걸립니다.

※ [49~50] 다음을 읽고 물음에 답하십시오. (각 2점)

> 동대문시장에서는 물건을 싸게 살 수 있습니다. 수연 씨는 동대문시장에서 10년 전부터 일했습니다. 수연 씨는 친절해서 외국인에게 인기가 많습니다. 그리고 외국어를 잘해서 물건도 (㉠   ) 팝니다. 영어와 일본어를 잘하고 지금은 중국어도 배우고 있습니다.

49. ㉠에 들어갈 말로 가장 알맞은 것을 고르십시오.

① 조금   ② 아주

③ 많이   ④ 매우

50. 윗글의 내용과 같은 것을 고르십시오.

① 수연 씨는 물건을 싸게 삽니다.

② 수연 씨는 외국인에게 친절합니다.

③ 동대문시장은 10년 전에 생겼습니다.

④ 동대문시장에서 파는 물건이 비쌉니다.

※ [51~52] 다음을 읽고 물음에 답하십시오.

> 한국의 봄은 날씨가 따뜻합니다. 벚꽃, 진달래꽃 등 꽃이 많이 (㉠   ) 사람들이 꽃 구경을 많이 갑니다. 여름에는 날씨가 덥고 비가 자주 옵니다. 사람들은 보통 바다나 산으로 여행을 갑니다. 가을에는 날씨가 시원하고 단풍이 아름답습니다. 사람들은 단풍을 보러 등산을 많이 갑니다. 겨울에는 춥고 눈이 많이 내립니다. 스키를 타거나 스케이트를 탈 수 있습니다.

51. ㉠에 들어갈 말로 가장 알맞은 것을 고르십시오. (3점)

① 펴서   ② 사서

③ 길러서   ④ 잘라서

52. 무엇에 대한 내용인지 맞는 것을 고르십시오. (2점)

① 한국의 경치   ② 한국인의 운동

③ 한국의 사계절   ④ 한국인의 일상생활

※ [53~54] 다음을 읽고 물음에 답하십시오.

> 저는 1년 전부터 행복꽃집에서 일을 했습니다. 제가 일하는 곳은 아주 크고 꽃이 싸서 손님이 많습니다. 그래서 저는 아침마다 큰 시장에 가서 꽃을 많이 사 옵니다. 꽃을 사러 매일 시장에 (㉠   ) 사장님들과 아주 친해졌습니다.

53. ㉠에 들어갈 말로 가장 알맞은 것을 고르십시오. (2점)

① 가면   ② 가고

③ 가지만   ④ 가니까

54. 윗글의 내용과 같은 것을 고르십시오. (3점)

① 행복꽃집의 꽃은 아주 비쌉니다.

② 행복꽃집의 사람들은 친절합니다.

③ 저는 매일 아침 시장에서 꽃을 삽니다.

④ 저는 이 년 동안 꽃집에서 일했습니다.

※ [55~56] 다음을 읽고 물음에 답하십시오.

> 저는 지난주에 남자 친구하고 같이 반지를 만들러 갔습니다. 반지를 만들 수 있는 가게가 있어서 그곳에서 같이 반지를 만들기로 했습니다. 반지를 만드는 것이 쉽지는 않았고 모양도 예쁘지 않았습니다. (㉠   ) 서로를 위해서 만든 반지여서 더 소중하게 느껴졌습니다. 이 반지를 볼 때마다 남자 친구가 생각납니다.

55. ㉠에 들어갈 말로 가장 알맞은 것을 고르십시오. (2점)

① 그리고   ② 그래서

③ 하지만   ④ 그러면

56. 윗글의 내용과 같은 것을 고르십시오. (3점)

① 우리가 만든 반지는 예쁩니다.

② 반지를 만드는 것은 어렵지 않습니다.

③ 반지를 보면서 남자 친구를 생각합니다.

④ 반지를 만드는 것보다 사는 것이 좋습니다.

※　[57~58] 다음을 순서에 맞게 배열한 것을 고르십시오.

57. (3점)

> (가) 하지만 에어컨이 있어서 괜찮습니다.
>
> (나) 제가 공부하는 교실에는 창문이 없습니다.
>
> (다) 창문이 없어서 어둡고 여름에는 조금 덥습니다.
>
> (라) 그리고 수업을 들을 때 창문 밖을 안 봐서 좋습니다.

① (나) - (다) - (가) - (라)   ② (나) - (다) - (라) - (가)

③ (나) - (라) - (가) - (다)   ④ (나) - (라) - (다) - (가)

58. (2점)

> (가) 한국에서는 바다에 쉽고 빠르게 갈 수 있습니다.
>
> (나) 그래서 사람들은 시간이 있을 때 바다에 자주 갑니다.
>
> (다) 인천에는 지하철도 있어서 지하철로도 갈 수 있습니다.
>
> (라) 예를 들어 서울에서 인천 바다까지 차로 한 시간 반 정도 걸립니다.

① (가) - (다) - (나) - (라)   ② (가) - (다) - (라) - (나)

③ (가) - (라) - (나) - (다)   ④ (가) - (라) - (다) - (나)

※ [59~60] 다음을 읽고 물음에 답하십시오.

> 저는 한국에서 한국어를 공부하고 있습니다. 지난주에 동생이 한국에 왔습니다.
> (㉠) 인사동에는 옛날 물건을 파는 가게가 많아서 동생이 아주 즐거워했습니다.
> (㉡) 동생은 부모님께 드릴 한국 그릇을 샀습니다. (㉢) 우리는 인사동에
> 서 한국 전통 음식을 먹고 전통차를 마셨습니다. (㉣) 내일은 동대문에 가서 쇼
> 핑을 할 겁니다.

59. 다음 문장이 들어갈 곳으로 가장 알맞은 것을 고르십시오. (2점)

> 동생은 한국의 전통문화를 좋아해서 동생과 함께 인사동에 갔습니다.

① ㉠   ② ㉡   ③ ㉢   ④ ㉣

60. 윗글의 내용과 같은 것을 고르십시오. (3점)

① 동생은 쇼핑을 좋아합니다.

② 저는 인사동을 자주 갑니다.

③ 동대문에서 한국 음식을 먹을 겁니다.

④ 부모님의 선물로 한국 그릇을 드릴 겁니다.

※ [61~62] 다음을 읽고 물음에 답하십시오. (각 2점)

> 저는 한국에 온 지 2년이 되었지만 어제 PC방에 처음 가 봤습니다. 그곳에서 컴퓨
> 터를 할 수 있었는데 컴퓨터가 아주 빠르고 모니터가 커서 좋았습니다. 한국 사람들은
> (㉠) PC방에 자주 갑니다. 1시간에 1,000원을 내고 할 수 있습니다. 가격도 비싸
> 지 않아서 밤새 컴퓨터 게임을 하는 사람들이 많습니다.

61. ㉠에 들어갈 말로 가장 알맞은 것을 고르십시오.

① 게임을 하면   ② 게임을 하고

③ 게임을 해서   ④ 게임을 할 때

62. 윗글의 내용과 같은 것을 고르십시오.

① 한국 PC방의 컴퓨터는 크고 빨랐습니다.

② 저는 일 년 동안 PC방에 많이 가 봤습니다.

③ 천 원을 내고 밤새 컴퓨터를 할 수 있습니다.

④ PC방의 가격이 비싸서 어제 처음 가 봤습니다.

※ [63~64] 다음을 읽고 물음에 답하십시오.

받는 사람: kmj@maver.com, you123@maver.com...

보낸 사람: korean@maver.com

제목: 어려운 이웃 돕기

한국어학과 여러분, 안녕하십니까?

한국어학과에서 어려운 이웃 돕기를 위해서 안 쓰는 물건을 모으고 있습니다. 쓸 수 있지만 자주 사용하지 않는 물건을 학과 사무실에 가져오세요. 옷, 신발, 가방, 책이면 좋겠습니다. 다른 물건도 괜찮습니다. 물건을 가져오는 학생에게는 작은 선물을 드립니다. 많은 참여 바랍니다.

한국어학과

63. 왜 윗글을 썼는지 맞는 것을 고르십시오. (2점)

① 옷과 신발을 팔려고   ② 어려운 이웃을 찾으려고

③ 안 쓰는 물건을 모으려고   ④ 학생들에게 선물을 주려고

64. 윗글의 내용과 같은 것을 고르십시오. (3점)

① 옷, 신발, 가방, 책만 낼 수 있습니다.

② 다른 학과 학생들도 참여할 수 있습니다.

③ 한국어학과에는 어려운 사람이 있습니다.

④ 학과 사무실로 물건을 가져다주면 됩니다.

> 저는 친구들하고 약속이 있을 때 신촌역에 자주 갑니다. 신촌은 제가 사는 곳에서 2시간쯤 걸리지만 어렵지 않게 갈 수 있어서 좋습니다. 신촌에 갈 때는 먼저 버스를 타고 지하철역까지 갑니다. 버스 정류장 바로 앞에 지하철역이 있어서 갈아탈 때 자주 이용합니다. 또한 지하철도 2호선이라서 신촌역까지 한 번에 가니까 (㉠   ).

65. ㉠에 들어갈 말로 가장 알맞은 것을 고르십시오. (2점)

① 편해도 됩니다　　　　　　② 편한 것 같습니다

③ 편할 수 있습니다　　　　　④ 편하기 어렵습니다

66. 윗글의 내용과 같은 것을 고르십시오. (3점)

① 쉽게 갈 수 있어서 좋습니다.

② 지하철만 타면 신촌에 갈 수 있습니다.

③ 제가 사는 곳 바로 앞에 지하철역이 있습니다.

④ 집에서 신촌역까지 가깝지만 지하철을 탑니다.

※ [67~68] 다음을 읽고 물음에 답하십시오. (각 3점)

> 한국의 휴대폰 시장은 빠르게 커졌습니다. 휴대폰으로 (㉠   ) 늘어나면서 더 빠른 인터넷을 원하게 되었습니다. 그래서 휴대폰 회사마다 광고를 할 때 제일 빠른 속도를 가지고 있다고 광고합니다. 하지만 단점도 많이 있습니다. 휴대폰 가격이 컴퓨터보다 비쌉니다. 또한 휴대폰으로 인터넷 게임을 너무 많이 하기 때문에 다른 사람과 대화할 시간이 줄어들기도 합니다.

67. ㉠에 들어갈 말로 가장 알맞은 것을 고르십시오.

① 사진을 찍는 사람이　　　　② 통화를 하는 사람이

③ 친구를 만나는 사람이　　　④ 인터넷을 하는 사람이

68. 윗글의 내용과 같은 것을 고르십시오.

① 컴퓨터보다 휴대폰 속도가 더 빠릅니다.

② 휴대폰 회사마다 빠른 속도를 자랑합니다.

③ 휴대폰 시장은 통화량이 늘면서 커졌습니다.

④ 인터넷을 하면서 다른 사람과 대화할 수 있습니다.

※　[69~70] 다음을 읽고 물음에 답하십시오. (각 3점)

> 큰 고민이 있을 때에는 계속 같은 장소에 있으면서 고민을 해결하려고 하지 마십시오. 한곳에만 계속 있으면 좋은 생각이 나지 않습니다. 그럴 때는 다른 곳에 가서 걷기도 하고 맑은 공기도 마시면서 기분을 (　　㉠　　) 좋습니다. 맛있는 음식을 먹거나 친구와 이야기를 하는 것도 좋습니다. 다른 곳에서 천천히 고민을 해결할 방법을 생각하는 것이 고민 해결에 도움이 됩니다.

69. ㉠에 들어갈 말로 가장 알맞은 것을 고르십시오.

① 바꾸는 것이 　　　　　　　　② 바꾸려고 해야

③ 바꾸려고 해도 　　　　　　　④ 바꾸는 것만이

70. 윗글의 내용으로 알 수 있는 것을 고르십시오.

① 고민 해결 방법은 다 같습니다.

② 다른 장소는 고민 해결에 도움을 줍니다.

③ 한 장소에서 계속 생각하는 것이 좋습니다.

④ 고민을 해결하려면 다양한 장소에 가야 합니다.

제5회 FiNAL 실전 모의고사

The 5th Final Actual Test

TOPIK Ⅰ

듣기, 읽기

수험번호 (Registration No.)		
이 름 (Name)	한국어 (Korean)	
	영 어 (English)	

유 의 사 항
Information

1. 시험 시작 지시가 있을 때까지 문제를 풀지 마십시오.

   Do not open the booklet until you are allowed to start.

2. 수험번호와 이름을 정확하게 적어 주십시오.

   Write your name and registration number on the answer sheet.

3. 답안지를 구기거나 훼손하지 마십시오.

   Do not fold the answer sheet; keep it clean.

4. 답안지의 이름, 수험번호 및 정답의 기입은 배부된 펜을 사용하여 주십시오.

   Use the given pen only.

5. 정답은 답안지에 정확하게 표시하여 주십시오.

   Mark your answer accurately and clearly on the answer sheet.

   marking example   ① ● ③ ④

6. 문제를 읽을 때에는 소리가 나지 않도록 하십시오.

   Keep quiet while answering the questions.

7. 질문이 있을 때에는 손을 들고 감독관이 올 때까지 기다려 주십시오.

   When you have any questions, please raise your hand.

※ [1~4] 다음을 듣고 〈보기〉와 같이 물음에 맞는 대답을 고르십시오.

―――――――――――〈 보 기 〉―――――――――――

가: 공부를 해요?

나: _____

❶ 네, 공부를 해요.　　　　　② 아니요, 공부예요.

③ 네, 공부가 아니에요.　　　④ 아니요, 공부를 좋아해요.

1. (4점)
   ① 네, 자동차가 맞아요.　　　② 네, 자동차가 빨라요.
   ③ 아니요, 자동차가 없어요.　④ 아니요, 자동차가 아니에요.

2. (4점)
   ① 네, 집이에요.　　　　　　② 네, 집이 있어요.
   ③ 아니요, 집이 멀어요.　　　④ 아니요, 집이 작아요.

3. (3점)
   ① 어제 줬어요.　　　　　　② 동생에게 줬어요.
   ③ 서점에서 줬어요.　　　　④ 아버지가 줬어요.

4. (3점)
   ① 매일 그렸어요.　　　　　② 그림을 그렸어요.
   ③ 친구가 그렸어요.　　　　④ 정말 잘 그렸어요.

※ [5~6] 다음을 듣고 〈보기〉와 같이 이어지는 말을 고르십시오.

┌─────────────〈보 기〉─────────────┐

가: 늦어서 미안해요.

나: _____

① 고마워요.   ❷ 괜찮아요.

③ 여기 앉으세요.   ④ 안녕히 계세요.

└─────────────────────────────────┘

5. (4점)

① 환영해요.   ② 죄송해요.

③ 축하해요.   ④ 미안해요.

6. (3점)

① 네, 들어오세요.   ② 네, 실례합니다.

③ 네, 여기 있습니다.   ④ 네, 잠시만 기다리세요.

※ [7~10] 여기는 어디입니까? 〈보기〉와 같이 알맞은 것을 고르십시오.

┌─────────────〈보 기〉─────────────┐

가: 어서 오세요.

나: 여기 수박 있어요?

① 학교   ② 약국   ❸ 시장   ④ 병원

└─────────────────────────────────┘

7. (3점)

① 공항   ② 병원   ③ 기차역   ④ 미술관

8. (3점)

① 공원   ② 교실   ③ 문구점   ④ 도서관

9. (3점)

① 교실   ② 가게   ③ 호텔   ④ 식당

10. (4점)

① 서점   ② 은행   ③ 여행사   ④ 백화점

※ [11~14] 다음은 무엇에 대해 말하고 있습니까? 〈보기〉와 같이 알맞은 것을 고르십시오.

┌─────────────〈보   기〉─────────────┐

가: 누구예요?

나: 이 사람은 형이고, 이 사람은 동생이에요.

❶ 가족   ② 이름   ③ 선생님   ④ 부모님

└─────────────────────────────────────┘

11. (3점)

① 가족   ② 날짜   ③ 친구   ④ 선물

12. (3점)

① 취미   ② 건강   ③ 기분   ④ 식사

13. (4점)

① 맛   ② 값   ③ 일   ④ 방

14. (3점)

① 여행   ② 주말   ③ 나라   ④ 음식

※ [15~16] 다음 대화를 듣고 가장 알맞은 그림을 고르십시오. (각 4점)

15. ①  ②

③  ④

16. ①  ②

③  ④

※ [17~21] 다음을 듣고 〈보기〉와 같이 대화 내용과 같은 것을 고르십시오. (각 3점)

─────〈 보　기 〉─────

남자: 요즘 한국어를 공부해요?

여자: 네. 한국 친구한테서 한국어를 배워요.

① 남자는 학생입니다.　　　　② 여자는 학교에 다닙니다.

③ 남자는 한국어를 가르칩니다.　❹ 여자는 한국어를 공부합니다.

17. ① 여자는 내일 시험을 볼 겁니다.

　② 남자는 도서관에서 책을 빌릴 겁니다.

　③ 여자는 도서관에서 빌린 책이 있습니다.

　④ 남자는 여자와 도서관에서 공부할 겁니다.

18. ① 남자는 물건의 무게를 잽니다.

　② 여자는 미국에 가려고 합니다.

　③ 여자는 배로 물건을 보낼 겁니다.

　④ 남자는 미국에서 보낸 소포를 받았습니다.

19. ① 여자는 주말에 회사에 가야 합니다.

　② 남자는 주말에 여자의 집에 갈 겁니다.

　③ 여자는 남자의 집과 가까운 곳에 삽니다.

　④ 남자는 여자와 친구의 집들이에 갈 겁니다.

20. ① 여자는 어제 산 옷이 작습니다.

　② 남자는 새로 티셔츠를 샀습니다.

　③ 여자는 남자의 옷을 바꿔 주었습니다.

　④ 남자는 여자에게 옷값을 받을 겁니다.

21. ① 남자는 노래를 불러서 목이 아픕니다.

② 남자는 약을 먹고 목이 다 나았습니다.

③ 여자는 남자와 같은 동아리 회원입니다.

④ 여자는 다음 주에 남자와 동아리 모임에 갈 겁니다.

※ [22~24] 다음을 듣고 여자의 중심 생각을 고르십시오. (각 3점)

22. ① 방학에 일을 하면 좋습니다.

② 평일에 일하는 사람이 많습니다.

③ 내일부터 일할 사람이 필요합니다.

④ 일할 사람이 있으면 연락을 주면 좋겠습니다.

23. ① 친구를 만나서 사과를 해야 합니다.

② 편지를 써서 사과하는 것이 좋습니다.

③ 친구의 카메라를 고쳐서 편지와 함께 줘야 합니다.

④ 친구에게 실수를 이야기하지 않는 것이 중요합니다.

24. ① 싫어하는 음식을 먹지 않아도 됩니다.

② 어렸을 때 음식을 잘 먹는 것이 중요합니다.

③ 직접 음식을 만들면 그 음식을 잘 먹을 수 있습니다.

④ 부모님은 아이들에게 직접 음식을 만들어 줘야 합니다.

※ **[25~26] 다음을 듣고 물음에 답하십시오.**

25. 여자가 왜 이 이야기를 하고 있는지 고르십시오. (3점)

    ① 한국어 공부를 부탁하려고

    ② 한국 국악 동아리를 소개하려고

    ③ 한국 생활의 어려움을 이야기하려고

    ④ 한국을 떠나게 되어 감사 인사를 하려고

26. 들은 내용과 같은 것을 고르십시오. (4점)

    ① 지금 미국에서 살고 있습니다.

    ② 한국어를 처음부터 잘했습니다.

    ③ 4년 동안 한국어를 공부했습니다.

    ④ 미국에서 한국 악기 공연을 할 겁니다.

※ **[27~28] 다음을 듣고 물음에 답하십시오.**

27. 두 사람이 무엇에 대해 이야기를 하고 있는지 고르십시오. (3점)

    ① 시험공부

    ② 축제 날짜

    ③ 유명한 연예인

    ④ 지난 축제 일정

28. 들은 내용과 같은 것을 고르십시오. (4점)

    ① 이번 축제는 금요일에 합니다.

    ② 이번 축제는 시험이 끝나기 전에 합니다.

    ③ 지난 축제는 주말에 해서 가수들이 못 왔습니다.

    ④ 지난 축제에 학생들이 많이 참여하지 못했습니다.

29. 여자가 미안해 한 이유를 고르십시오. (3점)

    ① 남자의 집에 친구와 가서

    ② 남자의 부탁을 빨리 거절해서

    ③ 남자와 약속을 지키지 못해서

    ④ 남자에게 돈을 빌려 달라고 해서

30. 들은 내용과 같은 것을 고르십시오. (4점)

    ① 여자는 어제 남자와 싸웠습니다.

    ② 남자는 여자의 부탁을 거절했습니다.

    ③ 남자는 밖에서 친구를 기다리고 있습니다.

    ④ 여자는 남자와의 약속을 지키지 못했습니다.

TOPIK I 읽기 (31번~70번)

※ [31~33] 무엇에 대한 내용입니까? 〈보기〉와 같이 알맞은 것을 고르십시오. (각 2점)

〈보   기〉

사과가 있습니다. 그리고 배도 있습니다.

① 요일   ② 공부   ❸ 과일   ④ 생일

31. 토요일에 산에 갑니다. 일요일에 친구들과 만납니다.

① 휴가   ② 친구   ③ 주말   ④ 연세

32. 저는 언니가 있습니다. 동생도 있습니다.

① 가족   ② 회의   ③ 유학   ④ 음식

33. 한국의 여름은 덥습니다. 겨울은 춥습니다.

① 시장   ② 달력   ③ 거리   ④ 계절

※ [34~39] 〈보기〉와 같이 (   )에 들어갈 말로 가장 알맞은 것을 고르십시오.

〈보   기〉

날씨가 좋습니다. (   )이 맑습니다.

① 눈   ② 밤   ❸ 하늘   ④ 구름

34. (2점)

서울에서 부산까지 기차를 타고 갑니다. 기차(　　　　　) 4시간이 걸립니다.

① 의　　　　　　　② 도　　　　　　　③ 로　　　　　　　④ 나

35. (2점)

제 생일입니다. 그래서 친구들에게서 선물을 (　　　　　).

① 삽니다　　　　　② 엽니다　　　　　③ 받습니다　　　　　④ 보냅니다

36. (2점)

저는 (　　　　　)을 좋아합니다. 그중에 강아지를 제일 좋아합니다.

① 과일　　　　　　② 동물　　　　　　③ 음악　　　　　　④ 운동

37. (3점)

요즘 일이 없습니다. 그래서 (　　　　　).

① 바쁩니다　　　　② 아픕니다　　　　③ 심심합니다　　　④ 어렵습니다

38. (3점)

지금은 바쁩니다. (　　　　　) 전화를 하겠습니다.

① 아까　　　　　　② 조금　　　　　　③ 나중에　　　　　④ 천천히

39. (2점)

너무 덥습니다. 옷을 (　　　　　) 싶습니다.

① 벗고　　　　　　② 차고　　　　　　③ 쓰고　　　　　　④ 끼고

※　[40~42] 다음을 읽고 맞지 <u>않는</u> 것을 고르십시오. (각 3점)

40.

초대권

서울시 K-POP 춤 대회

- **일시:** 2024년 4월 21일 오후 1시
- **장소:** 서울 시청 앞 광장
- **인원:** 2명

① 오후 한 시에 시작합니다.

② 친구 두 명하고 같이 갑니다.

③ 서울 시청 앞에서 춤을 봅니다.

④ 대회가 사월 이십 일 일에 있습니다.

41.

김 선생님,
마리아 씨가 선생님께 전화했지만
안 받아서 저에게 전화했어요.
마리아 씨는 내일 한국에 없을 거예
요. 그래서 30분 후에 김 선생님께
다시 전화할 거예요.

– 이연주 –

① 이연주 씨가 전화를 했습니다.

② 마리아 씨가 내일 한국에 없습니다.

③ 마리아 씨가 전화를 다시 할 겁니다.

④ 마리아 씨가 이연주 씨에게 전화를 했습니다.

42.

┌─────────────────────────────────────┐
│   🔕 기숙사 안내   │
│   │
│   ■ 조용히 통화하세요.   │
│   ■ 담배를 피우지 마세요.   │
│   ■ 음식은 휴게실에서 드세요.   │
│   ■ 밤 12시 이후에 텔레비전을 끄세요. │
│   │
└─────────────────────────────────────┘

① 방에서 담배를 피웁니다.

② 친구와 전화할 수 있습니다.

③ 휴게실에서 음식을 먹습니다.

④ 밤 12시까지 텔레비전을 봅니다.

※ [43~45] 다음을 읽고 내용이 같은 것을 고르십시오.

43. (3점)

> 제 방에는 아주 큰 책상이 있습니다. 저는 매일 책상을 청소합니다. 책상이 크고 깨끗해서 공부할 때 정말 좋습니다.

① 매일 책상에서 공부합니다.

② 제 책상은 작아서 좋습니다.

③ 책상을 청소해서 깨끗합니다.

④ 학교의 책상은 아주 크고 많습니다.

44. (2점)

> 요즘 날씨가 매우 덥습니다. 학교 교실에는 에어컨이 있어서 공부할 때 시원합니다. 집에는 지금 에어컨이 없어서 빨리 샀으면 좋겠습니다.

① 교실은 아주 시원합니다.
② 저는 추운 날씨가 좋습니다.
③ 집에 있는 에어컨이 아주 쌉니다.
④ 집에서 공부할 때마다 에어컨을 켭니다.

45. (3점)

> 이번 일요일에 우리 가족은 파티를 합니다. 제 동생이 취직을 해서 축하 파티를 합니다. 저는 맛있는 음식을 만들어서 동생에게 줄 겁니다.

① 동생은 요리를 잘합니다.
② 축하 파티가 재미있었습니다.
③ 제가 취직을 해서 파티를 합니다.
④ 이번 주말에 축하 파티가 있습니다.

※ [46~48] 다음을 읽고 중심 내용을 고르십시오.

46. (3점)

> 저는 보통 밤에 일합니다. 일을 할 때 배가 고파서 자주 음식을 사 먹습니다. 오늘도 편의점에서 음식을 사 왔습니다.

① 저는 보통 밤까지 일을 합니다.
② 저는 편의점에서 일하려고 합니다.
③ 저는 밤에 일하면서 음식을 먹습니다.
④ 저는 음식을 자주 만들어서 먹습니다.

47. (3점)

> 저는 남을 도와주는 일을 하는 좋은 사람이 되고 싶습니다. 그래서 의사가 되려고 합니다. 의사가 되어 아픈 사람들을 돕고 싶습니다.

① 저는 친절한 사람이 좋습니다.
② 저는 아픈 사람들을 많이 봅니다.
③ 저는 좋은 의사가 되고 싶습니다.
④ 저는 다른 사람을 돕는 것이 쉽습니다.

48. (2점)

> 저는 운전하는 것을 좋아합니다. 새로운 자동차를 구경하는 것도 좋아합니다. 자동차 책도 많이 봅니다.

① 저는 책을 자주 읽습니다.
② 저는 자동차를 많이 좋아합니다.
③ 저는 운전하는 것이 어렵습니다.
④ 저는 새 자동차를 사고 싶습니다.

※ [49~50] 다음을 읽고 물음에 답하십시오. (각 2점)

> 저는 집에서 요리하는 것을 싫어합니다. 하지만 사 먹는 음식이 너무 비싸서 이제는 집에서 요리를 하려고 합니다. 가장 (㉠) 음식부터 만들고 싶습니다. 친구는 저에게 볶음밥을 추천했습니다. 그래서 오늘 야채를 사러 시장에 갈 겁니다.

49. ㉠에 들어갈 말로 가장 알맞은 것을 고르십시오.
   ① 밝은   ② 작은
   ③ 도운   ④ 쉬운

50. 윗글의 내용과 같은 것을 고르십시오.

① 저는 사 먹는 음식을 좋아합니다.

② 저는 친구에게 비빔밥을 줄 겁니다.

③ 저는 음식을 만들어서 먹을 겁니다.

④ 저는 집에서 요리를 자주 했습니다.

※ [51~52] 다음을 읽고 물음에 답하십시오.

> 한국에는 '집들이'라는 문화가 있습니다. 새로 이사를 가면 친구들을 초대해서 같이 밥을 먹고 친구들에게 집을 보여 주는 것입니다. 초대받은 사람들은 선물을 사 가는데 보통 세제나 휴지를 선물합니다. 이 선물에는 의미가 있습니다. 세제는 거품이 많이 나니까 돈을 많이 (㉠   ) 의미이며, 휴지를 받으면 모든 일이 쉽게 잘 풀리기를 바란다는 뜻입니다.

51. ㉠에 들어갈 말로 가장 알맞은 것을 고르십시오. (3점)

① 쓸 수 있다고   ② 벌 수 있다는

③ 주울 수 있다고   ④ 빌릴 수 있다고

52. 무엇에 대한 내용인지 맞는 것을 고르십시오. (2점)

① 집들이에 필요한 것

② 집들이 때 선물하는 것

③ 집들이에서 할 수 있는 것

④ 집들이에서 볼 수 있는 것

> 저는 가끔 아침에 못 일어나서 학교에 늦을 때가 있습니다. 그래서 선생님과 약속을 했습니다. 또 (㉠) 수업이 끝나고 화장실을 청소하기로 했습니다. 저는 일주일 동안 4번 늦었습니다. 하지만 내일은 꼭 늦지 않겠습니다.

53. ㉠에 들어갈 말로 가장 알맞은 것을 고르십시오. (2점)

① 지각하면   ② 지각하고

③ 지각하니까   ④ 지각하지만

54. 윗글의 내용과 같은 것을 고르십시오. (3점)

① 학교에 도착하면 청소를 합니다.

② 저는 내일 학교에 일찍 올 겁니다.

③ 저는 오늘까지 다섯 번 늦었습니다.

④ 학교 수업이 끝나고 화장실에 갑니다.

※ **[55~56] 다음을 읽고 물음에 답하십시오.**

> 거짓말을 하는 것은 나쁜 일입니다. (㉠) 가끔은 거짓말을 할 때가 있습니다. 부모님이나 친구 등 다른 사람을 걱정시키고 싶지 않을 때 거짓말을 합니다. 또는 다른 사람의 마음을 상하게 하지 않으려고 거짓말을 합니다. 거짓말은 안 하는 것이 제일 좋지만 필요한 거짓말도 있습니다.

55. ㉠에 들어갈 말로 가장 알맞은 것을 고르십시오. (2점)

① 그리고   ② 그러면   ③ 그래서   ④ 그러나

56. 윗글의 내용과 같은 것을 고르십시오. (3점)

① 좋은 거짓말도 있습니다.

② 거짓말을 하면 마음이 상합니다.

③ 거짓말은 전혀 필요하지 않습니다.

④ 거짓말을 하면 다른 사람이 걱정합니다.

※ [57~58] 다음을 순서에 맞게 배열한 것을 고르십시오.

57. (3점)

> (가) 제가 가고 싶은 식당이 한 곳 있습니다.
>
> (나) 저는 일주일 전에 예약을 미리 해서 괜찮습니다.
>
> (다) 그 식당은 사람이 많아서 예약을 꼭 해야 합니다.
>
> (라) 그런데 예약 손님이 많아서 예약을 못 할 수도 있습니다.

① (가) - (나) - (다) - (라)   ② (가) - (나) - (라) - (다)

③ (가) - (다) - (나) - (라)   ④ (가) - (다) - (라) - (나)

58. (2점)

> (가) 저는 한국대학교에 입학하고 싶습니다.
>
> (나) 제가 가고 싶은 대학교는 등록금도 쌉니다.
>
> (다) 그래서 아르바이트를 하면서 받은 돈으로 다닐 수 있습니다.
>
> (라) 하지만 먼저 공부를 열심히 해서 입학시험에 꼭 합격하겠습니다.

① (가) - (나) - (다) - (라)   ② (가) - (나) - (라) - (다)

③ (가) - (라) - (나) - (다)   ④ (가) - (라) - (다) - (나)

> 며칠 전에 친구하고 명동에 갔습니다. 명동에서 쇼핑도 하고 점심도 먹었습니다. (㉠) 명동에는 사람이 많았는데 길을 걷다가 정말 잘생긴 남자를 봤습니다. (㉡) 너무 잘생겨서 친구에게 "저 남자 좀 보세요! 정말 맛있어요!"라고 말했습니다. (㉢) 저는 너무 부끄러웠습니다. 다음부터는 이런 실수를 하지 않을 겁니다. (㉣)

59. 다음 문장이 들어갈 곳으로 가장 알맞은 것을 고르십시오. (2점)

> 친구가 웃으면서 저에게 "저 남자는 음식이 아니에요."라고 했습니다.

① ㉠　　　　　② ㉡　　　　　③ ㉢　　　　　④ ㉣

60. 윗글의 내용과 같은 것을 고르십시오. (3점)

① 저는 명동에 자주 갑니다.

② 친구는 실수를 많이 합니다.

③ 친구는 잘생긴 남자를 좋아합니다.

④ 저는 멋진 남자를 보고 말실수를 했습니다.

※ [61~62] 다음을 읽고 물음에 답하십시오. (각 2점)

> 저는 지난 일요일에 선배님의 결혼식에 다녀왔습니다. 한국의 결혼식은 우리 나라의 결혼식과 많이 달랐습니다. 제가 사는 나라에서는 하루 종일 결혼식 파티를 합니다. 그런데 지난주에 간 결혼식은 아주 빨리 (㉠) 1시간쯤 걸렸습니다. 사람들은 밥을 먹은 후에 바로 헤어졌습니다. 그래서 저도 집에 일찍 돌아왔습니다.

61. ㉠에 들어갈 말로 가장 알맞은 것을 고르십시오.

① 끝났는데　　　　　　② 끝난 후에

③ 끝날 때마다　　　　　④ 끝나고 나서

62. 윗글의 내용과 같은 것을 고르십시오.

① 한국의 결혼식은 하루 종일 걸립니다.

② 선배님의 결혼식 파티에 가고 싶습니다.

③ 저는 지난 일요일에 선배님과 결혼했습니다.

④ 사람들이 밥을 먹은 후에 모두 돌아갔습니다.

※ [63~64] 다음을 읽고 물음에 답하십시오.

받는 사람: kmj@maver.com, kim090@maver.com...

보낸 사람: park@maver.com

제목: 설악산 등산 여행

직원 여러분, 안녕하십니까?

지난달 여러분이 열심히 일해 주셔서 회사에서 선물을 준비했습니다. 바로 '설악산 등산 여행'입니다. 설악산 호텔에서 무료로 숙박을 할 수 있는 티켓을 1인 1매 드립니다. 티켓 1장으로 4명까지 사용할 수 있습니다. 설악산까지 가는 버스도 무료입니다. 버스는 이번 주 토요일 아침 6시에 회사 정문 앞에서 출발합니다. 많은 참여 바랍니다.

행복회사 사무실

63. 왜 윗글을 썼는지 맞는 것을 고르십시오. (2점)

① 설악산 등산 여행에 초대하려고 　　② 설악산 가는 버스를 소개하려고

③ 설악산 호텔 숙박을 계획하려고 　　④ 설악산 버스 티켓을 판매하려고

64. 윗글의 내용과 같은 것을 고르십시오. (3점)

① 버스는 네 명까지 신청할 수 있습니다.

② 설악산 호텔의 숙박비를 할인해 줍니다.

③ 설악산 등산 여행은 숙박비, 식비가 무료입니다.

④ 토요일에 회사 정문에서 버스를 탈 수 있습니다.

> 저는 한국인 영화배우를 좋아해서 한국어를 배우고 있습니다. 그 영화배우 때문에 한국에 관심이 많아졌습니다. 그런데 다음 달 1일부터 3일까지 그 영화배우와 함께하는 자전거 여행이 특별 여행 상품으로 나왔습니다. 어려운 이웃을 돕는 행사라서 누구든지 (㉠). 그래서 저도 신청서를 내려고 합니다.

65. ㉠에 들어갈 말로 가장 알맞은 것을 고르십시오. (2점)

① 참여해 봅니다   ② 참여하게 됩니다

③ 참여할까 했습니다   ④ 참여할 수 있습니다

66. 윗글의 내용과 같은 것을 고르십시오. (3점)

① 특별한 여행 상품이라서 가격이 비쌉니다.

② 이미 여행 신청서를 내고 기다리고 있습니다.

③ 영화배우와 함께하는 여행은 삼 일 동안 합니다.

④ 한국어를 공부하니까 한국에 관심이 많아졌습니다.

> 토마토는 우리의 몸을 건강하게 해 줍니다. 특히 눈에 좋아서 토마토를 많이 먹으면 (㉠) 막을 수 있습니다. 먹는 방법은 씻어서 그냥 먹는 것과 요리를 해서 먹는 것이 있습니다. 그런데 토마토는 익혀 먹는 것이 그냥 먹을 때보다 몸에 더 좋습니다. 그래서 고기와 함께 구워 먹거나 볶음 요리를 만들어 먹습니다. 특히 토마토와 계란을 같이 볶으면 맛있고 반찬으로 먹기 좋습니다.

67. ㉠에 들어갈 말로 가장 알맞은 것을 고르십시오.

① 물에 익힌 것을   ② 몸에 좋은 것을

③ 자주 만드는 것을   ④ 눈이 나빠지는 것을

68. 윗글의 내용과 같은 것을 고르십시오.

① 토마토를 불에 익힌 후 차갑게 만듭니다.

② 토마토 요리는 익혀 먹는 것이 더 좋습니다.

③ 토마토 껍질을 버리면 좋은 것이 없어집니다.

④ 토마토 씻어서 그냥 먹는 것이 가장 좋습니다.

※ [69~70] 다음을 읽고 물음에 답하십시오. (각 3점)

식혜는 한국의 전통 음료수입니다. 쌀로 만드는데 달고 맛있어서 많은 사람들이 좋아합니다. 식혜는 시원하게 마시는 것이 좋습니다. 식혜는 소화에도 좋기 때문에 식사를 한 후에 많이 마십니다. 만드는 방법이 쉽고 간단하지만 만드는 시간이 오래 걸립니다. 저는 이번에 식혜를 직접 만들어서 (㉠   ). 정말 맛있을 것입니다.

69. ㉠에 들어갈 말로 가장 알맞은 것을 고르십시오.

① 먹어 봤습니다   ② 먹을 수 없습니다

③ 먹어 보려고 합니다   ④ 먹어 보려고 했습니다

70. 윗글의 내용으로 알 수 있는 것을 고르십시오.

① 식혜는 빨리 만들 수 있습니다.

② 식혜는 차갑게 마시면 더 좋습니다.

③ 식혜를 마시면 소화가 잘 안됩니다.

④ 식혜는 맛이 써서 사람들이 싫어합니다.

제6회 FINAL 실전 모의고사

The 6th Final Actual Test

TOPIK I

듣기, 읽기

수험번호 (Registration No.)		
이 름 (Name)	한국어 (Korean)	
	영 어 (English)	

유 의 사 항
Information

1. 시험 시작 지시가 있을 때까지 문제를 풀지 마십시오.

   Do not open the booklet until you are allowed to start.

2. 수험번호와 이름을 정확하게 적어 주십시오.

   Write your name and registration number on the answer sheet.

3. 답안지를 구기거나 훼손하지 마십시오.

   Do not fold the answer sheet; keep it clean.

4. 답안지의 이름, 수험번호 및 정답의 기입은 배부된 펜을 사용하여 주십시오.

   Use the given pen only.

5. 정답은 답안지에 정확하게 표시하여 주십시오.

   Mark your answer accurately and clearly on the answer sheet.

   marking example

6. 문제를 읽을 때에는 소리가 나지 않도록 하십시오.

   Keep quiet while answering the questions.

7. 질문이 있을 때에는 손을 들고 감독관이 올 때까지 기다려 주십시오.

   When you have any questions, please raise your hand.

TOPIK Ⅰ 듣기 (1번~30번)

Test 06

※ [1~4] 다음을 듣고 〈보기〉와 같이 물음에 맞는 대답을 고르십시오.

―――――――〈보　기〉―――――――

가: 공부를 해요?

나: _____

❶ 네, 공부를 해요.　　　　　　② 아니요, 공부예요.

③ 네, 공부가 아니에요.　　　　④ 아니요, 공부를 좋아해요.

1. (4점)
① 네, 아버지 사진이 있어요.　　　② 네, 아버지 사진이 많아요.
③ 아니요, 아버지 사진이 좋아요.　④ 아니요, 아버지 사진이 아니에요.

2. (4점)
① 네, 햄버거예요.　　　　　　　② 네, 햄버거를 먹어요.
③ 아니요, 햄버거가 맛있어요.　④ 아니요, 햄버거를 좋아해요.

3. (3점)
① 주말에 영화를 봤어요.　　　② 친구하고 영화를 봤어요.
③ 휴대폰으로 영화를 봤어요.　④ 서울역에서 영화를 봤어요.

4. (3점)
① 친구와 있었어요.　　　　　② 책을 보고 있었어요.
③ 한 달 동안 있었어요.　　　④ 작년에 고향에 있었어요.

[5~6] 다음을 듣고 〈보기〉와 같이 이어지는 말을 고르십시오.

┌─────────────────────〈 보   기 〉─────────────────────┐

가: 늦어서 미안해요.

나: _____

① 고마워요.   ❷ 괜찮아요.

③ 여기 앉으세요.   ④ 안녕히 계세요.

└──┘

5.   (4점)

① 괜찮아요.   ② 미안해요.

③ 부탁해요.   ④ 고마워요.

6.   (3점)

① 네, 알겠습니다.   ② 네, 부탁합니다.

③ 네, 오랜만입니다.   ④ 네, 그렇습니다.

※   **[7~10] 여기는 어디입니까? 〈보기〉와 같이 알맞은 것을 고르십시오.**

┌─────────────────────〈 보   기 〉─────────────────────┐

가: 어서 오세요.

나: 여기 수박 있어요?

① 학교   ② 약국   ❸ 시장   ④ 병원

└──┘

7.   (3점)

① 학교   ② 식당   ③ 회사   ④ 공원

8.   (3점)

① 가게   ② 극장   ③ 교실   ④ 은행

9. (3점)

　① 공항　　　　　② 학교　　　　　③ 옷 가게　　　　④ 주유소

10. (4점)

　① 서점　　　　　② 교실　　　　　③ 백화점　　　　④ 도서관

※　[11~14] 다음은 무엇에 대해 말하고 있습니까? 〈보기〉와 같이 알맞은 것을 고르십시오.

〈보 기〉

가: 누구예요?

나: 이 사람은 형이고, 이 사람은 동생이에요.

❶ 가족　　　　　② 이름　　　　　③ 선생님　　　　④ 부모님

---

11. (3점)

　① 운동　　　　　② 여행　　　　　③ 요일　　　　　④ 기분

12. (3점)

　① 가구　　　　　② 선물　　　　　③ 소포　　　　　④ 날짜

13. (4점)

　① 친구　　　　　② 건강　　　　　③ 계획　　　　　④ 계절

14. (3점)

　① 여행　　　　　② 사진　　　　　③ 그림　　　　　④ 운동

※ [15~16] 다음 대화를 듣고 가장 알맞은 그림을 고르십시오. (각 4점)

15. ① ②

③ ④

16. ① ②

③ ④

※ [17~21] 다음을 듣고 〈보기〉와 같이 대화 내용과 같은 것을 고르십시오. (각 3점)

〈보 기〉

남자: 요즘 한국어를 공부해요?

여자: 네. 한국 친구한테서 한국어를 배워요.

① 남자는 학생입니다.　　　　② 여자는 학교에 다닙니다.

③ 남자는 한국어를 가르칩니다.　❹ 여자는 한국어를 공부합니다.

---

17. ① 남자는 서울역에 갈 겁니다.

　　② 여자는 요즘 시간이 없습니다.

　　③ 남자는 어제 기차표를 샀습니다.

　　④ 여자는 남자 대신 표를 예매할 겁니다.

18. ① 여자는 열이 많이 납니다.

　　② 남자는 기침을 하지 않습니다.

　　③ 남자는 운동을 열심히 했습니다.

　　④ 여자는 찬 음식을 남자에게 줬습니다.

19. ① 남자는 그림책을 샀습니다.

　　② 여자는 그림을 팔고 있습니다.

　　③ 남자는 사진기를 가지고 있습니다.

　　④ 여자는 건물 밖에서 남자를 만났습니다.

20. ① 여자는 주말에 등산할 겁니다.

　　② 여자는 공원에 가고 싶습니다.

　　③ 남자는 여자에게 밥을 사 줄 겁니다.

　　④ 남자는 등산한 후에 점심을 먹을 겁니다.

21. ① 여자는 오늘 수영장에 갈 겁니다.

　　② 남자는 여자와 수영장에 갔다 왔습니다.

　　③ 여자는 학교에서 수영을 배우고 있습니다.

　　④ 남자는 여자에게 수영장을 추천해 줬습니다.

※ **[22~24] 다음을 듣고 <u>여자</u>의 중심 생각을 고르십시오. (각 3점)**

22. ① 초보 운전자들이 문제입니다.

　　② 운전할 때는 신호를 잘 봐야 합니다.

　　③ 친구 차를 타지 않는 것이 좋습니다.

　　④ 운전 경력이 많아도 항상 조심해서 운전해야 합니다.

23. ① 돈이 있으면 결혼할 수 있습니다.

　　② 결혼하기 전에 돈을 벌어야 합니다.

　　③ 대학교를 졸업한 후에 결혼하고 싶습니다.

　　④ 늦게 결혼하는 사람들이 많아지는 것 같습니다.

24. ① 직원들이 불친절하면 안 됩니다.

　　② 음식점은 음식 맛만 좋으면 됩니다.

　　③ 직원이 친절해야 밥이 더 맛있는 것 같습니다.

　　④ 점심시간에는 직원이 친절하지 않은 것 같습니다.

※ [25~26] 다음을 듣고 물음에 답하십시오.

25. 여자가 왜 이 이야기를 하고 있는지 고르십시오. (3점)

　① 한국의 특별한 날을 알려 주려고

　② 어떤 선물을 하면 좋은지 물어보려고

　③ 특별한 날 선물의 의미를 설명하려고

　④ 한국에서 인기 있는 선물 종류를 소개하려고

26. 들은 내용과 같은 것을 고르십시오. (4점)

　① 모든 선물에는 뜻이 있습니다.

　② 시험을 잘 보라고 떡을 선물합니다.

　③ 세제는 돈이 많아지라는 뜻으로 선물합니다.

　④ 친구가 이사했을 때 주로 거울을 선물합니다.

※ [27~28] 다음을 듣고 물음에 답하십시오.

27. 두 사람이 무엇에 대해 이야기를 하고 있는지 고르십시오. (3점)

　① 물건의 가격

　② 환불 받는 방법

　③ 인터넷 쇼핑의 문제점

　④ 인터넷 물건의 좋은 점

28. 들은 내용과 같은 것을 고르십시오. (4점)

　① 여자는 인터넷으로 신발을 샀습니다.

　② 남자는 가게에 가서 신발을 환불할 겁니다.

　③ 여자는 주로 직접 신발을 신어 보고 삽니다.

　④ 남자는 산 신발의 색깔이 마음에 들지 않습니다.

[29~30] 다음을 듣고 물음에 답하십시오.

29. 여자가 남자의 집에 방문한 이유를 고르십시오. (3점)

    ① 강아지를 키우려고

    ② 미안하다고 이야기하려고

    ③ 강아지를 키우는지 물어보려고

    ④ 옆집이 시끄러운지 확인하려고

30. 들은 내용과 같은 것을 고르십시오. (4점)

    ① 남자는 강아지를 키우고 있습니다.

    ② 여자는 옆집 사람을 만나러 갔습니다.

    ③ 남자의 옆집 때문에 밤에 시끄럽습니다.

    ④ 여자의 아이들은 강아지를 키우고 싶습니다.

TOPIK I 읽기 (31번~70번)

※ [31~33] 무엇에 대한 내용입니까? 〈보기〉와 같이 알맞은 것을 고르십시오. (각 2점)

〈보 기〉

사과가 있습니다. 그리고 배도 있습니다.

① 요일   ② 공부   ❸ 과일   ④ 생일

31.

비빔밥을 좋아합니다. 자주 먹습니다.

① 카드   ② 음식   ③ 취미   ④ 호텔

32.

저는 중국에서 왔습니다. 중국 사람입니다.

① 병원   ② 계절   ③ 편지   ④ 국적

33.

오늘은 월요일입니다. 내일은 화요일입니다.

① 요일   ② 예약   ③ 양복   ④ 요리

※ [34~39] 〈보기〉와 같이 (   )에 들어갈 말로 가장 알맞은 것을 고르십시오.

〈보 기〉

날씨가 좋습니다. (   )이 맑습니다.

① 눈   ② 밤   ❸ 하늘   ④ 구름

34. (2점)

저는 동생이 있습니다. 동생이 저(　　　　　) 공부를 잘합니다.

① 와　　　　　　② 는　　　　　　③ 보다　　　　　　④ 하고

35. (2점)

경치가 아름답습니다. 친구와 같이 사진을 (　　　　　).

① 만듭니다　　　② 찍습니다　　　③ 그립니다　　　④ 받습니다

36. (2점)

여름입니다. (　　　　)에서 수영합니다.

① 여행　　　　　② 방학　　　　　③ 바다　　　　　④ 공항

37. (3점)

공부를 많이 했습니다. 시험 문제가 (　　　　　).

① 많습니다　　　② 좋습니다　　　③ 쉽습니다　　　④ 다릅니다

38. (3점)

내일 시험이 있습니다. 그래서 학교에 (　　　　　) 갈 겁니다.

① 일찍　　　　　② 오래　　　　　③ 자주　　　　　④ 아까

39. (2점)

형은 회사원입니다. 회사에서 (　　　　　) 있습니다.

① 일하고　　　　② 말하고　　　　③ 노래하고　　　④ 요리하고

※ [40~42] 다음을 읽고 맞지 <u>않는</u> 것을 고르십시오. (각 3점)

40.

외국인 노래 대회 참가 신청

K-POP 가수를 찾습니다! 누가 한국 노래를 잘해요?
9월 16일 10시부터 9월 17일 5시까지
3층 사무실에서 신청하세요.

① 사무실은 삼 층에 있습니다.
② 다섯 시에 대회가 끝납니다.
③ 외국인이 한국 노래를 부릅니다.
④ 구월 십육 일부터 신청할 수 있습니다.

41.

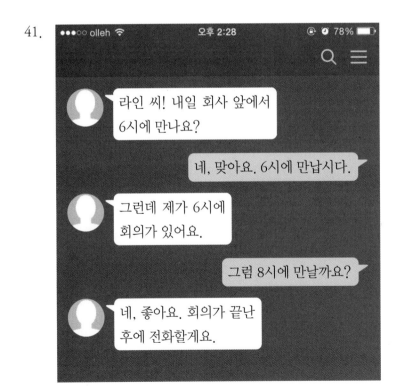

① 오늘 회의가 있습니다.　　② 약속 시간이 바뀌었습니다.
③ 내일 회사 앞에서 만납니다.　　④ 여덟 시에 약속이 있습니다.

42.

> # "휴대폰을 찾습니다."
>
> 2층 화장실에서 휴대폰을 잃어버렸습니다.
>
> 찾아 주세요. 10만 원을 드리겠습니다.
>
> 연락처: abc@dru.ac.kr

① 휴대폰이 십만 원입니다.

② 이 사람은 휴대폰을 찾고 싶습니다.

③ 휴대폰을 이 층에서 잃어버렸습니다.

④ 휴대폰을 찾으면 이메일로 연락합니다.

※ [43~45] 다음을 읽고 내용이 같은 것을 고르십시오.

43. (3점)

> 저는 혼자 영화 보는 것을 좋아합니다. 하지만 무서운 영화는 혼자 볼 수 없습니다. 그래서 꼭 친구하고 같이 봅니다.

① 공포 영화는 재미있습니다.

② 저는 혼자 영화를 볼 수 있습니다.

③ 혼자 극장에 가는 것은 어렵습니다.

④ 친구하고 만나서 영화를 자주 봅니다.

44. (2점)

> 저는 공으로 하는 운동을 좋아합니다. 그래서 친구들하고 축구를 합니다. 요즘에는 토요일 아침에 자주 모입니다.

① 저는 축구공이 많이 있습니다.

② 토요일마다 축구 경기를 봅니다.

③ 저는 토요일 아침에 운동을 합니다.

④ 저와 운동하는 친구들이 축구를 잘합니다.

45. (3점)

> 친구는 꽃을 좋아해서 꽃 시장에 많이 갑니다. 오늘은 저도 함께 갔습니다. 저는 꽃이 예뻤지만 사지 않았습니다.

① 저는 꽃을 아주 좋아합니다.

② 꽃 시장에서 꽃을 구경했습니다.

③ 친구가 꽃을 사고 싶어 했습니다.

④ 꽃 시장에서 꽃을 많이 샀습니다.

※ [46~48] 다음을 읽고 중심 내용을 고르십시오.

46. (3점)

> 저는 한국에 와서 한국 요리를 많이 먹었습니다. 그중에서 떡볶이를 제일 좋아합니다. 맵지만 맛있어서 좋습니다. 오늘은 친구가 저에게 떡볶이 만드는 방법을 가르쳐 주기로 했습니다.

① 떡볶이는 매운 음식입니다.

② 저는 한국 요리를 좋아합니다.

③ 저는 떡볶이를 만들 수 있습니다.

④ 떡볶이 만드는 방법을 배울 겁니다.

47. (3점)

> 저는 한국의 대학교를 졸업하고 지금은 고향에서 한국어를 가르칩니다. 이번 겨울에 학생들과 같이 한국에 가기로 했습니다. 한국의 이곳저곳에 가고 한국 음식을 먹으려고 합니다.

① 저는 학생들과 한국에 갔습니다.
② 저는 한국의 대학교에서 공부합니다.
③ 학생들과 한국에서 여행을 할 겁니다.
④ 한국어를 가르치는 일은 재미있습니다.

48. (2점)

> 서울에는 지하철역이 많습니다. 도로에 차가 많을 때 지하철을 타면 빠르게 갈 수 있습니다. 그래서 지하철을 자주 탑니다.

① 지하철은 빨라서 좋습니다.
② 지하철이 집 근처에 있습니다.
③ 지하철을 많이 타면 좋습니다.
④ 지하철역까지 차를 타고 갑니다.

※ [49~50] 다음을 읽고 물음에 답하십시오. (각 2점)

> 저는 작년에 한국에 처음 왔습니다. 처음에는 길도 모르고 한국어도 몰랐습니다. 그래서 집 밖에 잘 안 나갔습니다. 지금은 한국어를 잘합니다. 그래서 (㉠   ) 장소도 택시를 타고 잘 나갑니다.

49. ㉠에 들어갈 말로 가장 알맞은 것을 고르십시오.

① 배우는   ② 잘하는   ③ 모르는   ④ 나가는

50. 윗글의 내용과 같은 것을 고르십시오.

① 저는 요즘 밖을 잘 다닙니다.

② 저는 택시 타는 것이 어렵습니다.

③ 저는 지금 한국어를 잘 모릅니다.

④ 저는 작년에 처음 택시를 탔습니다.

※ [51~52] 다음을 읽고 물음에 답하십시오.

> 등산은 건강에 좋습니다. 산은 언제, 어느 계절에 가도 아름답습니다. 봄에는 봄꽃이 눈을 즐겁게 합니다. 여름 숲속에 (㉠) 시원한 바람이 불어 기분을 상쾌하게 합니다. 가을은 단풍이 아름답습니다. 겨울에는 눈이 내려서 등산을 하는 것이 조금 위험합니다. 하지만 멋진 겨울 산을 볼 수 있습니다. 산을 오르는 것은 힘들지만 여러 계절의 모습을 느낄 수 있습니다.

51. ㉠에 들어갈 말로 가장 알맞은 것을 고르십시오. (3점)

① 돌아가면 　　　　　　　　② 갔다 오면

③ 들어가면 　　　　　　　　④ 올라가면

52. 무엇에 대한 내용인지 맞는 것을 고르십시오. (2점)

① 등산의 장점 　　　　　　　② 사계절 산의 모습

③ 등산할 때의 기분 　　　　　④ 산에서 주의할 점

※ [53~54] 다음을 읽고 물음에 답하십시오.

> 저는 한국에서 (㉠) 아르바이트도 하려고 합니다. 방학 때 아르바이트를 해서 받은 돈을 모아서 대학원에 입학할 때 사용하고 싶습니다. 그래서 오늘은 통장을 만들러 은행에 갈 겁니다. 통장을 만들면 고향에 있는 부모님께 돈을 보낼 수도 있어서 좋습니다.

53. ㉠에 들어갈 말로 가장 알맞은 것을 고르십시오. (2점)

　　① 공부하려면　　　　　　　　② 공부하려고

　　③ 공부하면서　　　　　　　　④ 공부하니까

54. 윗글의 내용과 같은 것을 고르십시오. (3점)

　　① 고향에서 부모님을 만날 겁니다.

　　② 은행에서 아르바이트를 하고 있습니다.

　　③ 아르바이트를 해서 돈을 많이 받았습니다.

　　④ 통장을 만들어서 부모님께도 돈을 드리겠습니다.

※　[55~56] 다음을 읽고 물음에 답하십시오.

> 　저는 한국 문화를 좋아해서 한국어를 공부하고 있습니다. 특히 한국의 전통 옷인 한복을 정말 좋아합니다. 많은 외국인들도 색과 모양이 예뻐서 한복을 좋아합니다. 저는 그런 한복을 예전부터 입어 보고 싶었습니다. 이 이야기를 한국 친구에게 하니까 한복을 빌려주겠다고 했습니다. (　㉠　) 이번에 한복을 입을 수 있습니다. 친구의 한복을 입고 사진을 찍으려고 합니다.

55. ㉠에 들어갈 말로 가장 알맞은 것을 고르십시오. (2점)

　　① 그런데　　　　② 그러나　　　　③ 그래서　　　　④ 그러면

56. 윗글의 내용과 같은 것을 고르십시오. (3점)

　　① 저는 한복을 샀습니다.

　　② 제 친구는 한복을 가지고 있습니다.

　　③ 저는 한복을 입어 본 적이 있습니다.

　　④ 한복을 좋아하는 외국인이 적습니다.

※ [57~58] 다음을 순서에 맞게 배열한 것을 고르십시오.

57. (3점)

> (가) 그래서 저는 꼭 모자를 쓰고 밖에 나갑니다.
>
> (나) 모자를 열심히 찾았지만 없어서 새로 살 것입니다.
>
> (다) 한국의 여름은 아주 덥고 햇볕이 너무 뜨겁습니다.
>
> (라) 그런데 어제 제가 좋아하는 모자를 잃어버렸습니다.

① (다) - (나) - (가) - (라) ② (다) - (나) - (라) - (가)

③ (다) - (가) - (나) - (라) ④ (다) - (가) - (라) - (나)

58. (2점)

> (가) 저도 지금 휴대폰을 3년 동안 썼습니다.
>
> (나) 요즘 휴대폰은 비싸지만 오래 쓸 수 있습니다.
>
> (다) 바꾼 휴대폰은 더 비싸서 매달 많은 돈을 냅니다.
>
> (라) 그런데 제가 아는 사람들은 휴대폰을 자주 바꿉니다.

① (나) - (가) - (다) - (라) ② (나) - (가) - (라) - (다)

③ (나) - (다) - (가) - (라) ④ (나) - (다) - (라) - (가)

※ [59~60] 다음을 읽고 물음에 답하십시오.

> 처음 만난 사람과 친구가 되는 것은 어렵습니다. 그렇지만 쉽게 친구가 되는 방법이 있습니다. (㉠) 사람들의 이야기를 잘 들어 주는 것입니다. 또는 그 사람이 좋아하는 것을 같이 이야기하는 것입니다. (㉡) 그리고 웃는 얼굴로 이야기를 하는 것도 좋습니다. (㉢) 웃는 얼굴로 이야기하면 마음이 편해져서 많은 이야기를 할 수 있습니다. 그러면 금방 친해질 수 있습니다. (㉣)

59. 다음 문장이 들어갈 곳으로 알맞은 것을 고르십시오. (2점)

> 이야기를 잘 들어 주고 좋아하는 것을 같이 이야기하게 되면 쉽게 마음을 엽니다.

① ㉠   ② ㉡   ③ ㉢   ④ ㉣

60. 윗글의 내용과 같은 것을 고르십시오. (3점)

① 웃는 얼굴로 이야기하는 것이 좋습니다.

② 처음 만난 사람과는 친구가 될 수 없습니다.

③ 처음 만난 사람과 이야기하는 것은 어렵습니다.

④ 사람들은 이야기를 많이 하는 사람을 싫어합니다.

※ **[61~62] 다음을 읽고 물음에 답하십시오. (각 2점)**

> 저는 대학교를 졸업하기 전에 취업을 하고 싶습니다. 그래서 요즘 면접 준비를 열심히 하고 있습니다. 한국 회사에 (㉠) 한국어 말하기 성적이 좋아야 합니다. 또한 쓰기도 잘해야 합니다. 그래서 저는 일주일에 한 번씩 한국인 선생님을 만나서 말하기와 쓰기를 공부하고 있습니다.

61. ㉠에 들어갈 말로 가장 알맞은 것을 고르십시오.

① 들어가고   ② 들어간 지

③ 들어가려면   ④ 들어간 후에

62. 윗글의 내용과 같은 것을 고르십시오.

① 저는 말하기와 쓰기를 둘 다 잘합니다.

② 저는 대학교를 졸업한 후에 회사에 갈 겁니다.

③ 요즘 일주일에 한 번씩 면접을 보고 있습니다.

④ 한국인 선생님하고 취업 준비를 열심히 합니다.

※ **[63~64] 다음을 읽고 물음에 답하십시오.**

받는 사람: kmj@maver.com
보낸 사람: park@kana.co.kr
제목: A/S 접수 결과 안내
___

고객님, 안녕하십니까?

고객님께서 신청하신 A/S가 접수되었습니다. A/S는 3~4일 정도 걸립니다. 항상 저희 회사의 제품을 사용해 주셔서 감사드립니다. 저희 회사의 제품을 사용하시면서 불편한 점이 있으면 언제든지 전화 주세요. 감사합니다.

A/S 접수 제품: 텔레비전
A/S 접수 날짜: 2024. 8. 10. 오전 11:20

가나전자

63. 왜 윗글을 썼는지 맞는 것을 고르십시오. (2점)

① A/S 신청 방법을 알리려고

② A/S 접수된 것을 알리려고

③ 텔레비전 A/S를 부탁하려고

④ 새로 나온 텔레비전을 소개하려고

64. 윗글의 내용과 같은 것을 고르십시오. (3점)

① A/S는 보통 일주일 정도 걸립니다.

② 오전 열한 시에 수리가 끝났습니다.

③ 고장이 난 텔레비전을 수리하려고 합니다.

④ 제품을 사용하면서 불편하면 이메일을 씁니다.

※ [65~66] 다음을 읽고 물음에 답하십시오.

> 저는 지금 대학교 졸업을 준비하면서 바쁘게 생활하고 있습니다. 그런데 어제 작년에 졸업한 선배님을 우연히 만났습니다. 선배님은 제게 대학을 졸업하면 무엇이 좋은지 말씀해 주셨습니다. 또한 취업을 할 때 필요한 것이 무엇인지도 이야기했습니다. 지금까지 졸업을 준비하는 것이 힘들었는데 선배님의 이야기를 들으니까 이제 (㉠   ).

65. ㉠에 들어갈 말로 가장 알맞은 것을 고르십시오. (2점)

① 쉽게 됩니다   ② 쉬우면 됩니다

③ 쉬울 것 같습니다   ④ 쉬운 적이 있습니다

66. 윗글의 내용과 같은 것을 고르십시오. (3점)

① 선배님은 올해 취직을 했습니다.

② 저는 올해 대학을 졸업했습니다.

③ 저는 졸업을 하고 바쁘게 생활합니다.

④ 졸업 준비 중에 선배님을 만났습니다.

※ [67~68] 다음을 읽고 물음에 답하십시오. (각 3점)

> 자기 전에 '감사 일기'를 쓰는 것이 좋습니다. 일기장이나 스마트폰 메모장에 그날의 좋았던 일, 고마운 일을 써 보는 것입니다. '오늘 열심히 공부할 수 있어서 감사합니다.', '친구와 같이 잘 지낼 수 있어서 감사합니다.' 등 큰일이 아니고 작은 일도 좋으니까 고마운 일에 대해 씁니다. '감사 일기'를 쓰는 사람들은 쓰기 전과는 다르게 밝아지고 많이 웃습니다. 감사하는 마음은 (㉠   ) 다른 사람들도 행복하게 해 줍니다.

67. ㉠에 들어갈 말로 가장 알맞은 것을 고르십시오.

① 건강을 가져다주고   ② 공부를 잘하게 하고

③ 친구와 잘 지내게 하고   ④ 자기를 소중하게 생각하게 하고

68. 윗글의 내용과 같은 것을 고르십시오.

① 감사 일기는 많이 쓰는 것이 중요합니다.

② 감사 일기에는 중요한 일을 써야 합니다.

③ 감사 일기는 고마운 사람에게 주는 것입니다.

④ 감사 일기는 작은 것에도 감사할 수 있게 합니다.

※ [69~70] 다음을 읽고 물음에 답하십시오. (각 3점)

> 우리 가족은 아직 (㉠) 적이 없습니다. 그래서 우리 가족은 그동안 제가 춤을 좋아한다는 것을 몰랐습니다. 이번에 저희 동아리에서 공연을 하게 됐습니다. 저는 이전에도 공연을 한 적이 있지만 이번 공연에서는 저 혼자서 춤을 추게 됐습니다. 그래서 우리 가족에게 공연 초대장을 줬습니다. 모두들 깜짝 놀랐습니다. 가족들은 모두 제 공연을 보러 오려고 합니다. 떨리고 긴장이 되지만 가족 앞에서 춤을 잘 출 것입니다.

69. ㉠에 들어갈 말로 가장 알맞은 것을 고르십시오.

① 제 공연을 본   ② 제 춤을 춘

③ 저와 춤을 배운   ④ 저와 공연을 한

70. 윗글의 내용으로 알 수 있는 것을 고르십시오.

① 저는 춤에 관심이 없습니다.

② 저는 공연을 처음 해 봅니다.

③ 우리 가족은 제 공연을 보러 갔습니다.

④ 이전 공연에서는 사람들과 같이 춤을 췄습니다.

제 7 회 FiNAL 실전 모의고사

The 7th Final Actual Test

TOPIK I

듣기, 읽기

수험번호 (Registration No.)		
이 름 (Name)	한국어 (Korean)	
	영 어 (English)	

유 의 사 항
Information

1. 시험 시작 지시가 있을 때까지 문제를 풀지 마십시오.

   Do not open the booklet until you are allowed to start.

2. 수험번호와 이름을 정확하게 적어 주십시오.

   Write your name and registration number on the answer sheet.

3. 답안지를 구기거나 훼손하지 마십시오.

   Do not fold the answer sheet; keep it clean.

4. 답안지의 이름, 수험번호 및 정답의 기입은 배부된 펜을 사용하여 주십시오.

   Use the given pen only.

5. 정답은 답안지에 정확하게 표시하여 주십시오.

   Mark your answer accurately and clearly on the answer sheet.

   marking example   ① ● ③ ④

6. 문제를 읽을 때에는 소리가 나지 않도록 하십시오.

   Keep quiet while answering the questions.

7. 질문이 있을 때에는 손을 들고 감독관이 올 때까지 기다려 주십시오.

   When you have any questions, please raise your hand.

TOPIK I 듣기 (1번 ~ 30번)

Test 07

※ [1~4] 다음을 듣고 〈보기〉와 같이 물음에 맞는 대답을 고르십시오.

---〈보 기〉---

가: 공부를 해요?

나: _____

❶ 네, 공부를 해요. ② 아니요, 공부예요.
③ 네, 공부가 아니에요. ④ 아니요, 공부를 좋아해요.

---

1. (4점)
① 네, 시계예요. ② 네, 시계가 싸요.
③ 아니요, 시계가 많아요. ④ 아니요, 시계가 없어요.

2. (4점)
① 네, 커피예요. ② 네, 커피가 뜨거워요.
③ 아니요, 커피를 싫어해요. ④ 아니요, 커피가 맛있어요.

3. (3점)
① 기차로 여행할 거예요. ② 방학에 여행할 거예요.
③ 친구와 여행할 거예요. ④ 한국으로 여행할 거예요.

4. (3점)
① 집이 있어요. ② 세 개 있어요.
③ 방에 있어요. ④ 서울에 있어요.

※ [5~6] 다음을 듣고 〈보기〉와 같이 이어지는 말을 고르십시오.

┌─────────────〈 보 기 〉─────────────┐
│   │
│ 가: 늦어서 미안해요.   │
│ 나: _____   │
│   │
│ ① 고마워요.   ❷ 괜찮아요.   │
│ ③ 여기 앉으세요.   ④ 안녕히 계세요.   │
│   │
└──┘

5. (4점)

① 고맙습니다.   ② 괜찮습니다.

③ 죄송합니다.   ④ 실례합니다.

6. (3점)

① 네, 그럼요.   ② 주문하세요.

③ 이거 주세요.   ④ 어서 오십시오.

※ [7~10] 여기는 어디입니까? 〈보기〉와 같이 알맞은 것을 고르십시오.

┌─────────────〈 보 기 〉─────────────┐
│   │
│ 가: 어서 오세요.   │
│ 나: 여기 수박 있어요?   │
│   │
│ ① 학교   ② 약국   ❸ 시장   ④ 서점 │
│   │
└──┘

7. (3점)

① 백화점   ② 우체국   ③ 수영장   ④ 사진관

8. (3점)

① 빵집   ② 꽃집   ③ 은행   ④ 호텔

9. (3점)

　　① 식당　　　　　② 가게　　　　　③ 서점　　　　　④ 병원

10. (4점)

　　① 공항　　　　　② 호텔　　　　　③ 운동장　　　　④ 수영장

※ [11~14] 다음은 무엇에 대해 말하고 있습니까? 〈보기〉와 같이 알맞은 것을 고르십시오.

┌─────────────────────〈 보　　기 〉─────────────────────┐
│   │
│ 가: 누구예요?   │
│ 나: 이 사람은 형이고, 이 사람은 동생이에요.   │
│   │
│ ❶ 가족　　　　　② 이름　　　　　③ 선생님　　　　④ 부모님   │
│   │
└──┘

11. (3점)

　　① 값　　　　　　② 맛　　　　　　③ 방　　　　　　④ 일

12. (3점)

　　① 운동　　　　　② 고향　　　　　③ 선생님　　　　④ 부모님

13. (4점)

　　① 취미　　　　　② 건강　　　　　③ 시간　　　　　④ 요리

14. (3점)

　　① 운동　　　　　② 주말　　　　　③ 기분　　　　　④ 방학

※   [15~16] 다음 대화를 듣고 가장 알맞은 그림을 고르십시오. (각 4점)

15.   ①    ②

③    ④

16.   ①    ②

③    ④

※ [17~21] 다음을 듣고 〈보기〉와 같이 대화 내용과 같은 것을 고르십시오. (각 3점)

---〈보 기〉---

남자: 요즘 한국어를 공부해요?

여자: 네. 한국 친구한테서 한국어를 배워요.

① 남자는 학생입니다.　　　　　② 여자는 학교에 다닙니다.

③ 남자는 한국어를 가르칩니다.　❹ 여자는 한국어를 공부합니다.

---

17. ① 여자는 정리한 옷을 버릴 겁니다.

② 남자는 안 입는 옷을 여자에게 줬습니다.

③ 여자는 남자의 옷을 같이 포장해 줄 겁니다.

④ 남자는 고향에서 받은 옷을 정리하고 있습니다.

18. ① 여자는 9월에 중국에 갈 겁니다.

② 남자는 오전에 비행기를 탈 겁니다.

③ 남자는 비행기 표를 비싸게 샀습니다.

④ 여자는 남자의 비행기 표를 예매해 줄 겁니다.

19. ① 남자는 규칙적으로 운동합니다.

② 여자는 매일 아침 공원을 걷습니다.

③ 남자는 여자와 함께 테니스를 배웁니다.

④ 여자는 내일부터 남자와 함께 운동할 겁니다.

20. ① 남자는 지금 한국에서 살고 있습니다.

② 남자는 직접 음식을 만들 수 있습니다.

③ 남자는 아직 미국 음식을 좋아하지 않습니다.

④ 남자는 어머니가 만든 음식을 자주 먹습니다.

21. ① 여자는 오늘 말하기 시험을 봅니다.

② 여자는 내일 운동을 하러 갈 겁니다.

③ 남자는 오늘 날짜를 잘못 생각했습니다.

④ 남자는 여자하고 운동을 하고 싶어 합니다.

※ [22~24] 다음을 듣고 <u>여자의 중심 생각</u>을 고르십시오. (각 3점)

22. ① 일찍 출근하면 일을 잘할 수 없습니다.

② 여자는 월급 때문에 회사에 가기 싫습니다.

③ 출근하기 전에 아침밥을 꼭 먹어야 됩니다.

④ 일을 많이 하면 월급을 많이 받아야 합니다.

23. ① 노트북을 수리하는 게 좋겠습니다.

② 고객의 실수로 노트북이 고장 난 것 같습니다.

③ 노트북을 서비스 센터에 가지고 가기 싫습니다.

④ 회사에서 노트북을 새 제품으로 바꿔 줘야 합니다.

24. ① 비싼 책은 빌려 봐도 괜찮습니다.

② 책은 직접 사서 공부하는 것이 좋습니다.

③ 책에 중요한 내용을 반드시 써야 합니다.

④ 책을 사는 것보다 밥을 먹는 것이 중요합니다.

25. 여자가 왜 이 이야기를 하고 있는지 고르십시오. (3점)

    ① 연극 표를 보내고 싶어서

    ② 연극 공연에 초대하고 싶어서

    ③ 연극 끝나고 계획을 설명하려고

    ④ 공연 장소와 시간을 알려 주려고

26. 들은 내용과 같은 것을 고르십시오. (4점)

    ① 두 시간 동안 연극이 진행됩니다.

    ② 여자는 남자와 같이 연극을 볼 겁니다.

    ③ 유명한 배우도 연극을 보러 올 겁니다.

    ④ 맥주를 마시면서 연극을 볼 수 있습니다.

※ [27~28] 다음을 듣고 물음에 답하십시오.

27. 두 사람이 무엇에 대해 이야기를 하고 있는지 고르십시오. (3점)

    ① 요리 대회 신청

    ② 요리 대회 결과

    ③ 요리 대회 시간

    ④ 요리 대회 장소

28. 들은 내용과 같은 것을 고르십시오. (4점)

    ① 남자는 어제 여자에게 요리를 해 줬습니다.

    ② 여자는 다음에 요리 대회에 참가할 겁니다.

    ③ 남자는 요리 대회에서 1등을 하지 못했습니다.

    ④ 여자는 3시간 동안 요리 대회를 구경하고 있습니다.

29. 여자가 전화한 이유를 고르십시오. (3점)

① 잘 자라고 인사하려고

② 뉴스를 이야기해 주려고

③ 집이 어디인지 물어보려고

④ 남자가 괜찮은지 확인하려고

30. 들은 내용과 같은 것을 고르십시오. (4점)

① 남자는 불이 나서 다쳤습니다.

② 남자는 뉴스를 보고 늦게 잤습니다.

③ 여자는 남자가 이사한 것을 알고 있습니다.

④ 여자가 전화했을 때 남자는 자고 있었습니다.

TOPIK Ⅰ 읽기 (31번~70번)

※ [31~33] 무엇에 대한 내용입니까? 〈보기〉와 같이 알맞은 것을 고르십시오. (각 2점)

〈보 기〉

사과가 있습니다. 그리고 배도 있습니다.

① 요일　　　　② 공부　　　　❸ 과일　　　　④ 생일

31. 한국어를 배웁니다. 시험을 봅니다.

① 청소　　　　② 여권　　　　③ 쇼핑　　　　④ 학교

32. 수영을 좋아합니다. 매일 아침에 수영을 합니다.

① 거리　　　　② 운동　　　　③ 회사　　　　④ 시간

33. 한국에서 일본은 가깝습니다. 미국은 멉니다.

① 나라　　　　② 편지　　　　③ 창문　　　　④ 사람

※ [34~39] 〈보기〉와 같이 (　　　　)에 들어갈 말로 가장 알맞은 것을 고르십시오.

〈보 기〉

날씨가 좋습니다. (　　　)이 맑습니다.

① 눈　　　　② 밤　　　　❸ 하늘　　　　④ 구름

34. (2점)

저는 학생입니다. 제 친구(   ) 학생입니다.

① 에   ② 의   ③ 도   ④ 를

35. (2점)

저는 중국 사람입니다. 한국에서 한국어를 (   ).

① 모릅니다   ② 배웁니다   ③ 싫어합니다   ④ 일합니다

36. (2점)

제 (   )은 선생님입니다. 한국어를 가르칩니다.

① 방학   ② 이름   ③ 고향   ④ 직업

37. (3점)

제 친구는 키가 (   ). 그래서 농구를 잘합니다.

① 큽니다   ② 깁니다   ③ 높습니다   ④ 넓습니다

38. (3점)

저 사람은 결혼을 했습니다. 반지를 (   ) 있습니다.

① 신고   ② 입고   ③ 차고   ④ 끼고

39. (2점)

겨울입니다. 날씨가 (   ) 춥습니다.

① 조금   ② 아까   ③ 너무   ④ 모두

※ [40~42] 다음을 읽고 맞지 <u>않는</u> 것을 고르십시오. (각 3점)

40.

한글 박물관 안내

- **문 여는 날**: 화요일 ~ 일요일 (월요일 휴관)
- **시간**: 10:00 ~ 17:00
- **입장료**: 무료

① 월요일은 쉽니다.

② 입장료는 무료입니다.

③ 어린이는 돈을 냅니다.

④ 오후 다섯 시까지 합니다.

41.

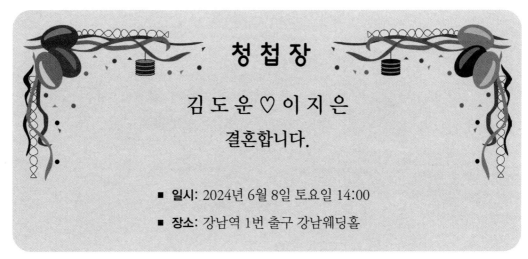

청첩장

김도운 ♡ 이지은

결혼합니다.

- **일시**: 2024년 6월 8일 토요일 14:00
- **장소**: 강남역 1번 출구 강남웨딩홀

① 결혼식이 유월에 있습니다.

② 토요일에 결혼식장에 갑니다.

③ 결혼식이 두 시에 시작합니다.

④ 강남역 이 번 출구에 있습니다.

42.

 컴퓨터실 사용 안내

1 떠들지 않습니다.
2 전화는 밖에서 합니다.
3 음식을 먹을 수 없습니다.
4 사용 후에 컴퓨터를 끕니다.

① 컴퓨터실 안에서 통화합니다.
② 사용한 뒤에 컴퓨터를 끕니다.
③ 친구하고 나가서 이야기합니다.
④ 컴퓨터실 밖에서 주스를 마십니다.

※ [43~45] 다음을 읽고 내용이 같은 것을 고르십시오.

43. (3점)

> 저는 수업이 끝나면 아르바이트를 합니다. 학교 앞 커피숍에서 7시부터 합니다. 손님이 적고 커피 만드는 것이 쉬워서 계속 일하고 싶습니다.

① 저는 일곱 시간 동안 일합니다.
② 커피숍에는 사람이 많이 옵니다.
③ 수업이 끝나면 커피를 만듭니다.
④ 커피를 마시러 자주 커피숍에 갑니다.

44. (2점)

> 제가 사는 기숙사는 방이 아주 작습니다. 룸메이트의 침대와 책상도 있어서 좁습니다. 내년에는 밖에서 혼자 살고 싶습니다.

① 방에 책상이 한 개 있습니다.
② 저는 룸메이트와 같이 삽니다.
③ 내년에도 기숙사에서 살고 싶습니다.
④ 제가 사는 기숙사는 크고 깨끗합니다.

45. (3점)

> 동생은 작은 가방만 있고 큰 가방이 없습니다. 동생이 오늘 여행을 가서 제 가방을 빌려줬습니다. 동생이 돌아오면 큰 가방을 사 줄 겁니다.

① 동생은 어제 여행을 갔습니다.
② 저는 동생의 가방을 빌렸습니다.
③ 저는 동생에게 가방을 사 주고 싶습니다.
④ 동생은 저에게 작은 가방을 선물했습니다.

※ [46~48] 다음을 읽고 중심 내용을 고르십시오.

46. (3점)

> 이번 주말에 친구하고 같이 공원에 가려고 합니다. 친구와 같이 배드민턴도 치고 산책도 하려고 합니다. 맛있는 음식도 먹고 이야기도 많이 할 겁니다.

① 친구는 공원을 좋아합니다.
② 친구는 배드민턴을 잘 칩니다.
③ 주말에 친구와 공원에서 놀 겁니다.
④ 공원에서는 사람들이 많은 것을 합니다.

47. (3점)

> 우리 반 첸첸 씨는 항상 웃는 얼굴로 인사하고 이야기를 합니다. 그래서 첸첸 씨와
> 이야기하면 기분이 좋습니다. 저도 첸첸 씨와 친해지고 싶습니다.

① 첸첸 씨는 잘 웃습니다.

② 첸첸 씨는 친구가 많습니다.

③ 첸첸 씨는 이야기를 잘합니다.

④ 첸첸 씨와 친구가 되고 싶습니다.

48. (2점)

> 저는 매일 학교 앞 커피숍에 갑니다. 커피숍에서 커피도 마시고 음악도 듣습니다.
> 친구와 같이 이야기하면서 공부도 합니다.

① 커피숍의 음악이 좋습니다.

② 커피숍의 커피는 맛이 있습니다.

③ 매일 커피숍에서 친구를 만납니다.

④ 저는 학교 앞 커피숍을 좋아합니다.

※ [49~50] 다음을 읽고 물음에 답하십시오. (각 2점)

> 민수 씨는 새 자전거를 샀습니다. 그런데 날씨가 계속 안 좋아서 자전거를 탈 수
> 없습니다. 그래서 지금까지 한 번도 못 탔습니다. 내일도 회사에 일이 많아서 (㉠)
> 끝날 겁니다. 그래서 민수 씨는 이번 주말을 기다리고 있습니다.

49. ㉠에 들어갈 말로 가장 알맞은 것을 고르십시오.

① 미리   ② 늦게

③ 아직   ④ 많이

50. 윗글의 내용과 같은 것을 고르십시오.

① 민수 씨는 새 자전거를 자주 탔습니다.

② 민수 씨는 내일 회사에서 일할 겁니다.

③ 민수 씨는 자전거를 타고 회사에 갑니다.

④ 민수 씨는 주말에 자전거를 타려고 합니다.

※ [51~52] 다음을 읽고 물음에 답하십시오.

봄에는 꽃이 많이 핍니다. 서울 여의도에서는 벚꽃 축제가 열립니다. 축제 기간에는 도로에 (㉠). 그래서 넓은 도로를 걸으면서 아름답게 핀 벚꽃을 보고 사진을 찍을 수 있습니다. 그리고 여러 가지 행사가 있습니다. 태권도 경기를 보거나 가수들의 춤과 노래 공연을 볼 수 있습니다. 예쁜 꽃도 보고 행사도 볼 수 있어서 많은 사람들이 여의도 벚꽃 축제에 옵니다.

51. ㉠에 들어갈 말로 가장 알맞은 것을 고르십시오. (3점)

① 차가 다닐 수 없습니다　　　② 차를 멈출 수 없습니다

③ 차가 건널 수 없습니다　　　④ 차를 보낼 수 없습니다

52. 무엇에 대한 내용인지 맞는 것을 고르십시오. (2점)

① 벚꽃 축제를 하는 날　　　② 벚꽃 축제에 가는 방법

③ 벚꽃 축제에 오는 사람　　　④ 벚꽃 축제에서 볼 수 있는 것

※ **[53~54] 다음을 읽고 물음에 답하십시오.**

> 저는 한국어를 배운 지 1년이 되었지만 한국어를 잘 못합니다. 한국어로 쓴 일기를 읽을 수 있지만 제가 일기를 쓰는 것은 어렵습니다. 그래서 이제 한국인 친구를 (㉠) 공부를 할 겁니다. 한국인 친구가 저를 많이 도와주면 좋겠습니다.

53. ㉠에 들어갈 말로 가장 알맞은 것을 고르십시오. (2점)

① 사귀어서   ② 사귀어도

③ 사귀지만   ④ 사귀려고

54. 윗글의 내용과 같은 것을 고르십시오. (3점)

① 저는 한국어로 쓴 일기가 많습니다.

② 한국인 친구가 많아서 자주 만납니다.

③ 한국어를 배웠지만 쓰기가 어렵습니다.

④ 저는 한 달 전부터 한국어를 배웠습니다.

※ **[55~56] 다음을 읽고 물음에 답하십시오.**

> 저는 어릴 때부터 모자를 좋아해서 여러 가지 모자를 사서 쓰고 다닙니다. 여름에는 야구 모자를 쓰고 겨울에는 털모자를 씁니다. 야구 모자를 쓰면 햇빛을 가릴 수 있고 털모자를 쓰면 따뜻합니다. (㉠) 제 방에는 모양과 색깔이 다른 모자가 많이 있습니다.

55. ㉠에 들어갈 말로 가장 알맞은 것을 고르십시오. (2점)

① 그리고   ② 그래서

③ 그런데   ④ 하지만

56. 윗글의 내용과 같은 것을 고르십시오. (3점)

① 얼마 전부터 모자를 샀습니다.

② 겨울에는 야구 모자를 씁니다.

③ 여름에는 더워서 모자를 쓰지 않습니다.

④ 저는 여러 가지 모자를 가지고 있습니다.

※ [57~58] 다음을 순서에 맞게 배열한 것을 고르십시오.

57. (3점)

> (가) 산에 있는 나무들은 특별한 색으로 바뀝니다.
>
> (나) 한국의 가을은 보통 날씨가 좋고 매우 아름답습니다.
>
> (다) 저는 특히 노란색과 빨간색 잎이 달린 나무를 좋아합니다.
>
> (라) 그 나무들의 이름은 모르지만 고향 생각이 나서 좋습니다.

① (나) - (가) - (다) - (라)   ② (다) - (가) - (라) - (나)

③ (다) - (나) - (가) - (라)   ④ (다) - (나) - (가) - (라)

58. (2점)

> (가) 여러분은 한국어를 어떻게 공부합니까?
>
> (나) 제가 아주 쉬운 공부 방법을 알고 있습니다.
>
> (다) 그것은 매일 한국어로 일기를 쓰는 것입니다.
>
> (라) 처음에는 어렵지만 몇 달 후에는 아주 쉬울 것입니다.

① (가) - (나) - (다) - (라)   ② (가) - (나) - (라) - (다)

③ (가) - (다) - (나) - (라)   ④ (가) - (다) - (라) - (나)

> 　제주도에는 특별한 커피숍이 있습니다. 이 커피숍에는 가게 주인이 없습니다. (　　㉠　　)
> 음료의 가격도 정해져 있지 않습니다. (　　㉡　　) 그래서 손님들이 직접 마시고 싶은
> 차를 만들어서 마십니다. 차를 마시고 난 다음에는 앉은 자리를 정리하고 사용한 그릇을
> 직접 씻습니다. (　　㉢　　) 작은 상자에 자신이 내고 싶은 만큼만 돈을 냅니다.
> (　　㉣　　)

59. 다음 문장이 들어갈 곳으로 가장 알맞은 것을 고르십시오. (2점)

> 커피나 차를 만들 도구나 재료는 다 있습니다.

① ㉠　　　　　　　② ㉡　　　　　　　③ ㉢　　　　　　　④ ㉣

60. 윗글의 내용과 같은 것을 고르십시오. (3점)

　① 이 커피숍은 인기가 많습니다.

　② 이 커피숍은 가격이 비쌉니다.

　③ 이 커피숍에서는 돈을 내지 않아도 됩니다.

　④ 손님이 마시고 싶은 차를 만들 수 있습니다.

※　[61~62] 다음을 읽고 물음에 답하십시오. (각 2점)

> 　삼계탕은 외국인과 한국인 모두에게 인기가 있는 한국 음식입니다. 한국에서는 특히
> 여름에 삼계탕을 많이 먹습니다. 여름에 뜨거운 삼계탕을 먹으면 아주 더운 날씨에도 건
> 강하게 지낼 수 있습니다. 그래서 삼계탕은 더운 날씨에 더 잘 팔립니다. 인기 있는 식당
> 에서 삼계탕을 주문하면 음식이 (　　㉠　　) 오래 기다릴 때도 있습니다.

61. ㉠에 들어갈 말로 가장 알맞은 것을 고르십시오.

　① 나오고　　　　　　　　　　② 나온 지

　③ 나온 후에　　　　　　　　　④ 나올 때까지

62. 윗글의 내용과 같은 것을 고르십시오.

① 삼계탕은 외국인에게 더 잘 팔립니다.

③ 삼계탕은 뜨거워서 여름에 먹기가 힘듭니다.

② 삼계탕은 추운 날씨에 인기가 아주 많습니다.

④ 삼계탕을 먹으면 여름을 잘 보낼 수 있습니다.

※ [63~64] 다음을 읽고 물음에 답하십시오.

받는 사람: kmj@maver.com

보낸 사람: medical@bong.co.kr

제목: 병원 예약 확인

환자 이름: 첸첸

안녕하십니까? 행복병원입니다. 예약 확인 이메일입니다. 예약 날짜를 확인하시고 예약한 시간보다 10분 일찍 오세요. 병원에 오는 날 아침에는 물이나 음식을 드시면 안 됩니다. 시간을 바꾸고 싶으면 병원에 전화해 주세요.

예약 시간: 2024년 10월 20일 오전 10시

행복병원

63. 왜 윗글을 썼는지 맞는 것을 고르십시오. (2점)

① 병원 예약 날짜를 알리려고

② 병원에 예약한 날짜를 바꾸려고

③ 병원이 문 여는 시간을 알리려고

④ 병원이 추천한 음식을 소개하려고

64. 윗글의 내용과 같은 것을 고르십시오. (3점)

① 병원에 가는 날 아침을 먹어야 합니다.

② 병원은 열 시까지 예약 손님을 받습니다.

③ 약속한 시간보다 십 분 일찍 도착해야 합니다.

④ 예약한 시간을 바꾸려면 십 분 전에 알립니다.

> 제가 사는 고향에는 유명한 음식이 많습니다. 그중에는 매운 음식이 많이 있고 저도 매운 음식을 아주 좋아합니다. 그런데 한국 음식에도 매운 음식이 있습니다. 제 친구는 매운 한국 음식을 잘 못 먹지만 저는 아주 잘 (㉠   ). 제 고향의 음식이 한국 음식보다 더 맵기 때문에 한국 음식을 다 잘 먹을 수 있습니다.

65. ㉠에 들어갈 말로 가장 알맞은 것을 고르십시오. (2점)

① 먹게 됩니다   ② 먹어 봅니다

③ 먹을까 합니다   ④ 먹고 있습니다

66. 윗글의 내용과 같은 것을 고르십시오. (3점)

① 매운 음식이 몸에 좋고 유명합니다.

② 한국 음식도 맵지만 고향 음식이 더 맵습니다.

③ 제 친구는 고향에서도 매운 음식을 잘 먹습니다.

④ 저는 한국에 와서 처음 매운 음식을 먹었습니다.

※ [67~68] 다음을 읽고 물음에 답하십시오. (각 3점)

> 방 청소를 할 때는 필요가 없는 물건을 버리는 것이 중요합니다. 먼저 버릴 물건을 정합니다. 1년 이상 쓰지 않은 물건, 입지 않은 옷 등은 버리거나 다른 사람에게 주는 것이 좋습니다. 고민이 되는 물건은 1년 보관 상자를 만들어서 그곳에 넣습니다. 1년 동안 그 물건을 한 번 이상 사용하면 계속 가지고 있고 그렇지 않으면 (㉠   ). 필요 없는 물건을 버리기만 해도 방 청소가 됩니다.

67. ㉠에 들어갈 말로 가장 알맞은 것을 고르십시오.

① 팝니다   ② 받습니다

③ 보관합니다   ④ 정리합니다

68. 윗글의 내용과 같은 것을 고르십시오.

① 필요가 없는 물건은 다 버려야 합니다.

② 안 쓰는 물건은 버리는 것이 좋습니다.

③ 고민이 되는 물건은 계속 가지고 있습니다.

④ 보관 상자는 기간이 정해져 있지 않습니다.

※　[69~70] 다음을 읽고 물음에 답하십시오. (각 3점)

> 　　저는 지난주에 경기도 이천에서 열리는 이천 쌀 축제에 갔다 왔습니다. 이천은 쌀로 유명한 곳입니다. 쌀 축제에서는 쌀로 만든 떡, 술, 음식 등을 먹어 볼 수 있습니다. 떡 만들기, 그릇 만들기, 한국 놀이 문화 체험 등 여러 행사가 열립니다. 저는 친구들과 가서 쌀로 만든 술인 막걸리도 마시고 친구에게 선물할 그릇도 만들었습니다. 만든 그릇은 불에 구운 후에 택배로 보내 줍니다. 만든 그릇이 빨리 (　　㉠　　).

69. ㉠에 들어갈 말로 가장 알맞은 것을 고르십시오.

① 왔습니다　　　　　　　　　② 오려고 합니다

③ 오고 싶습니다　　　　　　　④ 왔으면 좋겠습니다

70. 윗글의 내용으로 알 수 있는 것을 고르십시오.

① 막걸리를 만드는 재료는 쌀입니다.

② 저는 혼자서 이천 쌀 축제에 갔습니다.

③ 저는 이천 쌀 축제에서 떡 만들기를 했습니다.

④ 저는 이천 쌀 축제에서 친구에게 줄 그릇을 샀습니다.

제8회 FiNAL 실전 모의고사

The 8th Final Actual Test

TOPIK I

듣기, 읽기

수험번호 (Registration No.)		
이 름 (Name)	한국어 (Korean)	
	영 어 (English)	

유 의 사 항
Information

1. 시험 시작 지시가 있을 때까지 문제를 풀지 마십시오.

   Do not open the booklet until you are allowed to start.

2. 수험번호와 이름을 정확하게 적어 주십시오.

   Write your name and registration number on the answer sheet.

3. 답안지를 구기거나 훼손하지 마십시오.

   Do not fold the answer sheet; keep it clean.

4. 답안지의 이름, 수험번호 및 정답의 기입은 배부된 펜을 사용하여 주십시오.

   Use the given pen only.

5. 정답은 답안지에 정확하게 표시하여 주십시오.

   Mark your answer accurately and clearly on the answer sheet.

6. 문제를 읽을 때에는 소리가 나지 않도록 하십시오.

   Keep quiet while answering the questions.

7. 질문이 있을 때에는 손을 들고 감독관이 올 때까지 기다려 주십시오.

   When you have any questions, please raise your hand.

※ [1~4] 다음을 듣고 〈보기〉와 같이 물음에 맞는 대답을 고르십시오.

〈보　기〉

가: 공부를 해요?

나: _____

❶ 네, 공부를 해요.　　　　　② 아니요, 공부예요.

③ 네, 공부가 아니에요.　　　④ 아니요, 공부를 좋아해요.

---

1. (4점)

① 네, 공원이 있어요.　　　　② 네, 공원이 가까워요.

③ 아니요, 공원이 아니에요.　④ 아니요, 공원이 아름다워요.

2. (4점)

① 네, 그림이 많아요.　　　　② 네, 그림을 그려요.

③ 아니요, 그림이 없어요.　　④ 아니요, 그림을 좋아해요.

3. (3점)

① 식당에 냈어요.　　　　　② 오빠가 냈어요.

③ 카드로 냈어요.　　　　　④ 칠천 원을 냈어요.

4. (3점)

① 많이 아파요.　　　　　　② 머리가 아파요.

③ 동생이 아팠어요.　　　　④ 삼 일 동안 아팠어요.

※　[5~6] 다음을 듣고 〈보기〉와 같이 이어지는 말을 고르십시오.

┌─────────────〈 보　기 〉─────────────┐
│ 가: 늦어서 미안해요.   │
│ 나: _____   │
│   │
│ ① 고마워요.   ❷ 괜찮아요.   │
│ ③ 여기 앉으세요.   ④ 안녕히 계세요.   │
└───────────────────────────────────────┘

5.　(4점)
　　① 반갑습니다.　　　　　　② 실례합니다.
　　③ 축하합니다.　　　　　　④ 고맙습니다.

6.　(3점)
　　① 죄송합니다.　　　　　　② 괜찮습니다.
　　③ 실례합니다.　　　　　　④ 고맙습니다.

※　[7~10] 여기는 어디입니까? 〈보기〉와 같이 알맞은 것을 고르십시오.

┌─────────────〈 보　기 〉─────────────┐
│ 가: 어서 오세요.   │
│ 나: 여기 수박 있어요?   │
│ ① 학교　　　② 약국　　　❸ 시장　　　④ 서점   │
└───────────────────────────────────────┘

7.　(3점)
　　① 식당　　　② 극장　　　③ 빵집　　　④ 공항

8.　(3점)
　　① 기차역　　② 미술관　　③ 영화관　　④ 여행사

9. (3점)

① 도서관 ② 미용실 ③ 사진관 ④ 경기장

10. (4점)

① 박물관 ② 화장실 ③ 백화점 ④ 운동장

※ [11~14] 다음은 무엇에 대해 말하고 있습니까? 〈보기〉와 같이 알맞은 것을 고르십시오.

〈보　　기〉

가: 누구예요?

나: 이 사람은 형이고, 이 사람은 동생이에요.

❶ 가족 ② 이름 ③ 선생님 ④ 부모님

---

11. (3점)

① 요일 ② 여행 ③ 선물 ④ 휴일

12. (3점)

① 약속 ② 나이 ③ 직업 ④ 취미

13. (4점)

① 휴일 ② 방학 ③ 나라 ④ 주소

14. (3점)

① 시간 ② 날씨 ③ 교통 ④ 기분

15. ①  ②

③  ④

16. ①  ②

③  ④

※ [17~21] 다음을 듣고 〈보기〉와 같이 대화 내용과 같은 것을 고르십시오. (각 3점)

┌─────────────────────〈보　기〉─────────────────────┐

남자: 요즘 한국어를 공부해요?

여자: 네, 한국 친구한테서 한국어를 배워요.

① 남자는 학생입니다.　　　　　　② 여자는 학교에 다닙니다.

③ 남자는 한국어를 가르칩니다.　　❹ 여자는 한국어를 공부합니다.

└───┘

17. ① 남자는 피자를 살 겁니다.

　　② 여자는 음료수를 사기로 했습니다.

　　③ 여자는 오늘 저녁에 요리할 겁니다.

　　④ 남자는 여자가 만든 피자를 먹었습니다.

18. ① 남자는 영화 표를 미리 샀습니다.

　　② 여자는 오늘 남자와 같이 영화를 볼 겁니다.

　　③ 여자는 남자와 코미디 영화를 보기로 했습니다.

　　④ 남자는 여자와 나중에 영화를 보기로 했습니다.

19. ① 남자는 밥 먹는 것을 싫어합니다.

　　② 남자는 하루에 한 끼만 먹습니다.

　　③ 여자는 밥 대신 과일을 먹을 겁니다.

　　④ 여자는 요즘 다이어트를 하고 있습니다.

20. ① 여자는 여행비가 모자랐습니다.

　　② 남자는 여자보다 길게 여행할 겁니다.

　　③ 남자는 여자에게 선물을 사 줬습니다.

　　④ 여자는 일주일 동안 일본을 여행했습니다.

21. ① 남자는 공연 표를 예매할 겁니다.

② 여자는 남자에게 공연을 추천했습니다.

③ 남자는 사물놀이 공연을 본 적이 있습니다.

④ 여자는 남자와 사물놀이 공연을 볼 겁니다.

※ [22~24] 다음을 듣고 여자의 중심 생각을 고르십시오. (각 3점)

22. ① 비행기보다 기차를 타는 것이 좋습니다.

② 공항이 멀어서 비행기를 탈 수 없습니다.

③ 비행기를 타면 기차보다 편할 것 같습니다.

④ 차로 부산에 가면 시간을 절약할 수 있습니다.

23. ① 물건을 다 쓰고 버려야 합니다.

② 세일할 때 물건을 많이 사야 합니다.

③ 필요한 물건이 있을 때 쇼핑해야 합니다.

④ 세일할 때 파는 물건은 별로 안 좋습니다.

24. ① 지금도 전공을 바꾸고 싶습니다.

② 대학원에 입학해서 후회하고 있습니다.

③ 좋아하는 것을 공부하는 게 가장 중요합니다.

④ 대학원을 졸업하면 좋은 직장을 가질 수 있습니다.

25.　여자가 왜 이 이야기를 하고 있는지 고르십시오. (3점)

　　① 집 도착 시간을 알려 주려고

　　② 보일러가 고장나서 고치려고

　　③ 지금 살고 있는 집을 바꾸고 싶어서

　　④ 아저씨와 약속 시간을 확인하고 싶어서

26.　들은 내용과 같은 것을 고르십시오. (4점)

　　① 여자는 회사에서 일찍 퇴근합니다.

　　② 여자는 어제 보일러를 고쳤습니다.

　　③ 여자는 다섯 시까지 회사에 갑니다.

　　④ 여자는 아저씨에게 직접 말했습니다.

※　[27~28] 다음을 듣고 물음에 답하십시오.

27.　두 사람이 무엇에 대해 이야기를 하고 있는지 고르십시오. (3점)

　　① 휴가 장소　　　　　　　　② 휴가 날짜

　　③ 휴가 근무　　　　　　　　④ 휴가 계획

28.　들은 내용과 같은 것을 고르십시오. (4점)

　　① 남자는 고향에 다녀왔습니다.

　　② 여자는 휴가를 갔다 왔습니다.

　　③ 여자는 휴가 때 계획이 없습니다.

　　④ 남자는 휴가 날짜를 바꾸고 싶습니다.

29. 여자가 미용실에 전화한 이유를 고르십시오. (3점)

　① 예약을 취소하려고

　② 예약 시간을 바꾸려고

　③ 헤어 디자이너를 바꾸려고

　④ 미용실 위치를 물어보려고

30. 들은 내용과 같은 것을 고르십시오. (4점)

　① 남자는 쉬는 날이 없이 일합니다.

　② 여자는 남자를 만난 적이 있습니다.

　③ 남자는 텔레비전에 나온 적이 있습니다.

　④ 여자는 내일 오후에 미용실에 갈 겁니다.

TOPIK Ⅰ 읽기 (31번~70번)

※ [31~33] 무엇에 대한 내용입니까? 〈보기〉와 같이 알맞은 것을 고르십시오. (각 2점)

┌─────────────〈 보   기 〉─────────────┐

저는 중국에서 왔습니다. 중국 사람입니다.

① 요일   ② 공부   ③ 시간   ❹ 고향
└────────────────────────────────────┘

31.
┌────────────────────────────────────┐
음악을 좋아합니다. 기타를 칩니다.
└────────────────────────────────────┘

① 약국   ② 생일   ③ 취미   ④ 운동

32.
┌────────────────────────────────────┐
사과가 맛있습니다. 많이 먹습니다.
└────────────────────────────────────┘

① 주말   ② 파티   ③ 장소   ④ 과일

33.
┌────────────────────────────────────┐
이 사람은 니콜라입니다. 대학교에서 한국어를 함께 배웁니다.
└────────────────────────────────────┘

① 친구   ② 점심   ③ 직업   ④ 시장

※ [34~39] 〈보기〉와 같이 (   )에 들어갈 말로 가장 알맞은 것을 고르십시오.

┌─────────────〈 보   기 〉─────────────┐

날씨가 좋습니다. (   )이 맑습니다.

① 눈   ② 밤   ❸ 하늘   ④ 구름
└────────────────────────────────────┘

34. (2점)

한국의 여름은 덥습니다. 한국의 여름은 보통 6월(   ) 8월까지입니다.

① 보다   ② 에서   ③ 부터   ④ 하고

35. (2점)

친구와 약속이 있습니다. 7시에 친구를 (   ).

① 만납니다   ② 보냅니다   ③ 그립니다   ④ 말합니다

36. (2점)

저희 (   )은 세 명입니다. 아버지, 어머니 그리고 저입니다.

① 가족   ② 직업   ③ 얼굴   ④ 고향

37. (3점)

방이 (   ). 창문을 열어 주십시오.

① 넓습니다   ② 적습니다   ③ 덥습니다   ④ 좋습니다

38. (3점)

저는 돈이 없습니다. 그래서 (   ) 쇼핑을 합니다.

① 가끔   ② 매일   ③ 정말   ④ 모두

39. (2점)

숙제를 (   ). 친구하고 영화를 볼 겁니다.

① 끝냈습니다   ② 말했습니다   ③ 만들었습니다   ④ 시작했습니다

※ [40~42] 다음을 읽고 맞지 <u>않는</u> 것을 고르십시오. (각 3점)

40.

입장권

한국 민속촌

2024. 11. 2. (토)
어른 2명, 학생 2명
32,000원 × 2명, 26,000원 × 2명   총 116,000원

① 학생 네 명이 갑니다.

② 토요일에 한국 민속촌에 갑니다.

③ 입장료로 십일만 육천 원을 냅니다.

④ 어른은 한 명에 삼만 이천 원입니다.

41.

미영 씨,
저는 도서관에 왔어요.
책을 빌리고 있어요.
3시에 사무실에 갈 거예요.
– 지수 드림 –

① 지수는 지금 도서관에 있습니다.

② 지수는 도서관에서 책을 삽니다.

③ 지수는 세 시에 사무실에 갑니다.

④ 지수는 미영 씨에게 메시지를 보냅니다.

42.

열람실 이용 안내

- **요일:** 월요일~금요일
- **시간:** 24시간
- **입장료:** 없음
- **신청 방법:** 201호에 신청서를 내세요.

① 주말에 공부합니다.

② 사용료는 무료입니다.

③ 하루 종일 사용합니다.

④ 신청서를 내고 사용합니다.

※ [43~45] 다음을 읽고 내용이 같은 것을 고르십시오.

43. (3점)

> 이번 주말에는 아주 바빴습니다. 집에 친구들을 초대해서 놀았습니다. 친구들하고 집에서 영화도 보고 이야기도 많이 했습니다.

① 친구들이 집에 놀러 왔습니다.

② 저는 주말마다 매우 바쁩니다.

③ 저는 자주 친구들을 초대합니다.

④ 친구들과 극장에서 영화를 봤습니다.

44. (2점)

> 저는 오늘 새 운동화를 샀습니다. 운동화가 조금 비쌌지만 예쁘고 편해서 샀습니다. 빨리 운동화를 신고 싶습니다.

① 운동화를 빨리 살 겁니다.

② 운동화는 예쁘지만 비쌉니다.

③ 저는 새 운동화를 많이 샀습니다.

④ 저는 오늘 새 운동화를 신었습니다.

45. (3점)

> 저의 할아버지는 그림을 그리십니다. 할아버지의 그림은 멋있어서 인기가 많습니다. 저는 할아버지께 그림을 배우고 싶습니다.

① 저는 그림을 잘 그립니다.

② 저는 멋있는 그림을 좋아합니다.

③ 할아버지께서 그림을 배우십니다.

④ 할아버지의 그림은 인기가 많습니다.

※ [46~48] 다음을 읽고 중심 내용을 고르십시오.

46. (3점)

> 저는 매일 신문을 읽습니다. 신문에는 제가 모르는 것이 많이 있습니다. 그래서 신문을 읽으면 많은 것을 배울 수 있습니다.

① 저는 자주 신문을 읽습니다.

② 저는 배우는 것을 좋아합니다.

③ 저는 많은 것을 알고 싶습니다.

④ 저는 신문에서 배우는 것이 많습니다.

47. (3점)

> 제가 일하는 회사는 서울에 있습니다. 집에서 회사까지 버스나 지하철로 갑니다. 그런데 아침에는 길이 많이 막혀서 주로 지하철을 타고 갑니다.

① 저는 서울에 살고 싶습니다.

② 저는 지하철 타는 것을 좋아합니다.

③ 버스나 지하철을 타고 회사에 갑니다.

④ 출근 시간에는 버스보다 지하철이 편리합니다.

48. (2점)

> 다음 주에 외국 친구들이 고향에 돌아갑니다. 그래서 마지막으로 같이 서울을 구경하기로 했습니다. 동대문에서 쇼핑한 후에 명동에 갈 겁니다. 명동에서 제가 친구들에게 한국 음식을 사기로 했습니다.

① 친구들과 서울을 구경합니다.

② 친구들과 같이 고향에 갑니다.

③ 친구들과 함께 식사를 할 겁니다.

④ 친구들과 명동에서 쇼핑하려고 합니다.

※ [49~50] 다음을 읽고 물음에 답하십시오. (각 2점)

> 저는 동물을 좋아해서 동물원에서 아르바이트를 하고 있습니다. 제가 (㉠) 곳에는 평소에 보기 힘든 동물들이 있습니다. 이런 동물들에게 먹이를 줄 때 위험하기도 합니다. 하지만 동물들을 보고 만질 수 있어서 좋습니다.

49. ㉠에 들어갈 말로 가장 알맞은 것을 고르십시오.

① 마시는   ② 다니는

③ 재미있는   ④ 공부하는

50. 윗글의 내용과 같은 것을 고르십시오.

① 저는 동물을 싫어합니다.

② 저는 위험한 일을 싫어합니다.

③ 저는 동물을 만질 수 없습니다.

④ 저는 동물원에서 일하고 있습니다.

※ [51~52] 다음을 읽고 물음에 답하십시오.

> 한국에서 예절을 지킬 때 가장 중요한 것은 나이입니다. 나이가 많은 사람에게는 높임말을 사용해야 합니다. 그래서 한국 사람들은 처음 만난 사람에게 (㉠) 나이를 물어봅니다. 한국에서는 식사할 때 나이가 많은 사람이 식사를 시작합니다. 나이가 많은 사람에게 물건을 드릴 때는 두 손으로 드립니다. 인사를 할 때는 나이가 적은 사람이 고개를 많이 숙입니다.

51. ㉠에 들어갈 말로 가장 알맞은 것을 고르십시오. (3점)

① 지금   ② 자주

③ 먼저   ④ 훨씬

52. 무엇에 대한 내용인지 맞는 것을 고르십시오. (2점)

① 나이 질문하기   ② 식사하는 장소

③ 인사하는 방법   ④ 한국의 예절 지키기

> 저는 어렸을 때 병원이 무서워서 잘 못 갔습니다. 하지만 지금은 친절한 의사 선생님과 간호사 선생님 덕분에 쉽게 갈 수 있습니다. 그래서 저는 (　　㉠　　) 빨리 병원에 갑니다. 그런데 제 친구는 지금도 병원이 무서워서 잘 안 갑니다.

53. ㉠에 들어갈 말로 가장 알맞은 것을 고르십시오. (2점)

　① 아프면　　　　　　　　　② 아프고

　③ 아프니까　　　　　　　　④ 아프지만

54. 윗글의 내용과 같은 것을 고르십시오. (3점)

　① 의사와 간호사가 무섭습니다.

　② 제 친구는 병원에서 일합니다.

　③ 지금은 병원이 무섭지 않습니다.

　④ 저는 어렸을 때 병원에 잘 갔습니다.

> 저는 꽃을 좋아합니다. 작년부터 꽃을 기르고 있습니다. 아침에 일어나면 제일 먼저 꽃에 물을 줍니다. (　　㉠　　) 꽃들이 저에게 '고마워요.' 인사를 하는 것 같습니다. 우리 집에는 여러 가지 꽃이 많이 있습니다. 꽃이 피는 것을 보면 마음이 따뜻해집니다.

55. ㉠에 들어갈 말로 가장 알맞은 것을 고르십시오. (2점)

　① 그리고　　　　　　　　　② 그러면

　③ 그래서　　　　　　　　　④ 그런데

56. 윗글의 내용과 같은 것을 고르십시오. (3점)

① 따뜻하면 꽃이 핍니다.

② 집에 한 가지 꽃만 있습니다.

③ 일어나자마자 꽃을 돌봅니다.

④ 올해 꽃을 기르기 시작했습니다.

※ [57~58] 다음을 순서에 맞게 배열한 것을 고르십시오.

57. (3점)

> (가) 저는 매일 아홉 시에 한국어 수업을 듣습니다.
>
> (나) 그래서 오늘 학교에서 작은 선물을 받았습니다.
>
> (다) 아침 수업이라서 일찍 일어나는 것이 힘듭니다.
>
> (라) 하지만 지금까지 한 번도 지각을 하지 않았습니다.

① (가) – (다) – (나) – (라)　　　② (가) – (다) – (라) – (나)

③ (가) – (라) – (나) – (다)　　　④ (가) – (라) – (다) – (나)

58. (2점)

> (가) 저는 요즘 매운 음식을 아주 잘 먹습니다.
>
> (나) 하지만 떡볶이가 맛있어서 매일 사 먹었습니다.
>
> (다) 그래서 지금은 더 매운 음식도 먹을 수 있습니다.
>
> (라) 처음에는 매운 음식을 잘 못 먹어서 힘들었습니다.

① (가) – (다) – (나) – (라)　　　② (가) – (라) – (나) – (다)

③ (가) – (다) – (라) – (나)　　　④ (가) – (라) – (다) – (나)

> 저는 사진 찍는 것을 좋아합니다. (　㉠　) 어릴 때부터 아버지께서 저에게 사진 찍는 것을 가르쳐 주셨습니다. (　㉡　) 저는 아버지와 함께 집 근처 여러 곳에서 사진을 찍었습니다. (　㉢　) 지금은 대학교 사진 동아리에 가입해서 동아리 사람들과 함께 사진을 찍고 있습니다. (　㉣　) 친구들의 다양한 얼굴 표정을 찍는 것이 정말 재미있습니다.

59. 다음 문장이 들어갈 곳으로 가장 알맞은 것을 고르십시오. (2점)

> 전에는 풍경 사진이 좋았는데 지금은 인물 사진 찍는 것을 좋아합니다.

① ㉠　　　　　　② ㉡　　　　　　③ ㉢　　　　　　④ ㉣

60. 윗글의 내용과 같은 것을 고르십시오. (3점)

① 혼자 사진 찍는 것을 좋아합니다.

② 아버지에게서 사진을 배웠습니다.

③ 저는 여행을 가서 사진을 찍습니다.

④ 친구들 사진을 많이 찍지 않습니다.

※　[61~62] 다음을 읽고 물음에 답하십시오. (각 2점)

> 요즘에 집을 떠나서 혼자 사는 사람이 (　㉠　) 있습니다. 보통 회사나 학교 때문에 혼자 삽니다. 한국에서는 그 사람들을 '1인 가구'라고 부릅니다. 혼자 사는 사람들은 음식이나 물건이 많이 필요하지 않아서 조금씩 삽니다. 그래서 슈퍼마켓에서도 '1인 가구'를 위해 음식이나 물건을 조금씩 싸게 팝니다.

61. ㉠에 들어갈 말로 가장 알맞은 것을 고르십시오.

① 많아지고　　　　　　　　　② 많아지면

③ 많아져서　　　　　　　　　④ 많아지니까

62. 윗글의 내용과 같은 것을 고르십시오.

① 혼자 사는 사람들은 음식을 많이 먹습니다.

② 학교에서는 '1인 가구'를 위한 물건을 삽니다.

③ 혼자 사는 사람들은 집을 떠나고 싶어 합니다.

④ 회사 때문에 가족과 따로 사는 사람들이 있습니다.

※ [63~64] 다음을 읽고 물음에 답하십시오.

받는 사람: nls@maver.com
보낸 사람: foreign@knu.ac.kr
제목: 외국어대학 장학금
___

　누라슬 학생, 안녕하십니까?
　외국어대학에서 접수한 장학금 신청 결과를 알립니다. 누라슬 학생은 다음 학기에 등록금의 절반을 장학금으로 받을 수 있습니다. 따라서 학과 사무실에 통장과 학생증 사본을 제출해 주세요. 제출 날짜는 이번 달 30일까지입니다. 30일이 지나면 장학금이 취소되니까 꼭 시간을 지켜 주세요. 정말 축하합니다!
외국어대학 사무실

63. 왜 윗글을 썼는지 맞는 것을 고르십시오. (2점)

① 등록금 환불 안내를 하려고　　② 장학금 접수 기간을 알리려고

③ 장학금 신청 결과를 알리려고　　④ 다음 학기 등록 방법을 소개하려고

64. 윗글의 내용과 같은 것을 고르십시오. (3점)

① 장학금 신청 결과는 다음 달에 나옵니다.

② 다음 학기 등록금을 삼십 일까지 낼 겁니다.

③ 장학금으로 등록금 전액을 받을 수 있습니다.

④ 학과 사무실에 통장과 학생증 사본을 내야 합니다.

※ [65~66] 다음을 읽고 물음에 답하십시오.

> 저는 한국에 산 지 1년이 되었지만 한국어를 잘 못합니다. 제 직업은 영어 교사인데 다른 선생님들이 다 영어를 잘해서 괜찮았습니다. 그런데 이제 한국어를 배우고 싶습니다. 그래서 주말마다 한국인 선생님 댁에서 한국어를 배우기로 했습니다. 그 선생님은 가까운 아파트에 사십니다. 이번 주는 첫 수업이니까 작은 선물을 사서 (　　ㄱ　　).

65. ㄱ에 들어갈 말로 가장 알맞은 것을 고르십시오. (2점)

① 가 봅니다　　　　　　　　　② 가 봤습니다

③ 갈까 합니다　　　　　　　　④ 가고 있습니다

66. 윗글의 내용과 같은 것을 고르십시오. (3점)

① 한국에서 거의 1년 동안 살았습니다.

② 한국어 수업이 매일 조금씩 있습니다.

③ 저는 한국어를 가르치는 일을 합니다.

④ 한국어를 잘해서 지금까지 괜찮았습니다.

※ [67~68] 다음을 읽고 물음에 답하십시오. (각 3점)

> 아이들이 직업을 직접 체험해 볼 수 있는 '어린이 체험관'이 생겼습니다. 여기에서는 아이들이 평소에 못 하는 일들을 할 수 있습니다. 요리사처럼 요리를 해 보거나 의사처럼 치료를 해 볼 수 있습니다. 부모는 아이들이 체험하는 것을 보면서 자신의 아이들이 무엇을 (　　ㄱ　　) 알 수 있습니다. 아이들에게 좋은 경험이 되며 부모들도 자신의 아이에 대해서 잘 알 수 있어서 인기가 많습니다.

67. ㄱ에 들어갈 말로 가장 알맞은 것을 고르십시오.

① 주고받는지를　　　　　　　② 먹고 마시는

③ 배우고 가르치는지를　　　　④ 좋아하고 싫어하는지를

68. 윗글의 내용과 같은 것을 고르십시오.

① 부모들은 밖에서 기다립니다.

② 아이들이 커서 의사나 요리사가 됩니다.

③ 아이들이 다양한 체험을 할 수 있습니다.

④ 어린이 체험관에서 어른도 체험을 할 수 있습니다.

※ **[69~70] 다음을 읽고 물음에 답하십시오. (각 3점)**

> 저는 머리하는 것을 좋아합니다. 보통 미용실에 가서 파마를 하거나 염색을 합니다. 그런데 요즘 미용실 비용이 많이 올랐습니다. 그래서 예전처럼 쉽게 머리를 하기가 어렵습니다. 하지만 머리를 싸게 할 수 있는 방법을 찾았습니다. 인터넷에서 할인 쿠폰을 구입하거나 아침 일찍 가면 싸게 해 주는 미용실에 가면 됩니다. 저는 내일 친구하고 같이 머리를 (㉠   ).

69. ㉠에 들어갈 말로 가장 알맞은 것을 고르십시오.

① 하러 갔습니다　　　　　　② 해야 했습니다

③ 하려고 했습니다　　　　　④ 하기로 했습니다

70. 윗글의 내용으로 알 수 있는 것을 고르십시오.

① 저는 미용실에 가끔 갑니다.

② 미용실이 많이 비싸졌습니다.

③ 미용실을 싸게 이용할 수 없습니다.

④ 아침 일찍 미용실에 가면 사람이 없습니다.

제9회 **FiNAL 실전 모의고사**

The 9th Final Actual Test

TOPIK I

듣기, 읽기

수험번호 (Registration No.)		
이 름 (Name)	한국어 (Korean)	
	영 어 (English)	

유 의 사 항
Information

1. 시험 시작 지시가 있을 때까지 문제를 풀지 마십시오.

   Do not open the booklet until you are allowed to start.

2. 수험번호와 이름을 정확하게 적어 주십시오.

   Write your name and registration number on the answer sheet.

3. 답안지를 구기거나 훼손하지 마십시오.

   Do not fold the answer sheet; keep it clean.

4. 답안지의 이름, 수험번호 및 정답의 기입은 배부된 펜을 사용하여 주십시오.

   Use the given pen only.

5. 정답은 답안지에 정확하게 표시하여 주십시오.

   Mark your answer accurately and clearly on the answer sheet.

   marking example ① ● ③ ④

6. 문제를 읽을 때에는 소리가 나지 않도록 하십시오.

   Keep quiet while answering the questions.

7. 질문이 있을 때에는 손을 들고 감독관이 올 때까지 기다려 주십시오.

   When you have any questions, please raise your hand.

※ [1~4] 다음을 듣고 〈보기〉와 같이 물음에 맞는 대답을 고르십시오.

〈 보 기 〉

가: 공부를 해요?

나: _____

❶ 네, 공부를 해요.　　　　　② 아니요, 공부예요.

③ 네, 공부가 아니에요.　　　④ 아니요, 공부를 좋아해요.

---

1. (4점)

　① 네, 식당이에요.　　　　　② 네, 식당이 많아요.

　③ 아니요, 식당이 멀어요.　　④ 아니요, 식당이 적어요.

2. (4점)

　① 네, 비행기 표예요.　　　　② 네, 비행기 표가 비싸요.

　③ 아니요, 비행기 표가 있어요.　④ 아니요, 비행기 표를 안 사요.

3. (3점)

　① 선생님이 가르쳐요.　　　　② 학교에서 가르쳐요.

　③ 한국어를 가르쳐요.　　　　④ 인터넷으로 가르쳐요.

4. (3점)

　① 친구가 갈 거예요.　　　　② 내일 갈 거예요.

　③ 버스로 갈 거예요.　　　　④ 친구와 갈 거예요.

※ [5~6] 다음을 듣고 〈보기〉와 같이 이어지는 말을 고르십시오.

┌─────────────〈 보　기 〉─────────────┐
│ 가: 늦어서 미안해요.   │
│ 나: _____   │
│   │
│ ① 고마워요.   ❷ 괜찮아요.   │
│ ③ 여기 앉으세요.   ④ 안녕히 계세요.   │
└──┘

5. (4점)
　　① 환영해요.　　　　　　　　② 맛있게 드세요.
　　③ 잘 부탁드려요.　　　　　　④ 잘 먹었습니다.

6. (3점)
　　① 괜찮아요.　　　　　　　　② 말씀하세요.
　　③ 잘 다녀오세요.　　　　　　④ 그럼 좀 쉬세요.

※ [7~10] 여기는 어디입니까? 〈보기〉와 같이 알맞은 것을 고르십시오.

┌─────────────〈 보　기 〉─────────────┐
│ 가: 어서 오세요.   │
│ 나: 여기 수박 있어요?   │
│ ① 학교　　　　② 약국　　　　❸ 시장　　　　④ 서점   │
└──┘

7. (3점)
　　① 커피숍　　　　② 미용실　　　　③ 여행사　　　　④ 옷 가게

8. (3점)
　　① 시장　　　　② 식당　　　　③ 학교　　　　④ 약국

9. (3점)

① 여행사 　　　 ② 사진관 　　　 ③ 백화점 　　　 ④ 미용실

10. (4점)

① 공원 　　　 ② 회사 　　　 ③ 공항 　　　 ④ 호텔

※ [11~14] 다음은 무엇에 대해 말하고 있습니까? 〈보기〉와 같이 알맞은 것을 고르십시오.

〈보　기〉

가: 누구예요?

나: 이 사람은 형이고, 이 사람은 동생이에요.

❶ 가족 　　　 ② 이름 　　　 ③ 선생님 　　　 ④ 부모님

---

11. (3점)

① 약속 　　　 ② 요리 　　　 ③ 그림 　　　 ④ 소포

12. (3점)

① 가족 　　　 ② 그림 　　　 ③ 사진 　　　 ④ 주소

13. (4점)

① 나라 　　　 ② 주소 　　　 ③ 여행 　　　 ④ 계획

14. (3점)

① 회사 　　　 ② 학교 　　　 ③ 직업 　　　 ④ 취미

※ [15~16] 다음 대화를 듣고 가장 알맞은 그림을 고르십시오. (각 4점)

15. ①    ②

③    ④

16. ①    ②

③    ④

※ [17~21] 다음을 듣고 〈보기〉와 같이 대화 내용과 같은 것을 고르십시오. (각 3점)

<보　기>

남자: 요즘 한국어를 공부해요?

여자: 네. 한국 친구한테서 한국어를 배워요.

① 남자는 학생입니다.　　　② 여자는 학교에 다닙니다.

③ 남자는 한국어를 가르칩니다.　❹ 여자는 한국어를 공부합니다.

17. ① 여자는 피아노를 칠 줄 압니다.

② 남자는 피아노를 배운 적이 있습니다.

③ 여자는 피아노를 가르치는 사람입니다.

④ 남자는 여자에게 피아노를 배우고 있습니다.

18. ① 남자는 생일 파티에 초대 받았습니다.

② 남자는 혼자 파티 음식을 만들 겁니다.

③ 여자는 남자의 짐을 같이 들어 줬습니다.

④ 여자는 오늘 남자의 생일 파티에 갈 겁니다.

19. ① 남자는 계산을 잘못했습니다.

② 여자는 사과 한 개를 샀습니다.

③ 여자는 남자에게 돈을 잘못 줬습니다.

④ 남자는 여자에게 사과 다섯 개를 받았습니다.

20. ① 남자는 여자와 같이 연극을 봤습니다.

② 여자는 남자에게 연극 표를 줬습니다.

③ 여자는 슬픈 내용의 연극을 싫어합니다.

④ 남자는 여자가 추천한 연극을 봤습니다.

21. ① 여자는 봉사 활동을 하고 싶습니다.

② 여자는 할아버지와 할머니가 없습니다.

③ 남자는 다음 주부터 봉사 활동을 시작할 겁니다.

④ 남자는 여자의 할아버지와 할머니를 만나러 갈 겁니다.

※ [22~24] 다음을 듣고 여자의 중심 생각을 고르십시오. (각 3점)

22. ① 인터넷 쇼핑은 편리해서 좋습니다.

② 옷은 반드시 입어 본 후에 사야 합니다.

③ 인터넷 쇼핑을 하는 사람들이 많아졌습니다.

④ 인터넷 쇼핑보다 직접 옷을 보고 사는 것이 좋습니다.

23. ① 영화 만드는 일은 힘들 것 같습니다.

② 좋아하는 일을 하는 것이 중요합니다.

③ 돈을 많이 버는 직업이 제일 좋습니다.

④ 회사를 계속 다니는 게 좋을 것 같습니다.

24. ① 집들이에 가고 싶습니다.

② 약속에 늦으면 안 됩니다.

③ 수미 씨에게 화를 내서 미안합니다.

④ 실수를 하면 먼저 사과를 해야 합니다.

25. 여자가 왜 이 이야기를 하고 있는지 고르십시오. (3점)

　① 면접 준비를 부탁하려고

　② 출장을 가게 되어서 전화 드리려고

　③ 강 선생님과 한국에서 만나고 싶어서

　④ 면접을 보고 감사 인사를 드리고 싶어서

26. 들은 내용과 같은 것을 고르십시오. (4점)

　① 강 선생님은 지금 한국에 있습니다.

　② 여자는 오늘 면접을 보러 갔습니다.

　③ 여자는 강 선생님과 만나기로 했습니다.

　④ 강 선생님이 회사에서 여자의 면접을 보았습니다.

※ [27~28] 다음을 듣고 물음에 답하십시오.

27. 두 사람이 무엇에 대해 이야기를 하고 있는지 고르십시오. (3점)

　① 김치 만드는 방법

　② 박물관에 가는 이유

　③ 박물관에 가는 방법

　④ 박물관 문 여는 시간

28. 들은 내용과 같은 것을 고르십시오. (4점)

　① 여자는 걸어서 박물관에 갈 겁니다.

　② 여자는 김치 만드는 방법을 알고 있습니다.

　③ 남자는 여자와 같이 김치 박물관에 갈 겁니다.

　④ 남자는 여자에게 김치를 만들어 주고 싶습니다.

※ [29~30] 다음을 듣고 물음에 답하십시오.

29. 여자가 여행을 계획한 이유를 고르십시오. (3점)

① 사진을 찍어 주려고

② 전체 회의를 하려고

③ 사진 모임을 만들려고

④ 동아리 사람들과 친해지려고

30. 들은 내용과 같은 것을 고르십시오. (4점)

① 남자는 금요일에 여행할 겁니다.

② 남자는 여자와 같은 동아리입니다.

③ 여자는 내일 회사 회의가 있습니다.

④ 여자는 남자와 둘이 사진을 찍고 싶습니다.

TOPIK Ⅰ 읽기 (31번~70번)

※ [31~33] 무엇에 대한 내용입니까? 〈보기〉와 같이 알맞은 것을 고르십시오. (각 2점)

---〈보 기〉---

사과가 있습니다. 그리고 배도 있습니다.

① 요일　　　　② 계절　　　　❸ 과일　　　　④ 생일

---

31. 시험이 있습니다. 책을 많이 봅니다.

① 모자　　　　② 연락　　　　③ 공부　　　　④ 여행

32. 내일은 일요일입니다. 집에서 쉽니다.

① 은행　　　　② 휴일　　　　③ 가을　　　　④ 수업

33. 음악을 듣습니다. 한국 가수를 좋아합니다.

① 일기　　　　② 이름　　　　③ 노래　　　　④ 택시

※ [34~39] 〈보기〉와 같이 (　　　　　)에 들어갈 말로 가장 알맞은 것을 고르십시오.

---〈보 기〉---

날씨가 좋습니다. (　　　　)이 맑습니다.

① 눈　　　　② 밤　　　　❸ 하늘　　　　④ 구름

34. (2점)

> 내일이 시험입니다. 그래서 9시까지 학교(　　　　) 갑니다.

① 에 　　　　　　② 는 　　　　　　③ 가 　　　　　　④ 를

35. (2점)

> 역에서 기차를 (　　　　). 8시에 기차가 옵니다.

① 만듭니다 　　　　② 만납니다 　　　　③ 기다립니다 　　　④ 싫어합니다

36. (2점)

> 친구가 한국에 옵니다. 공항(　　　　) 친구를 기다립니다.

① 은 　　　　　　② 과 　　　　　　③ 에서 　　　　　④ 까지

37. (3점)

> 차가 많습니다. 그래서 길이 (　　　　).

① 막힙니다 　　　　② 넓습니다 　　　　③ 깨끗합니다 　　　④ 조용합니다

38. (3점)

> 주말에 시간이 많습니다. 그래서 주말에 (　　　　) 영화를 봅니다.

① 보통 　　　　　② 정말 　　　　　③ 조금 　　　　　④ 아주

39. (2점)

> 저는 게임을 좋아합니다. 주로 컴퓨터로 게임을 (　　　　).

① 합니다 　　　　　② 놉니다 　　　　　③ 보냅니다 　　　　④ 배웁니다

※ [40~42] 다음을 읽고 맞지 <u>않는</u> 것을 고르십시오. (각 3점)

40.

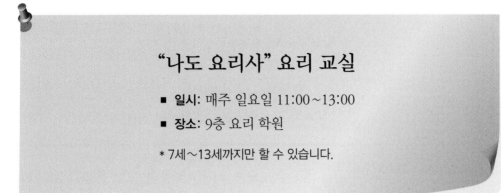

"나도 요리사" 요리 교실

- **일시:** 매주 일요일 11:00~13:00
- **장소:** 9층 요리 학원

* 7세~13세까지만 할 수 있습니다.

① 열두 살 아이가 신청합니다.

② 오 층 요리 학원에서 배웁니다.

③ 일요일마다 요리 교실에 갑니다.

④ 수업이 오전 열한 시에 시작합니다.

41.

2월

일	월	화	수	목	금	토
7	8	9	10	11	12	13
쇼핑	농구 시합	한국어 수업	-	한국어 수업	지은 씨와 영화	한국어 수업

① 주말에 쇼핑을 합니다.

② 월요일에 농구 경기를 합니다.

③ 십이 일에 혼자 영화를 봅니다.

④ 한국어 수업이 일주일에 세 번 있습니다.

42.

MT 갑시다!

7월 18일 토요일에 동해로 엠티를 갑니다.

기차를 타고 갈 거예요.

참가비는 20,000원입니다.

한국어학과 사무실에서 신청하세요!

① 일인당 만 원을 냅니다.

② 동해까지 기차로 갑니다.

③ 칠월 십팔 일에 출발합니다.

④ 한국어학과에서 엠티를 갑니다.

※ [43~45] 다음을 읽고 내용이 같은 것을 고르십시오.

43. (3점)

> 저는 주말에 학교에서 만난 친구하고 점심 약속을 했습니다. 하지만 약속 장소와 시간을 못 정했습니다. 그래서 친구에게 전화할 겁니다.

① 친구는 제게 전화할 겁니다.

② 오늘 학교에서 친구를 만납니다.

③ 점심에 친구하고 약속을 할 겁니다.

④ 저는 약속 장소와 시간을 모릅니다.

44. (2점)

> 학교 안에는 우체국이 있습니다. 저는 고향에 있는 친구들에게 선물을 보낼 때 자주 우체국에 갑니다. 멀지 않아서 아주 좋습니다.

① 친구들이 고향에서 올 겁니다.

② 친구들이 선물을 보내 줬습니다.

③ 우체국이 가까운 곳에 있습니다.

④ 우체국을 학교 밖에서 볼 수 있습니다.

45. (3점)

> 저는 저녁을 먹고 집 앞에 있는 공원에 갑니다. 강아지하고 산책을 하면 기분이 좋습니다. 하지만 비가 오는 날에는 가지 않습니다.

① 비가 오면 집에 있습니다.

② 공원에서 저녁을 먹습니다.

③ 집에서 공원까지 아주 멉니다.

④ 강아지는 산책하는 것을 좋아합니다.

※ [46~48] 다음을 읽고 중심 내용을 고르십시오.

46. (3점)

> 우리 언니는 어릴 때 성격이 조용하고 혼자 있는 것을 좋아했습니다. 그래서 친구가 별로 없었습니다. 그런데 대학교에 가서 성격도 바뀌고 사람들도 자주 만납니다.

① 언니는 대학교를 좋아합니다.

② 언니는 친구가 많이 있습니다.

③ 언니는 대학에 가서 변했습니다.

④ 언니는 어릴 때 재미가 없었습니다.

47. (3점)

> 요즘 회사에 일이 많습니다. 매일 회의를 하고 집에 늦게 갑니다. 이번 주말에도 회사에서 일을 해야 합니다.

① 저는 일을 좋아합니다.

② 저는 회사 일로 바쁩니다.

③ 저는 주말에는 쉬고 싶습니다.

④ 저는 회의 준비를 해야 합니다.

48. (2점)

> 저는 극장에서 영화를 많이 봅니다. 큰 화면으로 영화를 보면 더 재미있습니다. 좋아하는 영화는 두 번, 세 번 봅니다.

① 저는 극장에 가끔 갑니다.

② 저는 큰 화면을 좋아합니다.

③ 저는 같은 영화를 많이 보고 싶습니다.

④ 저는 극장에서 영화 보는 것을 좋아합니다.

※ [49~50] 다음을 읽고 물음에 답하십시오. (각 2점)

> 저는 한국어학과 학생입니다. 지금은 졸업 시험을 준비하고 있습니다. 제가 볼 시험은 쓰기와 말하기 시험입니다. 쓰기 시험은 공부를 많이 해서 (㉠) 쉬울 겁니다. 그런데 말하기 시험은 연습을 더 해야겠습니다.

49. ㉠에 들어갈 말로 가장 알맞은 것을 고르십시오.

① 아주   ② 일찍

③ 미리   ④ 항상

50. 윗글의 내용과 같은 것을 고르십시오.

① 제 전공은 한국어입니다.

② 저는 내년에 학교를 졸업합니다.

③ 저는 졸업 시험을 보고 있습니다.

④ 저는 쓰기 시험 연습을 더 할 겁니다.

※ [51~52] 다음을 읽고 물음에 답하십시오.

> 한국에서는 밥을 먹을 때 (㉠)이 있습니다. 어른과 함께 식사를 할 때에는 어른이 먼저 식사를 시작한 후에 밥을 먹어야 합니다. 어른이 일어나기 전에 식사를 끝내고 일어나지 않습니다. 상 위에 그릇을 놓고 젓가락과 숟가락을 사용해서 식사를 합니다. 밥을 먹을 때 숟가락과 젓가락을 같이 들지 않습니다. 그릇을 들고 먹거나 큰 소리를 내면서 먹으면 안 됩니다.

51. ㉠에 들어갈 말로 가장 알맞은 것을 고르십시오. (3점)

① 봐야 할 것   ② 들어야 할 것

③ 지켜야 할 것   ④ 가르쳐야 할 것

52. 무엇에 대한 내용인지 맞는 것을 고르십시오. (2점)

① 한국의 식사 예절   ② 밥을 먹는 순서

③ 밥을 같이 먹는 사람   ④ 식사할 때 쓰는 물건

※ [53~54] 다음을 읽고 물음에 답하십시오.

요즘 날씨가 너무 더워서 여름하고 비슷합니다. 그래서 사람들은 봄이 지나기 전부터 여름옷을 입고 다녔습니다. 저도 여름옷을 입고 싶지만 여름옷이 아직 없습니다. 그래서 오늘 동대문시장에 (㉠) 갈 겁니다.

53. ㉠에 들어갈 말로 가장 알맞은 것을 고르십시오. (2점)

① 쇼핑하고   ② 쇼핑하면   ③ 쇼핑하러   ④ 쇼핑해서

54. 윗글의 내용과 같은 것을 고르십시오. (3점)

① 동대문시장에 가면 옷이 쌉니다.

② 여름옷을 사면 동대문에 갈 겁니다.

③ 여름은 더워서 사람들이 좋아합니다.

④ 여름옷이 없어서 옷을 사고 싶습니다.

※ [55~56] 다음을 읽고 물음에 답하십시오.

김철수 씨는 의사입니다. 김철수 씨가 일하는 병원은 건물이 아니고 배입니다. 이 배로 작은 섬마을을 다니면서 섬마을 사람들의 병을 치료합니다. 작은 섬에는 병원이 없기 때문에 이런 병원이 무척 중요합니다. 김철수 씨는 배 위에서 생활하는 시간이 많고 가족들을 자주 만날 수 없어 외로울 때도 있습니다. (㉠) 섬마을 사람들의 웃음을 볼 때마다 자신의 일이 아주 자랑스럽습니다.

55. ㉠에 들어갈 말로 가장 알맞은 것을 고르십시오. (2점)

① 그리고   ② 그러면

③ 그러니까   ④ 그렇지만

56. 윗글의 내용과 같은 것을 고르십시오. (3점)

① 김철수 씨는 섬에서 일합니다.

② 김철수 씨는 가족과 같이 삽니다.

③ 김철수 씨는 자신의 일을 좋아하지 않습니다.

④ 김철수 씨는 섬마을 사람들을 자주 만납니다.

※ [57~58] 다음을 순서에 맞게 배열한 것을 고르십시오.

57. (3점)

> (가) 먼저 카드 회사에서 돈을 빌려서 씁니다.
>
> (나) 한 달 후에 돈을 다시 카드 회사에 줍니다.
>
> (다) 한국에는 신용 카드를 쓰는 사람이 많습니다.
>
> (라) 그래서 계획하지 않고 신용 카드를 쓰면 안 됩니다.

① (다) - (가) - (나) - (라)   ② (다) - (가) - (라) - (나)

③ (다) - (나) - (가) - (라)   ④ (다) - (나) - (라) - (가)

58. (2점)

> (가) 사진을 찍는 사람들도 많이 볼 수 있습니다.
>
> (나) 저는 주말마다 한강에 자전거를 타러 갑니다.
>
> (다) 저도 친구들과 놀 때 재미있는 사진을 꼭 찍습니다.
>
> (라) 한강은 가족, 친구, 연인들이 자주 가는 장소입니다.

① (나) - (다) - (가) - (라)   ② (나) - (다) - (라) - (가)

③ (나) - (라) - (가) - (다)   ④ (나) - (가) - (다) - (가)

※ [59~60] 다음을 읽고 물음에 답하십시오.

> 우리가 좋다고 생각한 습관 중에 건강에 안 좋은 습관들이 있습니다. (㉠) 물을 마시는 것은 건강에 좋지만 물을 한 번에 많이 마시게 되면 소화에 안 좋습니다. (㉡) 한 번에 많은 물을 마시는 것보다 나눠서 마시는 것이 좋습니다.
> (㉢) 갑자기 스트레칭을 하게 되면 허리에 안 좋은 영향을 주게 됩니다. (㉣) 일어나서 물을 마시거나 이를 닦는 등 10분 정도가 지난 다음에 스트레칭을 하는 것이 좋습니다.

59. 다음 문장이 들어갈 곳으로 가장 알맞은 것을 고르십시오. (2점)

> 아침에 일어나자마자 스트레칭을 하는 것도 좋지 않습니다.

① ㉠   ② ㉡   ③ ㉢   ④ ㉣

60. 윗글의 내용과 같은 것을 고르십시오. (3점)
   ① 물을 마시면 소화가 잘 됩니다.
   ② 스트레칭은 건강에 안 좋습니다.
   ③ 갑자기 스트레칭을 하면 안 됩니다.
   ④ 물은 많이 마시는 것이 중요합니다.

※ [61~62] 다음을 읽고 물음에 답하십시오. (각 2점)

> 많은 사람들은 건강하고 오래 살고 싶어 합니다. 그런데 감기가 유행하거나 음식을 잘못 (㉠) 병에 걸릴 수 있습니다. 하지만 우리가 병에 안 걸릴 수 있는 방법이 있습니다. 그것은 손을 자주 씻는 것입니다. 기침을 하거나 코를 푼 후, 청소를 끝낸 후, 음식을 준비하거나 먹기 전에 꼭 손을 씻으면 됩니다.

61. ㉠에 들어갈 말로 가장 알맞은 것을 고르십시오.
   ① 먹으러   ② 먹으면
   ③ 먹으니까   ④ 먹어 봐서

62. 윗글의 내용과 같은 것을 고르십시오.

① 손을 자주 씻으면 감기에 걸리기 쉽습니다.

② 항상 음식을 먹은 후에 손을 씻으면 됩니다.

③ 요즘 감기가 유행해서 병에 걸릴 수 있습니다.

④ 사람들은 건강하고 오래 사는 것을 좋아합니다.

※ [63~64] 다음을 읽고 물음에 답하십시오.

받는 사람: kmj@maver.com

보낸 사람: park@eco.co.kr

제목: 행복회사 면접 합격

이름: 폴 진

합격을 축하합니다!

폴 씨, 우리 회사에 들어온 걸 환영합니다! 다음 주 월요일부터 첫 출근을 하면 됩니다. 출근 시간은 9시입니다. 하지만 첫 출근이니까 30분 먼저 회사에 오세요. 첫 날이라서 알려 줄 것이 많습니다. 회사 건물 2층 202호로 오시면 됩니다. 그럼 다음 주에 뵙겠습니다!

행복회사

63. 왜 윗글을 썼는지 맞는 것을 고르십시오. (2점)

① 좋은 회사를 추천하려고   ② 회사 면접 결과를 알리려고

③ 회사에서 할 일을 소개하려고   ④ 회사 건물의 위치를 확인하려고

64. 윗글의 내용과 같은 것을 고르십시오. (3점)

① 아홉 시까지 회사에 가면 됩니다.

② 회사에 들어간 지 오래되었습니다.

③ 월요일에 회사를 처음 나갈 겁니다.

④ 회사 건물 일 층 사무실로 가야 합니다.

> 　저는 룸메이트와 성격이 비슷해서 아주 친합니다. 그런데 어젯밤에 룸메이트가 열이 나고 많이 아팠습니다. 저는 같이 택시를 타고 병원에 갔습니다. 룸메이트를 치료한 의사는 룸메이트가 병원에서 며칠 동안 (　　㉠　　). 그래서 저는 혼자 돌아왔고, 오늘 다시 병원에 가 보려고 합니다. 죽을 사서 룸메이트에게 줄 것입니다.

65. ㉠에 들어갈 말로 가장 알맞은 것을 고르십시오. (2점)

① 쉬도록 했습니다　　　　　　　② 쉬면 좋겠습니다

③ 쉬니까 편합니다　　　　　　　④ 쉬냐고 했습니다

66. 윗글의 내용과 같은 것을 고르십시오. (3점)

① 룸메이트는 혼자 병원에 갔습니다.

② 룸메이트는 며칠 동안 아팠습니다.

③ 룸메이트가 어제 병원에 입원했습니다.

④ 룸메이트에게 줄 죽을 만들어서 병원에 갑니다.

※　[67~68] 다음을 읽고 물음에 답하십시오. (각 3점)

> 　다가오는 여름부터 일반 버스 요금이 오릅니다. 이전에 1,250원이었던 요금은 1,500원으로, 2,650원이었던 요금은 3,000원으로 오를 것입니다. 이것은 각각 20%, 13%가 오르는 것입니다. 그래서 아침 시간에 (　　㉠　　) 버스 요금을 할인해 주기로 했습니다. 아침 첫차부터 6시 반까지는 기존 요금보다 싼 요금을 낼 수 있으니까 많은 사람들이 탈 것입니다.

67. ㉠에 들어갈 말로 가장 알맞은 것을 고르십시오.

① 빨리 내리는 사람에게는　　　　② 버스를 타는 사람에게는

③ 일찍 일어나는 사람에게는　　　④ 기존 요금을 내는 사람에게는

68. 윗글의 내용과 같은 것을 고르십시오.

① 올해 여름부터 버스 요금이 오릅니다.

② 내년부터 버스 요금이 천오백 원입니다.

③ 아침 첫차부터 오른 요금을 내야 합니다.

④ 오후 여섯 시까지는 싼 요금을 낼 수 있습니다.

※ [69~70] 다음을 읽고 물음에 답하십시오. (각 3점)

제 친구는 옷 만드는 것을 좋아합니다. 시간이 있을 때마다 입지 않는 헌 옷으로 치마나 티셔츠를 만듭니다. 친구가 만든 옷은 꼭 돈을 주고 산 옷처럼 예쁩니다. 사람들도 만든 옷인지 모릅니다. 저도 입지 않는 옷이 많이 있습니다. 그래서 친구에게 부탁해서 헌 옷을 새 옷으로 만들어 보려고 합니다. (㉠   ) 옷은 세상에서 하나밖에 없습니다. 옷이 어떻게 나올지 정말 궁금합니다.

69. ㉠에 들어갈 말로 가장 알맞은 것을 고르십시오.

① 친구가 산   ② 친구가 만든

③ 사람들이 만든   ④ 사람들이 좋아하는

70. 윗글의 내용으로 알 수 있는 것을 고르십시오.

① 친구는 예쁜 옷을 샀습니다.

② 사람들은 만든 옷을 좋아합니다.

③ 친구는 헌 옷으로 새로운 옷을 만듭니다.

④ 저는 세상에서 하나밖에 없는 옷이 있습니다.

제10회 FINAL 실전 모의고사

The 10th Final Actual Test

TOPIK I

듣기, 읽기

수험번호 (Registration No.)		
이 름 (Name)	한국어 (Korean)	
	영 어 (English)	

유 의 사 항
Information

1. 시험 시작 지시가 있을 때까지 문제를 풀지 마십시오.

   Do not open the booklet until you are allowed to start.

2. 수험번호와 이름을 정확하게 적어 주십시오.

   Write your name and registration number on the answer sheet.

3. 답안지를 구기거나 훼손하지 마십시오.

   Do not fold the answer sheet; keep it clean.

4. 답안지의 이름, 수험번호 및 정답의 기입은 배부된 펜을 사용하여 주십시오.

   Use the given pen only.

5. 정답은 답안지에 정확하게 표시하여 주십시오.

   Mark your answer accurately and clearly on the answer sheet.

   marking example 　① ● ③ ④

6. 문제를 읽을 때에는 소리가 나지 않도록 하십시오.

   Keep quiet while answering the questions.

7. 질문이 있을 때에는 손을 들고 감독관이 올 때까지 기다려 주십시오.

   When you have any questions, please raise your hand.

TOPIK Ⅰ 듣기 (1번~30번)

Test 10

※ [1~4] 다음을 듣고 〈보기〉와 같이 물음에 맞는 대답을 고르십시오.

---〈보 기〉---

가: 공부를 해요?

나: _____

❶ 네, 공부를 해요.　　　　　　② 아니요, 공부예요.

③ 네, 공부가 아니에요.　　　　④ 아니요, 공부를 좋아해요.

---

1. (4점)

　① 네, 동생이에요.　　　　　　② 네, 동생이 의사예요.

　③ 아니요, 동생이 있어요.　　　④ 아니요, 동생이 많아요.

2. (4점)

　① 네, 공원에 가요.　　　　　　② 네, 공원에 있어요.

　③ 아니요, 공원이 아니에요.　　④ 아니요, 공원이 더러워요.

3. (3점)

　① 내일 보낼 거예요.　　　　　② 고향에 보낼 거예요.

　③ 선물을 보낼 거예요.　　　　④ 친구에게 보낼 거예요.

4. (3점)

　① 정말 좋아요.　　　　　　　② 친구 컴퓨터예요.

　③ 오늘 사용했어요.　　　　　④ 컴퓨터를 샀어요.

※ [5~6] 다음을 듣고 〈보기〉와 같이 이어지는 말을 고르십시오.

┌─────────────〈보 기〉─────────────┐
│   │
│ 가: 늦어서 미안해요.   │
│ 나: _____   │
│   │
│ ① 고마워요.   ❷ 괜찮아요.   │
│ ③ 여기 앉으세요.   ④ 안녕히 계세요. │
│   │
└──────────────────────────────────┘

5. (4점)
   ① 알겠습니다.   ② 고맙습니다.
   ③ 실례합니다.   ④ 부탁합니다.

6. (3점)
   ① 오랜만입니다.   ② 어서 오십시오.
   ③ 잠깐만 기다리세요.   ④ 맛있게 먹겠습니다.

※ [7~10] 여기는 어디입니까? 〈보기〉와 같이 알맞은 것을 고르십시오.

┌─────────────〈보 기〉─────────────┐
│   │
│ 가: 어서 오세요.   │
│ 나: 여기 수박 있어요?   │
│   │
│ ① 학교   ② 약국   ❸ 시장   ④ 서점 │
│   │
└──────────────────────────────────┘

7. (3점)
   ① 미술관   ② 사진관   ③ 도서관   ④ 영화관

8. (3점)
   ① 서점   ② 교실   ③ 도서관   ④ 주유소

9. (3점)

① 식당　　　　② 은행　　　　③ 편의점　　　　④ 운동장

10. (4점)

① 영화관　　　　② 서점　　　　③ 은행　　　　④ 공항

※ [11~14] 다음은 무엇에 대해 말하고 있습니까? 〈보기〉와 같이 알맞은 것을 고르십시오.

┌─────────────────〈보　　기〉─────────────────┐
│ 가: 누구예요?   │
│ 나: 이 사람은 형이고, 이 사람은 동생이에요.   │
│ ❶ 가족　　　② 이름　　　③ 선생님　　　④ 부모님   │
└──┘

11. (3점)

① 날짜　　　　② 요일　　　　③ 계절　　　　④ 달력

12. (3점)

① 건강　　　　② 여행　　　　③ 휴일　　　　④ 음식

13. (4점)

① 집　　　　② 일　　　　③ 값　　　　④ 맛

14. (3점)

① 기분　　　　② 시간　　　　③ 주소　　　　④ 계획

15.　① 　②

　③ 　④

16.　① 　②

　③ 　④

┌─────────────────〈 보   기 〉─────────────────┐

남자: 요즘 한국어를 공부해요?

여자: 네. 한국 친구한테서 한국어를 배워요.

① 남자는 학생입니다.   ② 여자는 학교에 다닙니다.

③ 남자는 한국어를 가르칩니다.   ❹ 여자는 한국어를 공부합니다.

└──┘

17. ① 남자는 오늘도 병원에 갈 겁니다.

② 남자는 어제 교통사고가 났습니다.

③ 여자는 어제 회사에 오지 않았습니다.

④ 여자는 남자를 보러 병원에 갔습니다.

18. ① 남자는 방 두 개를 예약했습니다.

② 여자는 침대가 있는 방에서 잘 겁니다.

③ 남자는 침대가 없는 방만 예약했습니다.

④ 여자는 남자보다 먼저 호텔을 예약했습니다.

19. ① 남자는 지금 배가 고픕니다.

② 여자는 남자와 떡볶이를 샀습니다.

③ 남자는 떡볶이를 먹고 싶어 합니다.

④ 여자는 냉장고에서 떡볶이를 꺼냅니다.

20. ① 남자는 여자와 같은 가방을 샀습니다.

② 여자는 남자에게 가방을 선물했습니다.

③ 남자는 여자 친구에게 선물을 줄 겁니다.

④ 여자는 친구들과 함께 백화점에 갔습니다.

21. ① 남자는 시험을 볼 수 없습니다.

② 여자는 목요일에 고향에 가야 합니다.

③ 여자는 시험 결과를 걱정하고 있습니다.

④ 남자는 교수님에게 시험 점수를 제출할 겁니다.

※ [22~24] 다음을 듣고 여자의 중심 생각을 고르십시오. (각 3점)

22. ① 돈을 많이 쓰는 것은 좋지 않습니다.

② 계획 없이 돈을 사용하면 안 됩니다.

③ 월급을 받으면 친구들과 밥을 먹고 싶습니다.

④ 돈을 아끼고 싶으면 현금을 사용하면 좋습니다.

23. ① 피곤할 때 자전거를 타면 좋습니다.

② 자동차로 출근하면 운동을 할 수 없습니다.

③ 일하기 전에 가벼운 운동을 하면 좋습니다.

④ 자전거보다 자동차로 출근하는 것이 좋습니다.

24. ① 찍은 사진을 계속 보고 싶습니다.

② 사진 찍는 것을 좋아하지 않습니다.

③ 기억하고 싶은 것들을 찍어야 합니다.

④ 사진으로 여러 가지를 기억할 수 있어서 좋습니다.

25. 여자가 왜 이 이야기를 하고 있는지 고르십시오. (3점)

① 미래 계획을 이야기하려고

② 결혼하고 공부를 하고 싶어서

③ 딸의 대학교 입학을 축하하려고

④ 대학원 입학 방법을 알고 싶어서

26. 들은 내용과 같은 것을 고르십시오. (4점)

① 딸은 한의학을 공부하고 싶습니다.

② 여자는 한의학을 공부한 적이 있습니다.

③ 영어 공부만 하면 대학원에 갈 수 있습니다.

④ 여자는 내년에 대학교에 입학하려고 합니다.

※ [27~28] 다음을 듣고 물음에 답하십시오.

27. 두 사람이 무엇에 대해 이야기를 하고 있는지 고르십시오. (3점)

① 카페 주인 ② 카페 메뉴

③ 카페 위치 ④ 카페 가격

28. 들은 내용과 같은 것을 고르십시오. (4점)

① 남자는 오늘 샌드위치를 사 먹었습니다.

② 여자는 학교 근처에 있는 카페를 가 봤습니다.

③ 남자는 여자에게 샌드위치와 쿠키를 줬습니다.

④ 여자는 쿠키를 팔아서 어려운 아이들을 도와줄 겁니다.

29. 여자가 교실에 있는 이유를 고르십시오. (3점)

    ① 커피를 마시려고

    ② 졸려서 잠을 자려고

    ③ 못한 숙제를 하려고

    ④ 친구와 이야기하려고

30. 들은 내용과 같은 것을 고르십시오. (4점)

    ① 남자는 커피를 마시고 싶습니다.

    ② 남자는 쉬는 시간에 가게에 갑니다.

    ③ 여자는 어제 친구들 집에 놀러 갔습니다.

    ④ 여자는 숙제를 못 해서 점수가 나쁩니다.

TOPIK Ⅰ 읽기 (31번~70번)

※ [31~33] 무엇에 대한 내용입니까? 〈보기〉와 같이 알맞은 것을 고르십시오. (각 2점)

─────────〈 보   기 〉─────────

저는 중국에서 왔습니다. 중국 사람입니다.

① 요일　　　　② 공부　　　　③ 시간　　　　❹ 고향

31.

과일을 삽니다. 아주 싸고 물건이 많습니다.

① 요일　　　　② 전화　　　　③ 파티　　　　④ 시장

32.

저는 택시 기사입니다. 여러 손님들이 제 차에 탑니다.

① 직업　　　　② 지폐　　　　③ 이름　　　　④ 휴일

33.

오늘은 1월 10일입니다. 내일은 제 생일입니다.

① 지도　　　　② 날짜　　　　③ 겨울　　　　④ 장소

※ [34~39] 〈보기〉와 같이 (　　　　　　)에 들어갈 말로 가장 알맞은 것을 고르십시오.

─────────〈 보   기 〉─────────

날씨가 좋습니다. (　　　　)이 맑습니다.

① 눈　　　　② 밤　　　　❸ 하늘　　　　④ 구름

34. (2점)

내일부터 방학입니다. 저는 부산(   ) 여행을 갈 겁니다.

① 에   ② 을   ③ 이   ④ 과

35. (2점)

지하철에서 우산을 (   ). 우산을 다시 샀습니다.

① 줍습니다   ② 만듭니다   ③ 잊어버렸습니다   ④ 잃어버렸습니다

36. (2점)

감기(   ) 걸렸습니다. 병원에 가서 진찰을 받습니다.

① 에   ② 를   ③ 와   ④ 가

37. (3점)

저녁을 많이 먹었습니다. 지금 배가 (   ).

① 아픕니다   ② 있습니다   ③ 부릅니다   ④ 적습니다

38. (3점)

시험이 어려웠습니다. 그래서 (   ) 시험을 봅니다.

① 다시   ② 아주   ③ 정말   ④ 절대

39. (2점)

옷이 너무 더럽습니다. 그래서 (   ).

① 운동합니다   ② 요리합니다   ③ 빨래합니다   ④ 청소합니다

※ [40~42] 다음을 읽고 맞지 <u>않는</u> 것을 고르십시오. (각 3점)

40.

'좋은 부모' 강연에 초대합니다.

- **일시**: 10월 16일, 10월 30일 저녁 7시
- **장소**: 한국대학교 도서관

※ 부모님과 함께 온 청소년에게 선물을 드립니다.

① 저녁 일곱 시에 시작합니다.

② 시월에 강연이 두 번 있습니다.

③ 강연에 온 모든 사람에게 선물을 줍니다.

④ 한국대학교 도서관에서 강연을 듣습니다.

41.

깨끗한 책상을 팝니다.

1년 썼어요. 의자는 없어요.

가격: 2만 원

연락처: my0987@khu.ac.kr

① 이 사람은 책상을 팝니다.

② 이 책상은 이만 원입니다.

③ 책상을 1년 동안 사용했습니다.

④ 의자를 사려면 전화로 연락합니다.

42.

① 일 층에서 음료수를 삽니다.

② 수업을 삼사 층에서 듣습니다.

③ 이 층에서 선생님을 만납니다.

④ 컴퓨터를 하고 싶으면 사 층으로 갑니다.

※ [43~45] 다음을 읽고 내용이 같은 것을 고르십시오.

43. (3점)

> 저는 요리를 아주 못합니다. 그래서 밖에서 자주 사 먹습니다. 조금 먹어서 음식을 만들어 먹는 것보다 비싸지 않습니다.

① 한국 음식은 아주 비쌉니다.

② 돈이 많아서 자주 사 먹습니다.

③ 친구가 만든 요리를 먹고 싶습니다.

④ 요리하는 것보다 사 먹는 것이 쌉니다.

44. (2점)

> 학교 안에 있는 서점에는 제가 찾는 책이 없었습니다. 그래서 서울에 있는 큰 서점에 갔습니다. 거기에는 책이 있어서 그 책을 샀습니다.

① 집 앞에서 책을 샀습니다.

② 서울에 큰 서점이 있습니다.

③ 작은 서점에서 책을 많이 팝니다.

④ 제가 찾는 책이 학교 서점에 있습니다.

45. (3점)

> 물을 많이 마시는 것은 건강에 좋습니다. 저는 물을 조금씩 자주 마십니다. 그래서 몸이 좋아졌습니다.

① 물이 깨끗해서 좋습니다.

② 물을 마시는 것은 힘이 듭니다.

③ 몸에 좋아서 물을 자주 마십니다.

④ 물을 많이 마셔서 배가 부릅니다.

※ [46~48] 다음을 읽고 중심 내용을 고르십시오.

46. (3점)

> 오늘 영화 '친구'를 봤습니다. 영화를 보고 고등학교 때 친구들에게 오랜만에 연락을 했습니다. 친구들과 만나서 이야기도 하고 여행 계획도 세웠습니다.

① 저는 친구들과 영화를 봤습니다.

② 저는 친구들과 여행을 갈 겁니다.

③ 저는 고등학교 때 친구들이 보고 싶습니다.

④ 저는 친구들과 이야기하는 것을 좋아합니다.

47. (3점)

> 이번 주말에 학교 춤 동아리에서 공연이 있습니다. 저는 두 달 전부터 춤 연습을 열심히 했습니다. 공연을 빨리 하고 싶습니다.

① 저는 춤을 잘 춥니다.

② 저는 연습을 많이 했습니다.

③ 저는 공연을 기다리고 있습니다.

④ 저는 춤 동아리에 가입했습니다.

48. (2점)

> 날씨가 더워서 며칠 전에 여름옷을 샀습니다. 그 옷을 입으면 시원해서 좋습니다. 내일도 그 옷을 입으려고 합니다.

① 저는 여름을 싫어합니다.

② 한국의 여름은 덥습니다.

③ 저는 쇼핑을 좋아합니다.

④ 새로 산 여름옷이 좋습니다.

※ [49~50] 다음을 읽고 물음에 답하십시오. (각 2점)

> 저는 지난달에 한국에 왔습니다. 낮에는 회사에서 일하고 밤에는 한국어를 조금씩 배웁니다. 그런데 제가 공부하는 책이 조금 어렵습니다. 그래서 회사 동료가 (㉠   ) 책을 가르쳐 줬습니다. 주말에는 그 책을 사러 서점에 갈 겁니다.

49. ㉠에 들어갈 말로 가장 알맞은 것을 고르십시오.

① 다른   ② 비싼

③ 어려운   ④ 깨끗한

50. 윗글의 내용과 같은 것을 고르십시오.

① 저는 회사에서 책을 읽습니다.

② 저는 회사원이 되고 싶습니다.

③ 저는 밤마다 서점에서 일합니다.

④ 저는 한국어를 공부하고 있습니다.

※ [51~52] 다음을 읽고 물음에 답하십시오.

'한지 공예'는 한국의 전통 종이인 한지로 물건을 만드는 것을 말합니다. 한지는 전통적인 방법으로 만든 종이로, 여러 가지 물건을 만들 수 있습니다. 일상생활의 물건을 만들거나 인형을 만들 수 있습니다. 그리고 물건을 (㉠) 상자를 만들거나 지도, 종이꽃 등을 만들 수 있습니다. 종이로 만들었지만 튼튼하고 오래 쓸 수 있으며 한국 전통 모양이 있어서 외국인들에게 인기가 많습니다.

51. ㉠에 들어갈 말로 가장 알맞은 것을 고르십시오. (3점)

① 쌀 수 있는   ② 버릴 수 있는

③ 넣을 수 있는   ④ 자를 수 있는

52. 무엇에 대한 내용인지 맞는 것을 고르십시오. (2점)

① 한지 공예를 하는 사람

② 한지 공예 물건을 사는 곳

③ 한지 공예를 할 수 있는 날

④ 한지 공예로 만들 수 있는 물건

> 저는 요즘 밖에서 운동하는 것을 좋아합니다. 새로 산 운동화가 편해서 매일 아침 운동하고 싶습니다. 그런데 오늘은 밖에 비가 옵니다. 비를 맞으면 운동화가 (㉠   ) 오늘은 쉬고 내일 다시 운동할 겁니다.

53. ㉠에 들어갈 말로 가장 알맞은 것을 고르십시오. (2점)

① 더러워지면   ② 더러워지고

③ 더러워지니까   ④ 더러워지지만

54. 윗글의 내용과 같은 것을 고르십시오. (3점)

① 어제 비가 와서 집에 있었습니다.

② 운동화를 사면 밖에 나갈 겁니다.

③ 운동화가 편해서 비가 올 때 신습니다.

④ 저는 매일 아침마다 운동하려고 합니다.

> 저희 학교에서는 한 달에 한 번 문화 체험이 있습니다. 지난달에는 북촌한옥마을에 갔습니다. 북촌한옥마을에서 한국의 전통 집이 있는 골목을 걷고 구경했습니다. (㉠   ) 이 한옥에는 지금도 사람들이 살고 있기 때문에 조용히 구경을 해야 합니다. 집 안을 구경할 수는 없었지만 옛날 한국의 모습을 느낄 수 있었습니다.

55. ㉠에 들어갈 말로 가장 알맞은 것을 고르십시오. (2점)

① 그리고   ② 그런데

③ 그래서   ④ 그러면

56. 윗글의 내용과 같은 것을 고르십시오. (3점)

① 한옥 안에 들어가서 구경을 했습니다.

② 한 달에 문화 체험이 여러 번 있습니다.

③ 북촌한옥마을에서는 크게 떠들면 안 됩니다.

④ 북촌한옥마을에는 지금 사는 사람이 없습니다.

※ [57~58] 다음을 순서에 맞게 배열한 것을 고르십시오.

57. (3점)

> (가) 그래도 주말에는 버스를 타고 부모님께 갑니다.
>
> (나) 저는 회사 때문에 부모님과 같이 살지 않습니다.
>
> (다) 부모님께서 사시는 곳은 버스로 4시간쯤 걸립니다.
>
> (라) 그곳에 도착하면 어머니께서 항상 맛있는 밥을 해 주십니다.

① (나) – (라) – (가) – (다)　　　② (나) – (라) – (다) – (가)

③ (나) – (다) – (가) – (라)　　　④ (나) – (다) – (라) – (가)

58. (2점)

> (가) 시설도 좋아서 공부하기에 아주 좋습니다.
>
> (나) 제가 다니는 학교는 도서관이 아주 큽니다.
>
> (다) 그래서 시간이 날 때마다 도서관에 자주 갑니다.
>
> (라) 오늘도 시간이 있어서 도서관에서 책을 볼 겁니다.

① (나) – (가) – (다) – (라)　　　② (나) – (가) – (라) – (다)

③ (나) – (라) – (다) – (가)　　　④ (나) – (라) – (가) – (다)

> 저는 여행을 가면 꼭 집으로 엽서를 보냅니다. (㉠   ) 여행 간 곳의 경치가 있는
> 엽서를 골라서 씁니다. (㉡   ) 엽서를 보면서 여행한 곳을 다시 생각할 수 있고 예
> 쁜 경치가 있는 엽서를 벽에 장식할 수도 있습니다. (㉢   ) 여행지에서 보낸 엽서
> 는 저에게 또 하나의 여행 기념이 됩니다. (㉣   )

59.   다음 문장이 말로 가장 알맞은 것을 고르십시오. (2점)

> 여행을 한 후에 집에 도착하면 엽서가 와 있습니다.

① ㉠   ② ㉡   ③ ㉢   ④ ㉣

60.   윗글의 내용과 같은 것을 고르십시오. (3점)

   ① 여행을 가면 경치 사진을 찍습니다.

   ② 저는 엽서를 보내는 것을 좋아합니다.

   ③ 여행을 가서 친구에게 엽서를 씁니다.

   ④ 저는 엽서를 벽에 붙이는 것을 싫어합니다.

※   [61~62] 다음을 읽고 물음에 답하십시오. (각 2점)

> 사람들은 귀여운 동물을 좋아합니다. 동물을 보면서 살면 행복해집니다. 그래서 집에
> 강아지나 고양이를 키우는 사람들이 많습니다. 특히 아픈 사람이 동물을 키우면 치료에
> 도 도움이 됩니다. 또한 노인이 동물하고 같이 살 때 더 건강하고 (㉠   ) 있습니다.
> 동물과 사람은 아주 친해서 요즘에는 젊은 사람들도 작은 동물을 키우고 싶어 합니다.

61.   ㉠에 들어갈 말로 가장 알맞은 것을 고르십시오.

   ① 오래 살고   ② 오래 살면

   ③ 오래 살 수   ④ 오래 살 때

62. 윗글의 내용과 같은 것을 고르십시오.

① 젊은 사람들은 치료하려고 동물을 키웁니다.

② 아픈 사람은 작은 동물과 함께 살기 힘듭니다.

③ 좋아하는 동물을 키우면 행복해질 수 있습니다.

④ 노인들은 젊은 사람들과 친해지고 싶어 합니다.

※ [63~64] 다음을 읽고 물음에 답하십시오.

받는 사람: jungks88@maver.com

보낸 사람: ling321@ppec.ac.kr

제목: 사랑하는 교수님께

정 교수님, 안녕하세요?

저는 5년 전에 한국어학과를 졸업한 링링입니다. 한국에서 졸업한 후에 바로 중국으로 돌아와서 대학원에 다니고 있습니다. 아직 졸업을 못 했지만 내년에는 졸업할 수 있을 것 같습니다. 졸업하면 꼭 교수님께 찾아가겠습니다. 교수님 건강은 어떠세요? 빨리 뵙고 싶지만 기다리겠습니다. 안녕히 계세요.

링링 올림

63. 왜 윗글을 썼는지 맞는 것을 고르십시오. (2점)

① 교수님께 추천을 받으려고   ② 교수님께 안부를 물으려고

③ 한국에서 대학원에 다니려고   ④ 한국어학과에 다시 입학하려고

64. 윗글의 내용과 같은 것을 고르십시오. (3점)

① 이 사람은 한국어학과에 다니고 있습니다.

② 중국에 계신 교수님을 찾아가려고 합니다.

③ 졸업을 한 후에 대학원에 가고 싶어 합니다.

④ 졸업을 하면 한국에서 교수님을 만날 겁니다.

제 방에는 망가진 침대가 하나 있습니다. 지난주까지는 괜찮았지만 제 친구의 아들이 놀러 왔다가 간 후로 이상해졌습니다. 그래서 침대를 바꾸려고 가구점에 가 봤습니다. 가격이 싼 것도 있고 비싼 것도 있었습니다. 지난번에는 너무 싼 침대여서 빨리 고장이 (㉠). 그래서 이번에는 조금 비싼 것으로 사려고 합니다.

65. ㉠에 들어갈 말로 가장 알맞은 것을 고르십시오. (2점)

① 나게 됩니다   ② 나려고 합니다

③ 난 것 같습니다   ④ 날 수 있습니다

66. 윗글의 내용과 같은 것을 고르십시오. (3점)

① 제 방에는 침대가 여러 개 있습니다.

② 침대를 바꾸려고 알아보고 있습니다.

③ 침대가 비쌌는데 빨리 망가졌습니다.

④ 이번 주에 제 친구의 아들이 놀러 옵니다.

※ [67~68] 다음을 읽고 물음에 답하십시오. (각 3점)

겨울에는 집 안의 공기가 건조해지기 쉽습니다. 공기가 건조하면 감기에 걸리기 쉽고 목이 아픕니다. 집 안의 공기를 건조하지 않게 하려면 (㉠) 좋습니다. 식물이 많이 있으면 공기 중에 수분이 많아져서 집 안이 건조하지 않습니다. 그리고 집 안에 공기가 잘 통할 수 있게 방문을 열어 놓으면 좋습니다. 물에 젖은 수건을 방 안에 두거나 빨래를 하고 방 안에서 말려도 좋습니다.

67. ㉠에 들어갈 말로 가장 알맞은 것을 고르십시오.

① 수건을 사는 것이   ② 식물을 키우는 것이

③ 공기가 들어오는 것이   ④ 빨래를 많이 하는 것이

68. 윗글의 내용과 같은 것을 고르십시오.

① 빨래를 빨리 말려야 합니다.

② 공기가 건조하면 건강에 좋습니다.

③ 공기가 건조하면 수분이 많아집니다.

④ 방문을 열어서 공기가 통하게 합니다.

※ [69~70] 다음을 읽고 물음에 답하십시오. (각 3점)

> 오늘 친구의 소개로 다른 학교에서 공부하는 친구를 만났습니다. 그 친구는 한국말도 잘 못하고 저와 문화가 달라서 저한테 예의 없게 행동하는 것 같았습니다. 그래서 처음에는 마음에 들지 않았습니다. 하지만 계속 이야기를 해 보니까 좋아하는 것도 같고 성격도 아주 좋은 사람이었습니다. 사람을 만날 때는 첫인상으로 판단하지 말고 천천히 이야기를 나누면서 서로 (　　ㄱ　　) 것을 알게 되었습니다.

69. ㄱ에 들어갈 말로 가장 알맞은 것을 고르십시오.

① 이해해야 한다는　　　　　② 이해해도 된다는

③ 이해할 줄 안다는　　　　　④ 이해하면 안 된다는

70. 윗글의 내용으로 알 수 있는 것을 고르십시오.

① 우리는 좋아하는 것이 같습니다.

② 저는 그 친구가 지금도 싫습니다.

③ 그 친구는 저를 좋아하지 않습니다.

④ 그 친구는 첫인상을 중요하게 생각합니다.

연습용

한국어능력시험
TOPIK I

듣기, 읽기

성 명 (Name)	한 국 어 (Korean)	
	영 어 (English)	

문제지 유형 (Type)

홀수형 (Odd number type) ○
짝수형 (Even number type) ○

※ 결시 결시자의 영어 성명 및
확인란 수험번호 기재 후 표기 ○

※ 위 사항을 지키지 않아 발생하는 불이익은 응시자에게 있습니다.

감독관 본인 및 수험번호 표기가
확 인 정확한지 확인 (인)

연습용

한국어능력시험 TOPIK I

듣기, 읽기

성 명	한국어 (Korean)	
(Name)	영 어 (English)	

수 험 번 호

문제지 유형 (Type)

홀수형 (Odd number type) ○
짝수형 (Even number type) ○

※ 결 시 결시자의 영어 성명 및
  확인란 수험번호 기재 후 표기

※ 위 사항을 지키지 않아 발생하는 불이익은 응시자에게 있습니다.

감독관 본인 및 수험번호 표기가
확 인 정확한지 확인

(인)

문항	답 란	
1	① ② ③ ④	
2	① ② ③ ④	
3	① ② ③ ④	
4	① ② ③ ④	
5	① ② ③ ④	
6	① ② ③ ④	
7	① ② ③ ④	
8	① ② ③ ④	
9	① ② ③ ④	
10	① ② ③ ④	
11	① ② ③ ④	
12	① ② ③ ④	
13	① ② ③ ④	
14	① ② ③ ④	
15	① ② ③ ④	
16	① ② ③ ④	
17	① ② ③ ④	
18	① ② ③ ④	
19	① ② ③ ④	
20	① ② ③ ④	

문항	답 란
21	① ② ③ ④
22	① ② ③ ④
23	① ② ③ ④
24	① ② ③ ④
25	① ② ③ ④
26	① ② ③ ④
27	① ② ③ ④
28	① ② ③ ④
29	① ② ③ ④
30	① ② ③ ④
31	① ② ③ ④
32	① ② ③ ④
33	① ② ③ ④
34	① ② ③ ④
35	① ② ③ ④
36	① ② ③ ④
37	① ② ③ ④
38	① ② ③ ④
39	① ② ③ ④
40	① ② ③ ④

문항	답 란
41	① ② ③ ④
42	① ② ③ ④
43	① ② ③ ④
44	① ② ③ ④
45	① ② ③ ④
46	① ② ③ ④
47	① ② ③ ④
48	① ② ③ ④
49	① ② ③ ④
50	① ② ③ ④
51	① ② ③ ④
52	① ② ③ ④
53	① ② ③ ④
54	① ② ③ ④
55	① ② ③ ④
56	① ② ③ ④
57	① ② ③ ④
58	① ② ③ ④
59	① ② ③ ④
60	① ② ③ ④

문항	답 란	
61	① ② ③ ④	
62	① ② ③ ④	
63	① ② ③ ④	
64	① ② ③ ④	
65	① ② ③ ④	
66	① ② ③ ④	
67	① ② ③ ④	
68	① ② ③ ④	
69	① ② ③ ④	
70	① ② ③ ④	

연습용

한국어능력시험
TOPIK I

듣기, 읽기

| 성 명 (Name) | 한국어 (Korean) |
| | 영 어 (English) |

수험번호

문제지 유형 (Type)

홀수형 (Odd number type) ◯
짝수형 (Even number type) ◯

※ 결 시 결시자의 영어 성명 및
확인란 수험번호 기재 후 표기

◯

※ 위 사항을 지키지 않아 발생하는 불이익은 응시자에게 있습니다.

감독관 본인 및 수험번호 표기 (인)
확 인 정확한지 확인

※

답란

번호	란				번호	란				번호	란				번호	란			
1	①	②	③	④	21	①	②	③	④	41	①	②	③	④	61	①	②	③	④
2	①	②	③	④	22	①	②	③	④	42	①	②	③	④	62	①	②	③	④
3	①	②	③	④	23	①	②	③	④	43	①	②	③	④	63	①	②	③	④
4	①	②	③	④	24	①	②	③	④	44	①	②	③	④	64	①	②	③	④
5	①	②	③	④	25	①	②	③	④	45	①	②	③	④	65	①	②	③	④
6	①	②	③	④	26	①	②	③	④	46	①	②	③	④	66	①	②	③	④
7	①	②	③	④	27	①	②	③	④	47	①	②	③	④	67	①	②	③	④
8	①	②	③	④	28	①	②	③	④	48	①	②	③	④	68	①	②	③	④
9	①	②	③	④	29	①	②	③	④	49	①	②	③	④	69	①	②	③	④
10	①	②	③	④	30	①	②	③	④	50	①	②	③	④	70	①	②	③	④
11	①	②	③	④	31	①	②	③	④	51	①	②	③	④					
12	①	②	③	④	32	①	②	③	④	52	①	②	③	④					
13	①	②	③	④	33	①	②	③	④	53	①	②	③	④					
14	①	②	③	④	34	①	②	③	④	54	①	②	③	④					
15	①	②	③	④	35	①	②	③	④	55	①	②	③	④					
16	①	②	③	④	36	①	②	③	④	56	①	②	③	④					
17	①	②	③	④	37	①	②	③	④	57	①	②	③	④					
18	①	②	③	④	38	①	②	③	④	58	①	②	③	④					
19	①	②	③	④	39	①	②	③	④	59	①	②	③	④					
20	①	②	③	④	40	①	②	③	④	60	①	②	③	④					

연습용

한국어능력시험
TOPIK I
듣기, 읽기

성 명 한국어 (Korean)
(Name) 영 어 (English)

수 험 번 호

7

문제지 유형 (Type)

홀수형 (Odd number type) ◯
짝수형 (Even number type) ◯

※ 결 시 결시자의 영어 성명 및
  확인란 수험번호 기재 후 표기

※ 위 사항을 지키지 않아 발생하는 불이익은 응시자에게 있습니다.

감독관 본인 및 수험번호 표기가 (인)
확 인 정확한지 확인

번호		답란		
1	①	②	③	④
2	①	②	③	④
3	①	②	③	④
4	①	②	③	④
5	①	②	③	④
6	①	②	③	④
7	①	②	③	④
8	①	②	③	④
9	①	②	③	④
10	①	②	③	④
11	①	②	③	④
12	①	②	③	④
13	①	②	③	④
14	①	②	③	④
15	①	②	③	④
16	①	②	③	④
17	①	②	③	④
18	①	②	③	④
19	①	②	③	④
20	①	②	③	④

번호		답란		
21	①	②	③	④
22	①	②	③	④
23	①	②	③	④
24	①	②	③	④
25	①	②	③	④
26	①	②	③	④
27	①	②	③	④
28	①	②	③	④
29	①	②	③	④
30	①	②	③	④
31	①	②	③	④
32	①	②	③	④
33	①	②	③	④
34	①	②	③	④
35	①	②	③	④
36	①	②	③	④
37	①	②	③	④
38	①	②	③	④
39	①	②	③	④
40	①	②	③	④

번호		답란		
41	①	②	③	④
42	①	②	③	④
43	①	②	③	④
44	①	②	③	④
45	①	②	③	④
46	①	②	③	④
47	①	②	③	④
48	①	②	③	④
49	①	②	③	④
50	①	②	③	④
51	①	②	③	④
52	①	②	③	④
53	①	②	③	④
54	①	②	③	④
55	①	②	③	④
56	①	②	③	④
57	①	②	③	④
58	①	②	③	④
59	①	②	③	④
60	①	②	③	④

번호		답란		
61	①	②	③	④
62	①	②	③	④
63	①	②	③	④
64	①	②	③	④
65	①	②	③	④
66	①	②	③	④
67	①	②	③	④
68	①	②	③	④
69	①	②	③	④
70	①	②	③	④

연습용

한국어능력시험
TOPIK I
듣기, 읽기

| 성 명 (Name) | 한 국 어 (Korean) | |
| | 영 어 (English) | |

수 험 번 호

문제지 유형 (Type)	
홀수형 (Odd number type)	◯
짝수형 (Even number type)	◯

※ 결시 결시자의 영어 성명 및 수험번호 기재 후 표기
확인란 ◯

※ 위 사항을 지키지 않아 발생하는 불이익은 응시자에게 있습니다.

| 감독관 | 본인 및 수험번호 표기가 |
| 확 인 | 정확한지 확인 (인) |

번호	답	란
1	① ② ③ ④
2	① ② ③ ④
3	① ② ③ ④
4	① ② ③ ④
5	① ② ③ ④
6	① ② ③ ④
7	① ② ③ ④
8	① ② ③ ④
9	① ② ③ ④
10	① ② ③ ④
11	① ② ③ ④
12	① ② ③ ④
13	① ② ③ ④
14	① ② ③ ④
15	① ② ③ ④
16	① ② ③ ④
17	① ② ③ ④
18	① ② ③ ④
19	① ② ③ ④
20	① ② ③ ④

번호	답	란
21	① ② ③ ④
22	① ② ③ ④
23	① ② ③ ④
24	① ② ③ ④
25	① ② ③ ④
26	① ② ③ ④
27	① ② ③ ④
28	① ② ③ ④
29	① ② ③ ④
30	① ② ③ ④
31	① ② ③ ④
32	① ② ③ ④
33	① ② ③ ④
34	① ② ③ ④
35	① ② ③ ④
36	① ② ③ ④
37	① ② ③ ④
38	① ② ③ ④
39	① ② ③ ④
40	① ② ③ ④

번호	답	란
41	① ② ③ ④
42	① ② ③ ④
43	① ② ③ ④
44	① ② ③ ④
45	① ② ③ ④
46	① ② ③ ④
47	① ② ③ ④
48	① ② ③ ④
49	① ② ③ ④
50	① ② ③ ④
51	① ② ③ ④
52	① ② ③ ④
53	① ② ③ ④
54	① ② ③ ④
55	① ② ③ ④
56	① ② ③ ④
57	① ② ③ ④
58	① ② ③ ④
59	① ② ③ ④
60	① ② ③ ④

번호	답	란
61	① ② ③ ④
62	① ② ③ ④
63	① ② ③ ④
64	① ② ③ ④
65	① ② ③ ④
66	① ② ③ ④
67	① ② ③ ④
68	① ② ③ ④
69	① ② ③ ④
70	① ② ③ ④

절취선

Darakwon Korean Language Books

Korean Grammar in Use Series

- Contains all grammar points covered in TOPIK Levels 1~6!
- Learn at a glance the differences between similar grammatical constructions!
- Grammar reviews with real-life example sentences and conversations!

Korean Grammar in Use_Beginning
Ahn Jean-myung, Lee Kyung-ah, Han Hoo-young | 376 pages | 21,000 won
(Free MP3 Download)

Korean Grammar in Use_Intermediate
Min Jin-young, Ahn Jean-myung | 432 pages | 23,000 won
(Free MP3 Download)

Korean Grammar in Use_Advanced
Ahn Jean-myung, Seon Eun-hee | 408 pages | 23,000 won
(Free MP3 Download)

★ Chinese, Japanese, German and Spanish versions are also available.

Vitamin Korean

- An integrated textbook that helps you improve Korean speaking, listening, reading and writing skills through functional activities in each language section!
- Systematic and step-by-step Korean learning through activities by subject and unit studies!
- Improving Korean language skills through learner-centered assignment activities in each unit!

Vitamin Korean 1 · 2
Cho Jungsoon, Jun Hana, Ryu Jeongmin, Jeong Seonga | 280 pages | 20,000 won (Free MP3 Download)

Vitamin Korean 3
Cho Jungsoon, Jeon So Hyeon, Cha Soonja, Kim Jiyoon | 280 pages | 20,000 won (Free MP3 Download)

Vitamin Korean 4
Cho Jungsoon, Jeon So Hyeon, Kuean Sunyoung | 280 pages | 20,000 won (Free MP3 Download)

Vitamin Korean 5 · 6
Cho Jungsoon, Song Soohee, Kim Yonghyun, Kim Gwangmi | 280 pages | 20,000 won (Free MP3 Download)

Visit the Darakwon homepage to learn about our other publications and promotions and to download the contents of the MP3 format.

http://www.darakwon.co.kr
http://koreanbooks.darakwon.co.kr

Darakwon TOPIK Preperation Books

TOPIK Master Final 실전 모의고사 I, II _3rd Edition

- Complete exam preparation with systematic analysis by type!
- 10 mock tests reflecting the latest question trends and types!
- Includes detailed explanations to help you understand the questions and show you how to strategically solve them!

TOPIK MASTER Final Actual Tests I (Basic)_3rd Edition
Darakwon Korean Language Lab | 392 pages | 21,000 won
(Free MP3 Download)

TOPIK MASTER Final Actual Tests II (Intermediate-Advanced)_3rd Edition
Darakwon Korean Language Lab | 704 pages | 31,000 won
(Free MP3 Download)

Complete Guide to the TOPIK_3rd Edition Series

- The revised 3rd edition of the "Complete Guide to the TOPIK", with the most up-to-date evaluation framework and directions!
- An even more complete analysis of the characteristics of the question types and strategies on each test!
- Get a feel for the real test and increase your understanding of TOPIK questions by watching free supplemental lectures from the author!

Complete Guide to the TOPIK I (Basic)_3rd Edition
Seoul Korean Language Academy | 176 pages | 17,000 won
(Free MP3 Download & Free Lecture)

Complete Guide to the TOPIK II (Intermediate - Advanced)_3rd Edition
Seoul Korean Language Academy | 352 pages | 23,000 won
(Free MP3 Download & Free Lecture)

Complete Guide to the TOPIK - Speaking

- This book has everything you need, from beginner to advanced level, to obtain a high score on the TOPIK Speaking test!
- Step-by-step guidance helps you become familiar with the test, from analyzing question types to taking practice tests!
- Professional voice actors provide model answers to help you achieve natural pronunciation and tone!

Darakwon Korean Language Lab | 296 pages | 20,000 won
(Free MP3 Download)

Cracking the TOPIK II Writing

- Strategies for each type of TOPIK Writing questions from number 51 to 54 based on complete analysis!
- Strategies for high scores to help you get immediate improvement in writing sentences and long compositions!
- Five mock tests with a special lecture summarizing useful vocabulary and typical patterns!

Won Eunyeoung, Lee Yumi | 256 pages | 15,000 won

3rd Edition

TOPIK
MASTER

TOPIK I • **Basic**
해설집

3rd Edition
TOPIK MASTER
FINAL ACTUAL TESTS   TOPIK I · **Basic** 해설집

Written by	Darakwon Korean Language Lab
Translated by	Katelyn Hemmeke, Wang Hye-sook
Third Edition	June 2023
First printing	June 2023
Publisher	Chung Kyudo
Editors	Lee Suk-hee, Lee Hyeon-soo, Baek Da-heuin
Cover Design	Yoon Ji-young
Interior Design	Yoon Ji-young, Park Eun-bi
Proofread by	Ryan Paul Lagace
Illustrated by	AFEAL
Voice Actors	Jeong Ma-ri, Cha Jin-wook, Kim Sung-hee, Kim Hee-seung

DARAKWON

Darakwon Bldg., 211 Munbal-ro, Paju-si,
Gyeonggi-do, 10881 Republic of Korea
Tel: 02-736-2031 **Fax:** 02-732-2037
(Marketing Dept. ext.: 250~252 Editorial Dept. ext.: 420~426)

Copyright © 2023, Darakwon Korean Language Lab
TOPIK Trademark® and Copyright© by NIIED(National Institute
for International Education), Republic of Korea
※ 한국어능력시험(TOPIK)의 저작권과 상표권은 대한민국 국립국제교육원에 있습니다.

All rights reserved. No part of this publication may be reproduced, stored in a
retrieval system, or transmitted in any form or by any means, electronic, mechanical,
photocopying or otherwise, without the prior consent of the copyright owner.
Refund after purchase is possible only according to the company regulations.
Contact the Editorial Department at the above telephone number for any inquiry.
Consumer damages caused by loss, damage etc. can be compensated according to
consumer dispute resolution standards announced by the Korea Fair Trade
Commission. An incorrectly collated book will be exchanged.

ISBN: 978-89-277-3310-2 14710
      978-89-277-3309-6 (set)

Visit the Darakwon homepage to learn about our other publications and
promotions and to download the contents in MP3 format.
http://www.darakwon.co.kr
http://koreanbooks.darakwon.co.kr

3rd Edition

TOPIK MASTER

TOPIK I • **Basic**
해설집

FINAL
실전 모의고사
Actual Tests

DARAKWON

서문 PREFACE

K-POP과 K-콘텐츠의 인기에 힘입어 한국 문화에 대한 많은 관심으로 한국어 학습 수요 역시 꾸준히 늘고 있다. 이에 따라 국내는 물론 해외에서도 많은 학습자들이 한국어능력시험에 관심 갖고 응시를 하고 있다. 더불어 한국어 강의를 개설한 해외 초·중등 교육 기관이나 한국어 과목을 대학 입학 시험에 채택하는 국가도 증가하는 추세이기 때문에 한국어능력시험에 대한 높은 수요는 앞으로도 계속될 것으로 예상한다.

이런 상황에서 다양한 한국어능력시험 대비서가 출간되고 있는데, 그 중에서도 TOPIK MASTER 시리즈를 아껴 주신 여러분들에게 먼저 감사하다는 말씀을 전하고 싶다. 여러분들의 성원에 힘입어 최신 문항과 문제 유형 등 최근 경향을 반영하여 전면 개정한 "TOPIK Master Final 실전 모의고사 - 3rd Edition" 시리즈를 출간하였다. 기존에 공개된 기출 문제뿐만 아니라 개편된 한국어능력시험 체제에 관한 보고서와 예시 문항에 대한 철저한 검토를 바탕으로 성심성의껏 책을 만들었다.

"TOPIK Master Final 실전 모의고사 - 3rd Edition"은 문항의 각 유형별로 제시된 자세한 문제풀이 전략을 통해 학습자들이 문제 출제 의도를 파악하고 고득점에 다가갈 수 있도록 하였다. 또한, 10회분의 실전 모의고사를 통해 충분히 연습하고 실전 감각을 익힐 수 있다. 그리고 직접 강의하듯 설명해 주는 친절하고 자세한 해설을 통해 수험생 스스로 실력을 점검하고 부족한 부분을 보완할 수 있으며, 추가 어휘 및 표현을 학습하며 TOPIK 시험에 더욱 철저히 대비할 수 있다. 모의고사의 모든 지문과 문제풀이 전략 및 해설, 추가 어휘 및 표현은 모두 영어로도 번역되어 있어 외국인 수험생이 더욱 쉽게 내용을 이해하고 시험을 준비할 수 있도록 했다.

다년간 TOPIK 대비서를 출간한 경험을 바탕으로 오랫동안 준비한 끝에 최근의 경향을 반영하여 전면 개정한 TOPIK 실전 모의고사 시리즈를 출간할 수 있었다. 이 책으로 한국어능력시험에 응시하는 분들의 한국어 능력이 향상되고 시험에서 목표로 한 등급을 얻을 수 있기를 바란다. 뿐만 아니라 한국어능력시험 대비 강의를 담당하시는 선생님들께도 많은 도움이 되었으면 한다.

다락원 한국어 연구소

Thanks to the popularity of K-POP and K-content, interest in Korea and demand for learning the Korean language are steadily increasing. In turn, many language learners are becoming interested in the Test of Proficiency in Korean and taking the exam, both in Korea and abroad. The high demand for Test of Proficiency in Korean is expected to continue in the future, as the number of overseas primary and secondary education institutions offering Korean language courses and the number of countries adopting Korean language subjects for university entrance exams are also increasing.

In this situation, a variety of exam preparation books for the Test of Proficiency in Korean are being published, and we would like to thank you for your support of the TOPIK MASTER series. Thanks to your support, we have completely revised the "TOPIK Master Final Actual Test - 3rd Edition" series to reflect the latest trends, questions, and question types. The book was thoughtfully created based on a thorough review of not only previously published test questions, but also reports on the restructured TOPIK system and example questions as well.

"TOPIK Master Final Actual Test - 3rd Edition" allows learners to understand the intention of each question and achieve a high score through detailed problem-solving strategies presented for each type of question. In addition, students can sufficiently practice and experience how it feels to take the test using 10 mock tests. Through friendly and detailed explanations that feel like direct lectures, test takers can check their skills, make up for their shortcomings, and learn additional vocabulary words and expressions as they prepare for the TOPIK exam more thoroughly. All passages in the mock tests, problem-solving strategies and explanations, and additional vocabulary and expressions are translated into English so foreign test takers can more easily understand the content and prepare for the exam.

After long preparation based on years of experience publishing TOPIK preparation books, we have been able to publish the TOPIK Actual Tests Series, which has been completely revised to reflect the latest trends. We hope that this book will help test takers improve their Korean language skills and achieve the score they are aiming for, as well as help teachers who are in charge of preparing students for the test.

Darakwon Korean Language Lab

이 책의 구성 및 활용 How to Use This Book

'TOPIK MASTER Final 실전 모의고사 – 3rd Edition' 시리즈는 한국어능력시험(TOPIK)의 체계를 따른다. TOPIK I 문제집에는 총 10회분의 듣기·읽기 모의고사 문제를 수록하였고, 해설집에는 정답과 함께 각 문제에 대한 상세한 해설, 듣기 및 읽기 지문을 영어 번역과 함께 제시하였다.

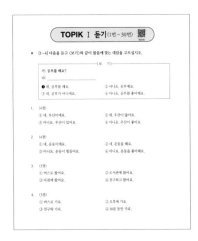

실전 모의고사

개편된 TOPIK에 대한 샘플 문항과 공개된 기출 문제를 바탕으로 한 모의고사 10회분을 수록하여 학습자들이 사전에 시험에 충분히 대비할 수 있도록 하였다. 다양한 주제와 시사 정보에 관한 지문을 학습함으로써 실전 경험을 높여 실제 시험에서 목표한 점수를 얻을 수 있도록 하였다.

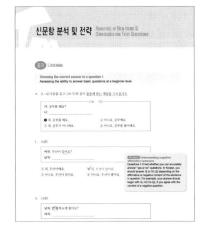

신문항 분석 및 전략

최신 TOPIK의 출제 경향을 분석한 후 유형별로 제시·설명하여 전체적인 시험 경향을 파악할 수 있도록 하였다. 그리고 영역별로 각 유형의 문제를 어떻게 준비하고 공부해야 하는지에 대한 학습 전략도 제시하였다.

정답 및 해설

문제집과 별도로 구성되어 있는 해설집으로 모의고사에 수록된 문제의 정답과 함께 상세한 해설을 제공하고 있다. 또한 〈듣기〉와 〈읽기〉 문제에 대한 이해도를 높일 수 있도록 모든 지문을 영어 번역과 함께 제시하였다. 문제 풀이 후 해설집을 꼼꼼히 학습함으로써 문제 풀이 능력이 향상될 수 있도록 하였다.

The "TOPIK MASTER Actual Tests - 3rd Edition" series follows that of the TOPIK exam. In the TOPIK I question book, there are a total of ten mock tests, including listening and reading questions, and in the explanation book, there are detailed explanations for each question along with the correct answer. The English translation of the listening script and reading passages is also provided.

Actual Tests

Based on the sample items of the revised TOPIK and previous tests questions that were available, we offer ten mock tests to help learners sufficiently prepare for the TOPIK. We aim to help learners simulate a real test experience through a variety of topics and current events to help them achieve the score that they want on the real test.

Analysis of New Items & Strategies for Test Questions

After analyzing the trends of the latest TOPIK format, this section divides the questions by their type and explains them. This section was written to help students understand the test patterns of the TOPIK. Strategies are also offered with regards to how to best prepare and study for each type of question.

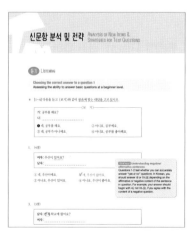

Answers and Explanations

This is an answer booklet, which provides the correct answers to the questions in the mock tests along with detailed explanations of the answers. In addition to that, to increase the degree of understanding of questions in the Listening and Reading sections, all instructions are presented with English translations. We hope to provide a platform for learners to improve their problem-solving skills with meticulous explanations to each and every question on the mock tests.

차례 CONTENTS

한국어능력시험 TOPIK 안내

1. 시험의 목적
   - 한국어를 모국어로 하지 않는 재외 동포·외국인의 한국어 학습 방향 제시 및 한국어 보급 확대
   - 한국어 사용 능력을 측정·평가하여 그 결과를 국내 대학 유학 및 취업 등에 활용

2. 응시 대상
   한국어를 모국어로 하지 않는 재외 동포 및 외국인으로서
   - 한국어 학습자 및 국내 대학 유학 희망자
   - 국내외 한국 기업체 및 공공 기관 취업 희망자
   - 외국 학교 재학 중이거나 졸업한 재외국민

3. 유효 기간
   성적 발표일로부터 2년간 유효

4. 시험 주관 기관
   교육부 국립국제교육원

5. 시험의 활용처
   - 외국인 및 재외동포의 국내 대학(원) 입학 및 졸업
   - 국내/외 기업체 및 공공기관 취업
   - 영주권/취업 등 체류 비자 취득
   - 정부 초청 외국인 장학생 프로그램 진학 및 학사 관리
   - 국외 대학의 한국어 관련 학과 학점 및 졸업 요건

6. 시험 시간표

구분	교시	영역	한국			시험 시간(분)
			입실 완료 시간	시작	종료	
TOPIK I	1교시	듣기 읽기	09:20까지	10:00	11:40	100
TOPIK II	1교시	듣기 쓰기	12:20까지	13:00	14:50	110
	2교시	읽기	15:10까지	15:20	16:30	70

※ TOPIK I은 1교시만 실시함.

※ 해외 시험 시간은 현지 접수 기관에 문의하시기 바랍니다.

7. 시험 시기

– 연 6회 시험 실시

– 지역별・시차별 시험 날짜 상이

8. 시험의 수준 및 등급

– 시험 수준: TOPIK I, TOPIK II

– 평가 등급: 6개 등급(1~6급)

– 획득한 종합 점수를 기준으로 판정되며, 등급별 분할 점수는 아래와 같습니다.

구분	TOPIK I		TOPIK II			
	1급	2급	3급	4급	5급	6급
등급 결정	80 ~ 139	140 ~ 200	120 ~ 149	150 ~ 189	190 ~ 229	230 ~ 300

※ 35회 이전 시험 기준으로 TOPIK I은 초급 TOPIK II는 중・고급 수준입니다.

9. 문항 구성

(1) 수준별 구성

시험 수준	교시	영역(시간)	유형	문항수	배점	총점
TOPIK I	1교시	듣기(40분)	선택형	30	100	200
		읽기(60분)	선택형	40	100	
TOPIK II	1교시	듣기(60분)	선택형	50	100	300
		쓰기(50분)	서답형	4	100	
	2교시	읽기(70분)	선택형	50	100	

(2) 문제 유형

– 선택형 문항(4지선다형)

– 서답형 문항(쓰기 영역)

• 문장 완성형(단답형): 2문항

• 작문형: 2문항(200~300자 정도의 중급 수준 설명문 1문항, 600~700자 정도의 고급 수준 논술문 1문항)

10. 쓰기 영역 작문 문항 평가 범주

문항	평가범주	평가 내용
51–52	내용 및 과제 수행	– 제시된 과제에 맞게 적절한 내용으로 썼는가?
	언어 사용	– 어휘와 문법 등의 사용이 정확한가?
53–54	내용 및 과제 수행	– 주어진 과제를 충실히 수행하였는가? – 주제에 관련된 내용으로 구성하였는가? – 주어진 내용을 풍부하고 다양하게 표현하였는가?
	글의 전개 구조	– 글의 구성이 명확하고 논리적인가? – 글의 내용에 따라 단락 구성이 잘 이루어졌는가? – 논리 전개에 도움이 되는 담화 표지를 적절하게 사용하여 조직적으로 연결하였는가?
	언어 사용	– 문법과 어휘를 다양하고 풍부하게 사용하며 적절한 문법과 어휘를 선택하여 사용하였는가? – 문법, 어휘, 맞춤법 등의 사용이 정확한가? – 글의 목적과 기능에 따라 격식에 맞게 글을 썼는가?

11. 문제지의 종류: 2종(A · B형)

종류	A형	B형 (홀수, 짝수)
시행 지역	미주 · 유럽 · 아프리카 · 오세아니아	아시아
시행 요일	토요일	일요일

12. 등급별 평가 기준

시험 수준	등급	평가 기준
TOPIK I	1급	• '자기소개하기, 물건 사기, 음식 주문하기' 등 생존에 필요한 기초적인 언어 기능을 수행할 수 있으며 '자기 자신, 가족, 취미, 날씨' 등 매우 사적이고 친숙한 화제에 관련된 내용을 이해하고 표현할 수 있다. • 약 800개의 기초 어휘와 기본 문법에 대한 이해를 바탕으로 간단한 문장을 생성할 수 있다. • 간단한 생활문과 실용문을 이해하고, 구성할 수 있다.
	2급	• '전화하기, 부탁하기' 등의 일상생활에 필요한 기능과 '우체국, 은행' 등의 공공시설 이용에 필요한 기능을 수행할 수 있다. • 약 1,500~2,000개의 어휘를 이용하여 사적이고 친숙한 화제에 관해 문단 단위로 이해하고 사용할 수 있다. • 공식적 상황과 비공식적 상황에서의 언어를 구분해 사용할 수 있다.
TOPIK II	3급	• 일상생활을 영위하는 데 별 어려움을 느끼지 않으며, 다양한 공공시설의 이용과 사회적 관계 유지에 필요한 기초적 언어 기능을 수행할 수 있다. • 친숙하고 구체적인 소재는 물론, 자신에게 친숙한 사회적 소재를 문단 단위로 표현하거나 이해할 수 있다. • 문어와 구어의 기본적인 특성을 구분해서 이해하고 사용할 수 있다.
	4급	• 공공시설 이용과 사회적 관계 유지에 필요한 언어 기능을 수행할 수 있으며, 일반적인 업무 수행에 필요한 기능을 어느 정도 수행할 수 있다. • 또한 '뉴스, 신문 기사' 중 비교적 평이한 내용을 이해할 수 있다. 일반적인 사회적·추상적 소재를 비교적 정확하고 유창하게 이해하고, 사용할 수 있다. • 자주 사용되는 관용적 표현과 대표적인 한국 문화에 대한 이해를 바탕으로 사회·문화적인 내용을 이해하고 사용할 수 있다.

5급	• 전문 분야에서의 연구나 업무 수행에 필요한 언어 기능을 어느 정도 수행할 수 있다. • '정치, 경제, 사회, 문화' 전반에 걸쳐 친숙하지 않은 소재에 관해서도 이해하고 사용할 수 있다. • 공식적, 비공식적 맥락과 구어적, 문어적 맥락에 따라 언어를 적절히 구분해 사용할 수 있다.
6급	• 전문 분야에서의 연구나 업무 수행에 필요한 언어 기능을 비교적 정확하고 유창하게 수행할 수 있다. • '정치, 경제, 사회, 문화' 전반에 걸쳐 친숙하지 않은 주제에 관해서도 이해하고 사용할 수 있다. • 원어민 화자의 수준에는 이르지 못하나 기능 수행이나 의미 표현에는 어려움을 겪지 않는다.

13. 성적 발표 및 성적 증명서 발급

(1) 성적 발표 및 성적 확인 방법

홈페이지(www.topik.go.kr) 접속 후 확인

※ 홈페이지에 접속하여 성적을 확인할 경우 시험 회차, 수험 번호, 생년월일이 필요함.

(2) 성적 증명서 발급 대상

부정행위자를 제외하고 합격 불합격 여부에 관계없이 응시자 전원에게 발급

(3) 성적 증명서 발급 방법

※ 인터넷 발급 TOPIK 홈페이지 성적 증명서 발급 메뉴를 이용하여 온라인 발급(성적 발표 당일 출력 가능)

14. 접수 방법

(1) 원수 접수 방법

구분	개인 접수	단체 접수
한국	개인별 인터넷 접수	단체 대표자에 의한 일괄 접수
해외	해외 접수 기관 방침에 의함.	

※ 접수 시 필요한 항목: 사진, 영문 이름, 생년월일, 시험장, 시험 수준

(2) 응시료 결제

구분	주의사항
신용 카드	국내 신용 카드만 사용 가능
실시간 계좌 이체	외국인 등록 번호로 즉시 결제 가능 ※ 국내 은행에 개설한 계좌가 있어야 함.
가상 계좌(무통장 입금)	본인에게 발급 받은 가상 계좌로 응시료 입금 지원자마다 계좌 번호를 서로 다르게 부여하기 때문에 타인의 가상 계좌로 입금할 경우 확인이 불가능 하므로 반드시 본인에게 주어진 계좌 번호로만 입금해야 함. – 은행 창구에서 직접 입금 – ATM, 인터넷 뱅킹, 폰뱅킹 시 결제 확인 필수 – 해외 송금 불가

15. 시험 당일 응시 안내

홈페이지(www.topik.go.kr) 접속 후 확인

Test of Proficiency in Korean TOPIK Guidelines

1. Objective of the TOPIK:

- This examination aims to set a right Korean Language learning path for overseas Koreans and foreigners who do not speak Korean as their mother tongue and promote the use of Korean language.
- TOPIK scores can also be used for local university applications as well as employment purposes.

2. TOPIK Target Test Takers:

Overseas Koreans and foreigners who do not speak Korean as their mother tongue
- Those learning the Korean language and those with the intention to apply for local universities
- Those with intention to join/work for domestic/overseas Korean companies and public organizations
- Koreans who study or graduated overseas

3. Validity:

Valid for two(2) years after the announcement of examination results

4. Administrator:

National Institute for International Education (NIIED), Ministry of Education

5. Benefits of TOPIK:

- Enrollment and graduation of foreigners and overseas Koreans in domestic universities (or graduate schools)
- Employment at domestic/foreign companies and public organizations
- Obtaining a visa for permanent residence/employment
- University admission and academic management of foreign Korean
- Government scholars
- Credits and graduation requirements for Korean language-related majors at overseas universities

6. Examination Timetable:

	Period	Section	Korea			Duration (min)
			Must enter the room by	Start	End	
TOPIK I	1st period	Listening Reading	09:20	10:00	11:40	100
TOPIK II	1st period	Listening Writing	12:20	13:00	14:50	110
	2nd period	Reading	15:10	15:20	16:30	70

※ There is only one period for TOPIK I.

※ If you are taking the test outside Korea, contact your local TOPIK registration center for the exact test time.

7. Testing Schedule:

- 6 times per year (Korea)
- Exam dates differ by region and time zone.

8. Level and Grade of Examination:

- Level of examination: TOPIK I, TOPIK II
- Evaluation grade: 6 grades(1st to 6th grades)
- The evaluation is based on the total score earned, and the cut-off scores by grades are as follows:

Type	TOPIK I		TOPIK II			
	1st grade	2nd grade	3rd grade	4th grade	5th grade	6th grade
Determination of grade	80 ~ 139	140 ~ 200	120 ~ 149	150 ~ 189	190 ~ 229	230 ~ 300

※ Based on the difficulty level before the 35th examination, TOPIK I is the basic level and TOPIK II is the intermediate/advanced level.

9. Structure of Questions:

(1) Structure by difficulty level:

Examination Level	Period	Area Tested (length of exam)	Question Type	Number of Questions	Point	Total Scores
TOPIK I	1st period	Listening (40 minutes)	Multiple-choice questions	30	100	200
		Reading (60 minutes)	Multiple-choice questions	40	100	
TOPIK II	1st period	Listening (60 minutes)	Multiple-choice questions	50	100	300
		Writing (50 minutes)	Subjective questions	4	100	
	2nd period	Reading (70 minutes)	Multiple-choice questions	50	100	

(2) Type of questions:

- Multiple-choice question(selecting 1 answer among the 4 given choices).
- Subjective questions(writing).
  - Sentence completion type(short-answer): 2 questions
  - Essay type (1 descriptive essay ranging from 200-300 words at the intermediate level, and 1 argumentative essay ranging from 600-700 words at the advanced level.)

10. Evaluation of Writing Part:

Questions	Evaluation Category	Specific Criteria
51-52	Content and task execution	- Are the written contents suitable for the presented task?
	Use of language	- Are the vocabulary, words, etc. correct?
53-54	Content and task execution	- Has the given task been performed adequately? - Is the related writing rich in content? - Is it constructed in a diversified way?
	Development structure	- Is the writing structure clear and logical, and the key idea conveyed well? - Is the writing well structured based on the given topic? - Are discourse markers used properly in order to logically develop the argument?
	Use of language	- Are vocabulary, grammar, etc. used correctly and in a diversified way? - Are the grammar structures, choice of vocabulary, and spelling correct? - Does the response use the right register in accordance with purpose and function of the task?

11. Exam Types: 2 types(Type A, Type B):

Type	A Type	B Type (odd/even numbers)
Exam Region	Americas, Europe, Africa and Oceania	Asia
Day of Exam	Saturday	Sunday

12. Evaluation Standards by Grade:

Examination Level	Grade	Evaluation Criteria
TOPIK I	1st grade	• Able to carry out basic conversations related to daily survival skills such as self-introduction, purchasing things, ordering food, etc., and understand the contents related to very personal and familiar subjects such as himself/herself, family, hobbies, weather, etc. • Able to create simple sentences based on about 800 basic vocabulary and possess understanding of basic grammar. • Albe to understand and compose simple and useful sentences related to everyday life.
	2nd grade	• Able to carry out simple conversations related to daily routines such as making phone calls and asking favors, as well as using public facilities in daily life. • Able to use about 1,500 to 2,000 vocabulary and understand the natural order of sentences on personal and familiar subjects. • Able to use formal and informal expressions depending on the situation.
TOPIK II	3rd grade	• Able to perform basic linguistic functions necessary to use various public facilities and maintain social relationships without experience significant difficulty in routine life. • Able to carry out daily routine, with fair use of public facilities and able to socialize without significant difficulty. • Able to express or understand social subjects familiar to herself/himself, as well as specific subjects, based on paragraph. Able to understand and use written and spoken language and based on their distinctive basic characteristics
	4th grade	• Linguistic ablity necessary to use various public facilities and maintain social relationships, and carry out the function to some degree which is necessary for the performance of ordinary work. • Able to understand relatively easy parts of news broadcasts, newspapers, and understand and use the expressions related to social and abstract subjects relatively correctly and fluently. • Able to understand social and cultural subjects, based on the understanding of Korean culture and frequently used idiomatic expressions.
	5th grade	• Able to perform linguistic function to some degree which is necessary for research and work in professional fields. • Able to understand and use the expressions related to even unfamiliar aspects of politics, economics, society, and culture. • Able to use expressions properly, depending on formal, informal, spoken/written context.
	6th grade	• Able to perform linguistic function necessary to do research and work in professional fields relatively correctly and fluently. • Able to understand and use the expressions related to even unfamiliar subjects of politics, economics, society, and culture. • Experience no difficulty in performing the functions or conveying the meaning, although the proficiency has not reached full native speaker proficiency.

13. Announcement of Examination Results & Issuance of Score Report:

(1) How to check the examination results:

Log on to the website(www.topik.go.kr) to check the results and status of the score report.

※ The number of the examination, the candidate's seat number, and the candidate's date of birth are required to check the results on the website.

(2) Issuance of score report:

With the exception of fraud, regardless of whether the candidate attains a level or not, the score report is issued to all candidates.

(3) How score report is issued:

※ Internet:

- The score report can be printed online by using the score report issuance menu at the TOPIK website (available from the day the results are announcement)

14. Procedure for Examination Application:

(1) Procedure for examination application:

Location	Individual Application	Collective Application
Korea	Acceptance of individual online applications	Acceptance of collective applications made by the representative of concerned group
Overseas	As per the policy of designated overseas organizations to accept applications	

※ A photo and the following information are required for application: English name, date of birth, examination venue, and the level of the examination

(2) Payment method for application fee

Type	Individual Application
Credit card	Only domestic credit cards can be used.
Real time account transfer	Payment can be made immediately based on alien registration number. ※ A domestic bank account number is required.
Virtual account (deposit without a bankbook)	The application fee must be deposited in the unique virtual account issued to the applicant. Applicant should deposit the amount only in the designated account number because the amount deposited into virtual account of other persons cannot be checked, considering that different virtual accounts are allocated to each applicant. - Deposit can be made directly at the bank - In case of payment via ATM, internet banking, and phone banking, the applicant should check the payment as necessary. - Overseas remittance is not allowed.

15. Guidance on Examination:

Please refer to the website www.topik.go.kr

3rd Edition

TOPIK
MASTER

TOPIK I · **Basic**

FiNAL
실전 모의고사
Actual Tests

- 신문항 분석 및 전략
  Analysis of New Items & Strategies for Test Questions

- 실전 모의고사 1~10회 정답 및 해설
  Answers & Explanations for the Actual tests 1-10

신문항 분석 및 전략 ANALYSIS OF NEW ITEMS & STRATEGIES FOR TEST QUESTIONS

 LISTENING

Choosing the correct answer to a question 1
Assessing the ability to answer basic questions at a beginner level.

※ [1~4] 다음을 듣고 〈보기〉와 같이 물음에 맞는 대답을 고르십시오.

〈보 기〉

가: 공부를 해요?

나: _____

❶ 네, 공부를 해요. ② 아니요, 공부예요.

③ 네, 공부가 아니에요. ④ 아니요, 공부를 좋아해요.

1. (4점)

여자: 우산이 있어요?

남자: _____

① 네, 우산이에요. ☑ 네, 우산이 많아요.

③ 아니요, 우산이 있어요. ④ 아니요, 우산이 좋아요.

> **Strategy!** Understanding negative/ affirmative sentences
> Questions 1-2 test whether you can accurately answer "yes or no" questions. In Korean, you should answer 네 or 아니요 depending on the affirmative or negative content of the sentence in question. For example, your answer should begin with 네, not 아니요, if you agree with the content of a negative question.

3. (3점)

남자: 언제 학교에 왔어요?

여자: _____

① 버스로 왔어요. ② 도서관에 왔어요.

☑ 아침에 왔어요. ④ 친구하고 왔어요.

> **Strategy!** Understanding interrogatives
> For Question 3, your ability to accurately understand question words and answer appropriately is tested. You must select the correct answer for *when, where, who, what, why and how.*

4. (3점)

> 남자: 여기에서 은행까지 어떻게 가요?
>
> 여자: _____

① 버스로 가요.　　　　② 오후에 가요.

③ 친구와 가요.　　　　④ 20분 동안 가요.

Strategy! Understanding other question words

Question 4 tests whether you can correctly ask and answer questions regarding the date, time, price, and method.

Choosing the correct answer to a question 2

Assessing content comprehension ability after listening to a monologue at the beginner 2 level. There are two questions for each passage.

※ [25~26] 다음을 듣고 물음에 답하십시오.

> 여자: 학생 여러분께 알려 드립니다. 이번 졸업식 때 선배들의 옷을 신입생들에게 싸게 팔려고 합니다. 옷을 판 돈으로 불우한 이웃을 도와줄 겁니다. 그런데 아직 옷이 많이 안 모여서 행사를 할 수가 없습니다. 안 입는 교복이 있는 학생이나 이번에 졸업해서 교복이 더 이상 필요 없는 학생들은 신입생들을 위해 교무실에 옷을 보내 주시길 바랍니다. 감사합니다.

25. 여자가 왜 이 이야기를 하고 있는지 고르십시오. (3점)

① 졸업식 행사에서 인사하려고

② 졸업식 행사 계획을 알리려고

③ 졸업식 행사에 학생들을 초대하려고

④ 졸업식 행사에 필요한 교복을 모으려고

Strategy! Understanding intent/purpose

You will be tested on understanding the intent/ purpose of the content in the audio clip. You should pay special attention to the beginning or the end of the passage especially since the core sentence is presented at the beginning or the end of the passage.

26. 들은 내용과 같은 것을 고르십시오. (4점)

① 옷을 가져다준 사람이 많습니다.

② 교복 판 돈을 신입생들에게 줍니다.

③ 입학할 학생들은 옷을 살 수 있습니다.

④ 신입생들은 공짜로 교복을 받을 수 있습니다.

Strategy! Understanding details

You should listen carefully to the entire audio clip because it is important to understand the details of the entire dialogue. If time permits, it is suggested that you read the choices in advance and mark the keywords in each option before the audio begins.

Choosing the correct answer to questions 3
Assessing content comprehension after listening to a long conversation at the beginner 2 level.
Three dialogue pairs are presented and two questions follow for each dialogue.

※ [27~28] 다음을 듣고 물음에 답하십시오.

> 남자: 요즘 주말에 뭐 해요? 월요일마다 피곤해하는 것 같아요.
>
> 여자: 아, 일요일마다 친구들과 모여서 밤늦게까지 악기를 연주해요.
>
> 남자: 악기요? 무슨 악기를 연주해요?
>
> 여자: 기타요. 1년 전에 배우기 시작했는데 너무 재미있어요. 나중에 친구들하고 연주회도 하려고요.
>
> 남자: 와, 저도 어렸을 때 기타를 좀 배웠지만 지금은 칠 줄 몰라요.
>
> 여자: 저도 기타 말고 다른 악기는 연주할 줄 몰라요. 다음 주말에 저희 모임에 와서 구경할래요? 재미있을 것 같으면 같이 연주해요.

27. 두 사람이 무엇에 대해 이야기를 하고 있는지 고르십시오. (3점)

① 악기의 좋은 점

☑ 여자의 주말 활동

③ 기타를 치는 방법

④ 좋은 악기 고르는 방법

Strategy! Understanding the topic
You should listen carefully from the beginning because the topic is usually revealed at the start of the conversation.

28. 들은 내용과 같은 것을 고르십시오. (4점)

① 여자는 모든 악기를 연주할 수 있습니다.

② 남자는 악기를 연주해 본 적이 없습니다.

③ 남자는 여자의 연주회를 보러 갈 겁니다.

☑ 여자는 기타를 친 지 1년 정도 되었습니다.

Strategy! Understanding details
You should listen very carefully and distinguish the words spoken by the man and the woman to understand the details of the entire conversation. If time permits, it is suggested that you read the choices in advance and mark the keywords in the question before the audio begins.

> 여자: 안녕하세요? 지난주에 주문한 옷이 아직 안 와서 전화드렸습니다.
>
> 남자: 아……. 손님, 정말 죄송합니다. 주문하신 옷이 다 팔려서 새로 만들고 있어요. 그래서 옷을 아직 못 보내 드렸습니다.
>
> 여자: 그래요? 그럼 언제 옷을 보내 주실 수 있어요?
>
> 남자: 다음 주 월요일쯤 보내 드릴 수 있을 것 같아요.
>
> 여자: 옷을 주문한 지 일주일이 지났는데 또 일주일을 기다려야 해요?
>
> 남자: 네. 손님 죄송합니다. 환불을 원하시면 환불해 드리겠습니다.

29. 여자가 전화한 이유를 고르십시오. (3점)

① 옷을 만드는 날짜를 확인하려고

② 옷을 못 받은 이유를 물어보려고

③ 옷을 환불해도 되는지 물어보려고

④ 옷을 주문할 수 있는지 물어보려고

Strategy! Understanding reason/purpose
There is a reason/purpose as to the conversation. You will be tested on your ability to grasp this reason. The key is to figure out both the man and the woman's occupation and relationship (woman-customer, man-employee) by listening to the dialogue. Pay attention from the beginning because this information is mostly revealed in the beginning.

30. 들은 내용과 같은 것을 고르십시오. (4점)

① 남자는 옷을 만들 수 없습니다.

② 여자는 남자에게 옷을 보냈습니다.

③ 여자는 2주일 동안 옷을 기다렸습니다.

④ 남자는 여자에게 옷을 환불해 줄 수 있습니다.

As dialogue pairs that you hear frequently in daily life, greeting/thanking expressions of common situations will be on the test.

※ [5~6] 다음을 듣고 〈보기〉와 같이 이어지는 말을 고르십시오.

─────〈보 기〉─────

가: 늦어서 미안해요.

나: _____

① 고마워요.   ② 괜찮아요.   ❸ 여기 앉으세요.   ④ 안녕히 계세요.

5. (4점)

여자: 만나서 정말 반가워요.

남자: _____

① 괜찮아요.   ② 실례합니다.

③ 잘 부탁드려요.   ④ 안녕히 계세요.

6. (3점)

여자: 내일 한국어 시험이 있어요.

남자: _____

① 미안해요.   ② 부탁해요.

③ 시험 잘 봐요.   ④ 어서 오세요.

Choosing the location of the dialogue
Assessing the ability to identify the location after listening to a dialogue at a beginner level.

※ [7~10] 여기는 어디입니까? 〈보기〉와 같이 알맞은 것을 고르십시오.

〈보 기〉

가: 어서 오세요.

나: 여기 수박 있어요?

① 학교　　　　② 약국　　　❸ 시장　　　④ 병원

---

8. (3점)

남자: 어떻게 해 드릴까요?

여자: 머리를 짧게 잘라 주세요.

① 사진관　　　② 운동장　　　③ 미용실　　　④ 백화점

> **Strategy!** Greeting/thanking expression
>
> As dialogue pairs that you hear frequently in daily life, greeting/thanking expressions of common situations will be on the test.

9. (3점)

남자: 한국어 사전은 어디에 있어요?

여자: 한국 소설 오른쪽에 있습니다.

① 학교　　　② 시장　　　③ 약국　　　④ 서점

10. (4점)

남자: 다섯 시 영화, 성인 두 장 주세요.

여자: 죄송하지만 신분증을 보여 주시겠습니까?

① 영화관　　　② 공항　　　③ 경찰서　　　④ 여행사

Assessing the ability to understand the topic after listening to a conversation between two people at the beginner 1 and 2 level.

※ [11~14] 다음은 무엇에 대해서 말하고 있습니까? 〈보기〉와 같이 알맞은 것을 고르십시오.

〈보　기〉

가: 누구예요?

나: 이 사람은 형이고, 이 사람은 동생이에요.

❶ 가족　　　　② 이름　　　　③ 선생님　　　　④ 부모님

---

11. (3점)

여자: 너무 예뻐요. 어디에서 찍었어요?

남자: 제주도에서 찍었어요.

---

① 사진　　　　② 날씨　　　　③ 계획　　　　④ 그림

> **Strategy!** Understanding general words and specific words
> Many vocabulary words related to the topic appear in the dialogue. You should select an option that encompasses these words.

12. (3점)

여자: 어디에 사세요?

남자: 저는 한국대학교 기숙사 312호에 살아요.

---

① 교통　　　　② 고향　　　　③ 계절　　　　④ 주소

13. (4점)

남자: 오늘 시험이 몇 시에 있어요?

여자: 오후 한 시에 있어요. 늦지 마세요.

---

① 시간　　　　② 요일　　　　③ 나이　　　　④ 생일

14. (3점)

여자: 다음 주가 생일이네요. 무엇을 받고 싶어요?

남자: 저는 운동화를 받고 싶어요.

---

① 취미　　　　② 선물　　　　③ 기분　　　　④ 운동

Assessing the ability to understand the situation after listening to a dialogue between two people at a beginner level.

※　[15~16] 다음 대화를 듣고 가장 알맞은 그림을 고르십시오. (각 4점)

> 남자: 여기 메뉴판을 보고 주문해 주세요.
>
> 여자: 네, 조금 이따가 주문할게요. 먼저 물 좀 주세요.

> **Strategy!** Understanding situation
> A brief dialogue at a beginner level will be played. You should listen carefully because the dialogue is short and choose a picture from the four that best dipicts the conversation. Watch out for options that trick you into making a wrong choice. You should distinguish between the role of the speakers in the dialogue.

15. ①  ②

③  ④

Assessing dialogue comprehension ability after listening to a conversation between two people at a beginner level. Dialogues are presented in the forms 1.5 turns and 2 turns.

※　[17~21] 다음을 듣고 〈보기〉와 같이 대화 내용과 같은 것을 고르십시오. (각 3점)

───────〈보　기〉───────

남자: 요즘 한국어를 공부해요?

여자: 네, 한국 친구한테서 한국어를 배워요.

① 남자는 학생입니다.

② 여자는 학교에 다닙니다.

③ 남자는 한국어를 가르칩니다.

❹ 여자는 한국어를 공부합니다.

17.

여자: 민수 씨 어머니는 무슨 일을 하세요?

남자: 저처럼 선생님이셨어요. 그런데 지금은 일을 쉬시고 여행하고 계세요.

여자: 정말요? 민수 씨도 어머니와 같이 여행하면 정말 좋겠네요.

①✔ 남자는 학생들을 가르치고 있습니다.

② 여자는 남자와 같이 여행을 갈 겁니다.

③ 여자는 요즘 일을 하지 않고 있습니다.

④ 남자는 어머니와 여행을 하고 있습니다.

> **Strategy!** Understanding the content of the entire passage
> You should understand the content of the entire dialogue and select the option that matches the dialogue. Be careful of options which present the man's action in the dialogue as the woman's action. Distinguishing between the man and woman when listening to the dialogue is important.

18.

여자: 일요일에 여자 친구와 콘서트에 가요? 민수 씨가 표를 예매했어요?

남자: 아니요. 여자 친구가 표를 예매했어요.

여자: 정말요? 그럼, 민수 씨는 맛있는 저녁을 사야겠네요.

남자: 네. 그래서 음식점을 예약했어요.

① 남자는 콘서트 표를 미리 샀습니다.

②✔ 남자는 주말에 여자 친구를 만날 겁니다.

③ 여자는 남자와 같이 저녁을 먹을 겁니다.

④ 여자는 남자 친구와 콘서트를 보러 갈 겁니다.

Selecting the main idea

Assessing the ability to understand the woman's main point after listening to the dialogue between two people at a beginner level. Two dialogue pairs are presented. These questions are the most challenging questions in the Listening Section.

※ [22~24] 다음을 듣고 여자의 중심 생각을 고르십시오. (각 3점)

22.
> 여자: 민수 씨는 어디에서 물건을 많이 사요?
>
> 남자: 저는 주로 마트에 가서 사요. 마트가 집에서 가깝고 물건이 많은 것 같아요.
>
> 여자: 하지만 시장에 가면 더 다양한 물건을 싸게 살 수 있어서 좋아요. 민수 씨도 시장을 가 보는 게 어때요?
>
> 남자: 그래요? 그럼 다음에 갈 때 같이 가요.

① 시장 물건이 더 좋습니다.
② 시장을 이용하는 것이 좋습니다.
③ 마트 물건은 종류가 많지 않습니다.
④ 사람들과 같이 시장에 가면 좋겠습니다.

> **Strategy!** Understanding the main point
> You should focus on the woman's words to understand the content of the entire dialogue. Be careful of options that present the man's action in the dialogue as the woman's action. It is important to distinguish between the man and woman when listening to the dialogue.

23.
> 여자: 어제 텔레비전에 나온 모델 이수미 봤어요?
>
> 남자: 아, 나도 봤어요. 요즘 그 모델이 정말 유명한가 봐요. 그 사람 헤어스타일도 유행인 것 같고요.
>
> 여자: 맞아요. 저도 요즘 날씨가 더워서 이수미처럼 머리를 짧게 자르고 파마하고 싶어요. 저한테 그 스타일이 어울릴까요?
>
> 남자: 네, 잘 어울릴 것 같은데요.

① 여름에는 짧은 머리가 좋은 것 같습니다.
② 남자가 헤어스타일을 바꾸면 좋겠습니다.
③ 유행하는 스타일로 머리를 바꾸고 싶습니다.
④ 유명한 모델의 헤어스타일이 예쁜 것 같습니다.

Selecting a topic

Assessing the ability to understand the relationship between two sentences at the beginner 1 level.

※ [31~33] 무엇에 대한 내용입니까? 〈보기〉와 같이 알맞은 것을 고르십시오. (각 2점)

> ────────〈보 기〉────────
>
> 사과가 있습니다. 그리고 배도 있습니다.
>
> ① 요일　　　② 공부　　　❸ 과일　　　④ 날씨

31.

> 저는 23살입니다. 동생은 20살입니다.
>
> ① 사진　　　②나이　　　③ 시간　　　④ 부모

Strategy! Understanding a topic
You will be able to select the correct answer if you can identify the category that the key words belong to. For example, 사과(apple) and 배(pear) are both fruits(과일) and 살 is a counting unit associated with age.

32.

> 우리 반 선생님입니다. 그분은 남자입니다.
>
> ① 얼굴　　　② 방학　　　③ 동생　　　④사람

33.

> 친구에게 선물을 줍니다. 축하 노래를 부릅니다.
>
> ① 교실　　　② 기차　　　③생일　　　④ 고향

Selecting vocabulary/grammar appropriate to a sentence

Assessing core vocabulary and grammar ability necessary at the beginner 1 level. You should understand the meaning of related words to make complete sentences in terms of meaning.

※ [34~39] 〈보기〉와 같이 ( )에 들어갈 말로 가장 알맞은 것을 고르십시오.

〈보 기〉
날씨가 좋습니다. ( )이 맑습니다.

① 눈   ② 밤   ❸ 하늘   ④ 구름

34. (2점)

도서관에 갑니다. 책( ) 빌립니다.

① 에   ② 을   ③ 이   ④ 의

> **Strategy!** Understanding particles
> For this item on grammar, you will be tested on your ability to understand the particle used. You must completely master beginner level case particles.

35. (2점)

부모님이 보고 싶습니다. 그래서 부모님께 편지를 ( ).

① 삽니다   ② 씁니다   ③ 봅니다   ④ 놉니다

> **Strategy!** Understanding collocation
> For this item on vocabulary, you should select a verb that is always used with a certain noun. Some questions are about particles or nouns that are used with an action verb. It is suggested that you study these expressions as a bundle.

36. (2점)

서점에 갑니다. ( )을 삽니다.

① 빵   ② 집   ③ 옷   ④ 책

> **Strategy!** Understanding parts of speech
> For this item on vocabulary, you should choose the part of speech that is related to the word presented in the sentence. Most of the questions on the test will be on nouns/adjectives/adverbs/verbs.

Selecting the statement that doesn't agree to the content

Assessing the ability to understand advertisements, signs/announcements, posters, menus, etc. from everyday life.

※ [40~42] 다음을 읽고 맞지 않는 것을 고르십시오. (각 3점)

40.

영화 초대권

제목:	작년, 그 서울
날짜:	2024. 4. 8. (월) 20:00~22:10
인원:	2명
장소:	종로 한국극장

① 월요일에 영화관에 갑니다.
② 영화는 여덟 시에 끝납니다.
③ 영화는 두 명이 볼 수 있습니다.
④ 영화 제목은 '작년, 그 서울'입니다.

Strategy! Finding out details (Invitation)
There are several points to look out for. First, confirm the date, time, location, number of attendees, etc. Second, check the title of the invitation. Information presented in a noun form in the main text is presented in a sentence in the options.

41.

기타 동아리 '기타랑'

신입생 여러분, 안녕하세요?

우리 동아리는 기타를 치는 사람들의 모임입니다.

기타를 못 쳐요? 괜찮습니다. 우리가 기타를 가르쳐 줍니다.

우리 동아리에 들어오세요!

① 신입생을 찾습니다.
② 동아리 소개를 합니다.
③ 기타를 배워야 합니다.
④ 기타를 가르쳐 줍니다.

Strategy! Finding out details (a wanted/recruitment ad)
Identify the recruitment agent, the object of recruitment, and the specified requirements separately.

42.

춘천 여행 버스 시간표

◉ **출발:** 동대문역 1번 출구 앞 7시, 9시

◉ **도착:** 춘천역 앞 9시, 11시

어른: 20,000원, 어린이: 10,000원

① 어른은 이만 원을 냅니다.

② 어린이도 갈 수 있습니다.

③ 아홉 시에 출발할 수 있습니다.

④ 동대문역에서 기차를 타고 갑니다.

Strategy! Finding out details (Timetable)
You should be able to understand all kinds of timetables, departure and arrival destination information, and most importantly, information such as times and fares.

Selecting the statement that agrees to the content

Assessesing the ability to read and comprehend a short narrative on daily life.

※ [43~45] 다음을 읽고 내용이 같은 것을 고르십시오.

43. (3점)

오늘 학교에서 한국어 시험을 봅니다. 저는 어제 도서관에서 열심히 공부했습니다. 그래서 오늘 시험을 잘 볼 겁니다.

① 저는 내일 시험을 볼 겁니다.

② 저는 오늘 도서관에 갈 겁니다.

③ 저는 한국어 공부를 열심히 했습니다.

④ 저는 도서관에서 한국어 시험을 봅니다.

Strategy! Finding out details
Three short sentences will be presented to you. You should select the correct option after understanding the information and vocabulary provided in the sentences.

Identifying the main content

Asessing understanding of the main content of the passage.

※ [46~48] 다음을 읽고 중심 내용을 고르십시오.

46. (3점)

> 저는 저녁마다 운동을 하려고 했습니다. 그런데 학원이 매일 늦게 끝납니다. 그래서 매일 늦게 집에 옵니다. 빨리 시험이 끝났으면 좋겠습니다.

① 저녁에 운동하면 좋습니다.
② 운동을 하면 살을 뺄 수 있습니다.
③ 시험이 있어서 공부를 해야 합니다.
④ 시험이 빨리 끝나서 운동하면 좋겠습니다.

> **Strategy!** Understanding main content
> You should understand the overall topic of the passage. Be careful! The questions in this section are not about the details provided in the passage.

Selecting the appropriate answer

Assessing comprehension ability of a short paragraph. Two questions will be presented on one passage. For the text, part of an essay, a diary entry, or electronic correspondence (email, text message) will appear.

※ [49~50] 다음을 읽고 물음에 답하십시오. (각 2점)

> 제 휴대폰은 오래되어서 아주 느립니다. 그래서 내일 (㉠) 모델의 휴대폰을 사러 갈 겁니다. 오늘은 사진과 전화번호를 정리했습니다. 그런데 올해는 연락을 안 한 친구들 사진이 많았습니다. 그 친구들에게 오랜만에 전화하고 싶습니다.

49. ㉠에 들어갈 말로 가장 알맞은 것을 고르십시오.

① 사용한   ② 조용한
③ 새로운   ④ 가벼운

> **Strategy!** Identifying the correct word for the blank
> For this vocabulary item, you should choose a word, expression, or phrase that will naturally connect the sentence after understanding the content that comes before and after the blank.

50. 윗글의 내용과 같은 것을 고르십시오.

① 제 휴대폰은 올해 샀습니다.
② 제 휴대폰이 느려서 바꿀 겁니다.
③ 친구들하고 다시 만나고 싶습니다.
④ 어제 친구들 사진을 정리했습니다.

> **Strategy!** Finding out details
> You should compare each option to every detail of the given passage and ensure that they match.

※ [51~52] 다음을 읽고 물음에 답하십시오.

> 　고양이를 좋아하시는 분을 찾습니다. 저희 집에 고양이가 세 마리 태어났습니다. 하얀색이고 아주 귀엽고 예쁩니다. 하지만 저희 집에는 고양이가 두 마리가 있어서 고양이를 더 (　ㄱ　). 돈은 받지 않고 고양이를 드리고 싶습니다. 고양이를 기르고 싶은 분은 저에게 연락해 주십시오. 제 전화번호는 010-1234-5678입니다.

51. ㄱ에 들어갈 말로 가장 알맞은 것을 고르십시오. (3점)

① 줄 수 없습니다
② 드릴 수 없습니다
③ 찾을 수 없습니다
④ 기를 수 없습니다

Strategy! Identifying the appropriate word for the sentence
This type of question tests you on both vocabulary and grammar. You should first understand the content preceding and following the blank. Next, select the word that fits the passage naturally and check to ensure that the word is in its correct grammatical form.

52. 무엇에 대한 내용인지 맞는 것을 고르십시오. (2점)

① 고양이를 사기
② 고양이와 놀기
③ 고양이와 생활하기
④ 고양이 주인 구하기

Strategy! Understanding the theme
You should understand the theme, or what the passage is about.

※ [53~54] 다음을 읽고 물음에 답하십시오.

> 　저는 대학에서 그림을 배운 지 3년이 되었습니다. 가끔 친구와 함께 미술관에 가서 전시회를 봅니다. 그 미술관은 학교에서 (　ㄱ　) 걸어갈 수 있습니다. 그림을 본 후에 학교로 돌아와서 같은 과 사람들과 미술관에서 본 그림에 대해 이야기합니다.

53. ㄱ에 들어갈 말로 가장 알맞은 것을 고르십시오. (2점)

① 가깝고
② 가까워서
③ 가깝지만
④ 가까우면

Strategy! Understanding appropriate word for the sentence
This question tests you on both vocabulary and grammar. Unlike previous questions, the same verb is presented in different grammatical forms, so you need to know the grammatical meaning for the endings presented in each option.

54. 윗글의 내용과 같은 것을 고르십시오. (3점)

① 저는 가끔 친구와 그림을 삽니다.
② 저는 미술관에서 친구를 기다립니다.
③ 저는 친구가 그린 그림을 좋아합니다.
④ 저는 대학에서 3년 전부터 그림을 공부했습니다.

> 저는 요즘 백화점보다 가격이 싸고 물건도 많이 있는 인터넷 쇼핑을 자주 합니다. 예전에는 인터넷으로 쇼핑을 할 때 문제가 많았습니다. 물건이 사진과 달랐고 물건이 안 좋아서 오래 사용하지 못했습니다. (㉠) 요즘은 그런 일이 많지 않습니다. 물건을 자세하게 찍은 사진이 많고 품질도 예전보다 많이 좋아졌습니다. 그래서 믿고 살 수 있습니다.

55. ㉠에 들어갈 말로 가장 알맞은 것을 고르십시오. (2점)

① 그리고 　　　　　　② 그래서
③ 그러면 　　　　　　④ 그런데 ✓

> **Strategy!** Understanding connective adverbs
> You should choose the appropriate connective adverb to connect two sentences naturally after reading the sentences before and after the blank.

56. 윗글의 내용과 같은 것을 고르십시오. (3점)
① 쇼핑은 백화점에서 하는 것이 좋습니다.
② 인터넷에서 파는 물건의 수가 적습니다.
③ 인터넷으로 쇼핑을 해도 문제가 없습니다. ✓
④ 인터넷에서 파는 물건은 자주 고장이 납니다.

※ [63~64] 다음을 읽고 물음에 답하십시오.

받는 사람: kmj@han.ac.kr

보낸 사람: happy@han.ac.kr

제목: 수업 결석

교수님, 안녕하세요?
　저는 한국어학과 2학년 왕웨이입니다. 저는 중국에서 온 유학생인데, 이번 주 금요일에 중국에서 부모님이 오십니다. 아직 방학이 아니지만 부모님께서 일찍 오셔서 함께 여행을 하려고 합니다. 그래서 이번 주 금요일에는 학교에 못 갑니다. 하지만 집에서 공부를 열심히 하겠습니다.

왕웨이 올림

---

63. 왜 윗글을 썼는지 맞는 것을 고르십시오. (2점)
① 방학 계획을 바꾸려고
② 여행 일정을 취소하려고
③ 결석하는 이유를 알려 주려고 ✓
④ 집에서 공부하는 것을 허락받으려고

> **Strategy!** Understanding intent/purpose
> You should understand the reason and intent/purpose for which the author wrote this email.

64. 윗글의 내용과 같은 것을 고르십시오. (3점)

① 방학을 해서 여행을 갈 겁니다.

② 중국에 있는 대학교에 다닙니다.

③ 이 사람은 한국어학과 학생입니다.

④ 지난주 금요일에 여행을 갔습니다.

※ [69~70] 다음을 읽고 물음에 답하십시오. (각 3점)

> 저는 지난주에 한국문화센터에 갔습니다. 한국문화센터에서 여러 한국 문화에 대해서 공부할 수 있고 체험할 수 있었습니다. 그중에서 한국의 왕과 왕비가 입었던 옷을 입어 보는 체험이 있었습니다. 옷을 입고 나서 그곳에서 해 주는 화장과 머리 손질 서비스도 받았습니다. 옷을 입고 찍은 사진을 받을 수도 있었습니다. 이렇게 한국 전통 옷을 (㉠) 친구들에게도 소개할 생각입니다.

69. ㉠에 들어갈 말로 가장 알맞은 것을 고르십시오.

① 입을까 해서

② 입으려고 해서

③ 입어야 하기 때문에

④ 입을 수 있기 때문에

70. 윗글의 내용으로 알 수 있는 것을 고르십시오.

① 한국문화센터에서 많은 옷을 입을 수 있습니다.

② 한국문화센터에서 사진을 찍는 방법을 배웁니다.

③ 한국문화센터에서 한국 문화를 배울 수 있습니다.

④ 한국문화센터에서 옷을 입을 때 화장은 할 수 없습니다.

> **Strategy! Making inference**
> You should be able to guess/infer the content that is not mentioned, based on what is presented in the passage.

※ [59~60] 다음을 읽고 물음에 답하십시오.

> 우리 가족은 모두 음악을 좋아합니다. (㉠) 악기 연주도 좋아해서 아버지는 기타를 잘 치고 오빠는 바이올린을 잘 켭니다. 저는 피아노 치는 것을 좋아합니다. 어머니는 노래를 잘 부르십니다. (㉡) 우리 가족은 매달 가족 음악회를 엽니다. (㉢) 실수를 할 때도 있지만 모두들 우리 가족의 음악을 좋아합니다. (㉣) 우리는 정말 즐거운 시간을 같이 보냅니다.

59. 다음 문장이 들어갈 곳으로 가장 알맞은 것을 고르십시오. (2점)

> 친한 친구나 친척들을 초대해서 우리 가족의 연주를 들려줍니다.

① ㉠   ② ㉡   ③ ㉢   ④ ㉣

Strategy! Understanding the location of the sentence
You should select the right location for the given sentence so that it fits with the overall flow of the entire passage.

60. 윗글의 내용과 같은 것을 고르십시오. (3점)

① 우리 가족은 실수를 많이 합니다.
② 저는 노래를 잘 부르고 싶습니다.
③ 우리 가족은 악기 연주를 잘합니다.
④ 우리 가족은 한 달에 한 번 음악회를 합니다.

Selecting the option that places the statements in the right order.

Assessing your ability to place four sentences in the right order in terms of meaning.

※ [57~58] 다음을 순서에 맞게 배열한 것을 고르십시오.

58. (2점)

> (가) 그래서 사람이 많은 곳은 가지 않습니다.
> (나) 그러면 감기에 걸리지 않을 수 있습니다.
> (다) 요즘은 날씨가 덥지만 감기가 유행입니다.
> (라) 그리고 집으로 돌아왔을 때 손을 꼭 씻습니다.

① (다) – (나) – (가) – (라)
② (다) – (나) – (라) – (가)
③ (다) – (가) – (나) – (라)
④ (다) – (가) – (라) – (나)

Strategy! Understanding context
Discourse markers (그래서, 그러나, 그런데, 먼저, 마침내…) are hints. Since the first sentence is fixed, you should start from the second sentence.

정답 ANSWERS

듣기, 읽기

듣기

1. ②	2. ②	3. ③	4. ①	5. ③	6. ③	7. ①	8. ③	9. ④	10. ①
11. ①	12. ④	13. ①	14. ②	15. ②	16. ②	17. ①	18. ②	19. ④	20. ④
21. ③	22. ②	23. ③	24. ②	25. ④	26. ③	27. ②	28. ④	29. ②	30. ④

읽기

31. ②	32. ④	33. ③	34. ②	35. ②	36. ④	37. ①	38. ③	39. ②	40. ②
41. ③	42. ④	43. ③	44. ②	45. ④	46. ④	47. ③	48. ①	49. ③	50. ④
51. ④	52. ④	53. ②	54. ④	55. ④	56. ③	57. ③	58. ④	59. ③	60. ④
61. ③	62. ②	63. ③	64. ③	65. ③	66. ①	67. ④	68. ③	69. ④	70. ③

 **Explanations**

듣기 | Listening

[1~4] Listen to the following and choose the correct answer as in the example.

1.

여자 우산이 있어요?

남자 _____

W Do you have an umbrella?

M

To the question "우산이 있어요?" if your answer is in the affirmative, then you should choose "네, 우산이 있어요." or "네, 우산이 많아요." If your answer is in the negative, you should choose "아니요, 우산이 없어요." Thus, the correct answer is ②.

2.

남자 운동을 해요?

여자 _____

M Do you exercise?

W

To the question "N이에요/예요?" or "N해요?" if your answer is in the affirmative, you should choose "네, N이에요/예요" or "N을를 해요/N해요." If your answer is in the negative, you should choose "N이/가 아니에요" or "N을/를 안 해요/N하지 않아요." Thus, the correct answer is ②.

3.

남자 언제 학교에 왔어요?

여자 _____

M When did you come to school?

W

언제(when) is a question word which is used when one is asking about the time. In your answer, you should indicate the time or use the pattern "N(word denoting time)+에(particle)." Thus, the correct answer is ③.

Tip The particle 에 should be used when the preceding noun is a time or place.

4.

남자 여기에서 은행까지 어떻게 가요?

여자 _____

M How do you get to the bank from here?

W

어떻게(how) is a question word asking about a method or a way of doing something. The N in "N에서 N까지" should be a place noun. Since this question is asking about the means of transportation, you should choose your answer accordingly. In this case, the particle (으)로 behind N expresses the means of transportation. Thus, the correct answer is ①.

• N을/를 타다 **Eg.** 버스를 타다

[5~6] Listen to the following and choose what comes next as in the example.

5.

여자 만나서 정말 반가워요.

남자 _____

W I'm really glad to meet you.

M _____

You should choose an answer that corresponds to a form of greeting when meeting someone for the first time. Thus, the correct answer is ③.

Examples of greetings when meeting someone for the first time
안녕하세요? Hello? | 처음 뵙겠습니다. How do you do? (lit. I'm seeing you for the first time.) | 만나서 반갑습니다. I'm glad to meet you. | 잘 부탁드려요. I'm looking forward to working with you. (lit. I ask for your favor.)

6.

여자 내일 한국어 시험이 있어요.

남자 _____

W I have a Korean language exam tomorrow.

M

You should choose an answer that directly corresponds to the statement "I have an exam tomorrow." Thus, the correct answer is ③.

Expressions you can use to someone who has an upcoming exam
파이팅! 행운을 빌어. Fighting. Good luck! | 최선을 다해. Do your best. | 시험 잘 봐(요). Good luck on your exam. (lit. Take the exam well.)

[7~10] Where is this conversation taking place? Choose the correct answer as in the example.

7.

남자 저는 치즈 케이크가 먹고 싶어요.

여자 맛있겠네요. 저는 딸기 케이크를 먹을게요.

M I want to have cheesecake.

W That sounds delicious. I will have strawberry cake.

The appropriate place to have cake is at a bakery. Thus, the answer is ①.

Voca 서점 bookstore | 병원 hospital | 은행 bank

8.

남자 어떻게 해 드릴까요?

여자 머리를 짧게 잘라 주세요.

M How would you like your hair done?

W Please cut it short.

A place where one can get his or her hair cut is a beauty salon. Thus, the correct answer is ③.

Voca 사진관 photo studio | 운동장 playground | 백화점 department store

Expressions used in a beauty salon
머리를 자르다 to get a hair cut | 파마하다 to get one's hair permed | 염색하다 to dye one's hair | 드라이하다 to dry one's hair

9.

남자 한국어 사전은 어디에 있어요?

여자 한국 소설 오른쪽에 있습니다.

M Where can I find Korean language dictionaries?

W They're to the right of the Korean novel section.

The most appropriate place where one can find both Korean language dictionaries and Korean novels is a bookstore. Thus, the correct answer is ④.

(Voca) 학교 school │ 시장 market │ 약국 pharmacy

10.

남자 다섯 시 영화, 성인 두 장 주세요.

여자 죄송하지만 신분증을 보여 주시겠습니까?

M Two adult tickets for the 5 o'clock movie, please.

W I'm sorry but could you please show me your ID?

From words like 영화, 시간 and 장(a counting unit for ticket), one can guess that the man is buying a movie ticket, and thus deduce that this conversation is taking place in a movie theater. The correct answer is ①.

(Voca) 공항 airport │ 경찰서 police station │
여행사 travel agency

Tip Judging from the fact that the ticket seller asks for the buyer's ID, the buyer must have looked young. For adult-rated movies, only people over 19 years old can be admitted in Korea.

[11~14] What are the following about? Choose the correct answer as in the example.

11.

여자 너무 예뻐요. 어디에서 찍었어요?

남자 제주도에서 찍었어요.

W It's very pretty. Where did you take it?

M I took it at Jeju Island.

A word that goes well with the verb 찍다 is 사진(picture) Thus, the correct answer is ①.

(Voca) 날씨 weather │ 계획 plan │ 그림 drawing, painting

• 사진/영화를 찍다 to take a picture/to film a movie

12.

여자 어디에 사세요?

남자 저는 한국대학교 기숙사 312호에 살아요.

W Where do you live?

M I live in room 312 at the Han-guk University dormitory.

To the question of where he lives, the man answers that he lives in a college dorm. Thus, the correct answer is ④.

(Voca) 교통 traffic, transportation │ 고향 hometown │
계절 season

13.

남자 오늘 시험이 몇 시에 있어요?

여자 오후 한 시에 있어요. 늦지 마세요.

M What time is the exam today?

W It's at one pm. Don't be late.

"N이/가 몇 시에 있어요?(What time is N?)" is a question about time and they are talking about the exam time. Thus, the correct answer is ①.

(Voca) 요일 days of the week │ 나이 age │ 생일 birthday

14.

여자 다음 주가 생일이네요. 무엇을 받고 싶어요?

남자 저는 운동화를 받고 싶어요.

W Oh, your birthday is next week. What would you like to receive?

M I would like to receive a pair of sneakers.

The conversation is about birthday presents. So, the correct answer is ②.

(Voca) 취미 hobby │ 기분 mood/feeling │
운동 exercise, sport

• N에게 선물을 주다/받다 **초급** 여자 친구에게 선물을 주었다.

• 선물로 N을/를 주다/받다 **초급** 부모님께 선물로 노트북을 받았다.

[15~16] Listen to the following and choose the picture that matches best.

15.

남자 여기 메뉴판을 보고 주문해 주세요.

여자 네, 조금 이따가 주문할게요. 먼저 물 좀 주세요.

M Please look at this menu and order.

W Sure. I'll order in a minute. Please bring me a glass of water first.

The man is showing the woman a menu and the woman says that she will order in a minute and asks for water first. Thus, the correct answer is ②.

16.

남자 저는 이 버스를 타면 돼요. 수미 씨는요?

여자 저는 아직 버스가 안 왔어요. 먼저 가세요.

M I should take this bus. How about you, Sumi?

W My bus hasn't arrived yet. Please go first.

The two are at a bus stop. Since the man said "I should take this bus," you know that the bus that the man is going to take has arrived first and he's about to take it. Thus, the correct answer is ②.

17.

여자 민수 씨 어머니는 무슨 일을 하세요?

남자 저처럼 선생님이셨어요. 그런데 지금은 일을 쉬시고 여행하고 계세요.

여자 정말요? 민수 씨도 어머니와 같이 여행하면 정말 좋겠네요.

W What does your mother do, Minsu?

M She was a teacher like me. However, she has stopped working for now and is currently traveling.

W Really? It would be really nice if you traveled with your mother.

Judging from the man's answer that his mother was a teacher like him, you know that he is a teacher and that he teaches students. Thus, the correct answer is ①.

18.

여자 일요일에 여자 친구와 콘서트에 가요? 민수 씨가 표를 예매했어요?

남자 아니요. 여자 친구가 표를 예매했어요.

여자 정말요? 그럼, 민수 씨는 맛있는 저녁을 사야겠네요.

남자 네. 그래서 음식점을 예약했어요.

W Are you going to the concert on Sunday with your girlfriend? Have you reserved the tickets?

M No, my girlfriend did.

W Really? Then, you should buy her a tasty dinner.

M Yes, that's why I made a reservation at a restaurant.

The man is going to meet his girlfriend on Sunday, go to a concert, and have dinner with her. Thus, the correct answer is ②.

19.

여자 아르바이트 광고를 보고 왔는데요.

남자 어서 와요. 커피숍에서 커피를 만들어 본 적이 있나요?

여자 아니요. 육 개월 정도 커피숍에서 일한 경험은 있습니다.

남자 죄송하지만 커피를 만들 줄 아는 사람이 필요해요.

W I saw the advertisement for a part-time job.

M Welcome. Have you made coffee in a coffee shop before?

W Unfortunately, I haven't. but I have experience from working at a coffee shop for about six months.

M I'm sorry but we need someone who knows how to make coffee.

The woman has worked at a coffee shop before for about six months. Thus, the correct answer is ④.

● –(으)ㄴ 적이 있다/없다: Expression of experience

🔤 작년에 한국에 가 본 적이 있어요.

20.

여자 요즘 회사에 일이 너무 많아서 피곤해요. 집에 가면 아무것도 할 수가 없어요.

남자 그래요? 그럼 내일 하루만 휴가를 쓰고 집에서 쉬는 게 어때요?

여자 지난주에 쉬었는데 계속 피곤하네요. 머리도 많이 아프고요.

남자 그럼 오늘 점심시간에 잠깐 병원에 가서 진료를 받아 보세요.

W I'm very tired these days because there is so much to do at work. I can't do anything when I go home.

M Is that so? Why don't you use some vacation time and take a day off tomorrow?

W I took a day off last week, but I still feel tired. My head hurts a lot as well.

M Then, you should go to a hospital at lunchtime today and see a doctor.

The woman said that she was tired because she has a lot of work to do in her job. She also said that she still feel tired despite taking a day off last week and that she has a bad headache, so one can guess that she has a difficult job. Thus, the correct answer is ④.

21.

여자 민수 씨, 내일 여행 갈 준비는 다 했어요?

남자 회사 일이 많아서 아직 준비를 못 했어요. 고기랑 일회용 접시, 컵, 숟가락, 젓가락을 사야 하는데 하나도 못 샀어요.

여자 저희 집에 일회용품은 다 있으니까 제가 가지고 갈게요. 고기만 사 가지고 오세요.

남자 정말요? 진짜 고마워요. 내일 출발하기 전에 사야겠어요.

W Minsu, are you ready for your trip tomorrow?

M I have a lot to do at work so I'm not ready yet. I have to buy meat, disposable plates, cups, spoons, and chopsticks but haven't been able to buy anything.

W I have all those disposable things at home so I'll bring them. Just bring the meat.

M Really? I owe you big time. I'll have to buy that before I leave tomorrow.

The man said he would have to buy disposable plates, cups, spoons, and chopsticks but the woman replied that she had all those items at home and that she'd bring them. Thus, the correct answer is ③.

22.

여자 민수 씨는 어디에서 물건을 많이 사요?

남자 저는 주로 마트에 가서 사요. 마트가 집에서 가깝고 물건이 많은 것 같아요.

여자 하지만 시장에 가면 더 다양한 물건을 싸게 살 수 있어서 좋아요. 민수 씨도 시장을 가 보는 게 어때요?

남자 그래요? 그럼 다음에 갈 때 같이 가요.

W Where do you usually shop?

M I normally go to a mart. It's close to my home and there are a lot of goods.

W But if you go to a market, you can buy various things cheaply. Why don't you try going to a market, Minsu?

M Really? Then, I'll come with you next time.

Since the woman says that one can buy a variety of things cheaply at a market and suggests to the man that he should go too, we can guess that she thinks shopping at a market is good. Thus, the correct answer is ②.

23.

여자 어제 텔레비전에 나온 모델 이수미 봤어요?

남자 아, 나도 봤어요. 요즘 그 모델이 정말 유명한가 봐요. 그 사람 헤어스타일도 유행인 것 같고요.

여자 맞아요. 저도 요즘 날씨가 더워서 이수미처럼 머리를 짧게 자르고 파마하고 싶어요. 저한테 그 스타일이 어울릴까요?

남자 네, 잘 어울릴 것 같은데요.

W Did you see the model Lee Sumi on TV yesterday?

M Oh, yes, I saw her. It seems like that model is very famous. Her hairstyle also seems to be in fashion.

W That's right. I want to cut my hair short and get it permed like Lee Sumi since the weather is hot. Do you think I would look good with that hairstyle?

M Yes, I think so.

The woman is saying that she wants to cut her hair short and get it permed like Lee Sumi's hairstyle, which is in fashion. Thus, the correct answer is ③.

24.

여자 컴퓨터가 또 고장이 났어요.

남자 그래요? 한 달에 한 번은 고장이 나는 것 같아요. 제가 이따가 서비스 센터에 전화해 볼게요.

여자 컴퓨터가 고장 날 때마다 돈이 드니까 아까워요. 그냥 하나 새로 사는 게 좋겠어요.

남자 하지만 컴퓨터를 산 지 일 년밖에 안 됐잖아요. 그냥 고쳐서 써요.

W My computer is broken again.

M Is that so? It seems like it breaks down once a month. I'll call the service center later.

W What a waste! It costs money whenever it breaks down. It would be better to buy a new one.

M But it's only been a year since we bought it. Let's just fix it and keep using it.

The woman suggests that they buy a new computer because it costs money every time it breaks. Thus, the correct answer is ②.

[25~26] Listen to the following and answer the questions.

여자 학생 여러분께 알려 드립니다. 이번 졸업식 때 선배들의 옷을 신입생들에게 싸게 팔려고 합니다. 옷을 판 돈으로 불우한 이웃을 도와줄 겁니다. 그런데 아직 옷이 많이 안 모여서 행사를 할 수가 없습니다. 안 입는 교복이 있는 학생이나 이번에 졸업해서 교복이 더 이상 필요 없는 학생들은 신입생들을 위해 교무실에 옷을 보내 주시길 바랍니다. 감사합니다.

W This is an announcement for students. We are going to sell upperclassmen's clothes cheaply to freshmen at this year's commencement. We will help our neighbors in need with the proceeds of the sales. However, we can't plan the event because we still have not collected enough clothes. Those students who have school uniforms that they don't need or no longer wear because they're graduating are encouraged to send them to the teachers' office for freshmen. Thank you.

25. The woman is asking students to collect school uniforms to sell to freshmen at graduation. Thus, the correct answer is ④.

Voca 모으다 to collect | 불우한 이웃 disadvantaged neighbors | 계획 plan | 초대 invitation

26. They are going to sell the upperclassmen's clothes to the freshmen cheaply at commencement. Thus, the new students can buy their upperclassmen's clothes cheaply. Thus, the correct answer is ③.

[27~28] Listen to the following and answer the questions.

남자 요즘 주말에 뭐 해요? 월요일마다 피곤해하는 것 같아요.

여자 아, 일요일마다 친구들과 모여서 밤늦게까지 악기를 연주해요.

남자 악기요? 무슨 악기를 연주해요?

여자 기타요. 1년 전에 배우기 시작했는데 너무 재미있어요. 나중에 친구들하고 연주회도 하려고요.

남자 와, 저도 어렸을 때 기타를 좀 배웠지만 지금은 칠 줄 몰라요.

여자 저도 기타 말고 다른 악기는 연주할 줄 몰라요. 다음 주말에 저희 모임에 와서 구경할래요? 재미있을 것 같으면 같이 연주해요.

M What do you do during the weekend these days? You look tired every Monday.

W Well, I play a musical instrument until late at night with my friends every Sunday.

M A musical instrument? What instruments do you play?

W Guitar. I started learning it a year ago and it's so fun. I'm planning on hosting a concert with my friends in the future.

M Wow. I learned guitar for a bit when I was young but I don't know how to play.

W I don't know how to play other instruments except guitar either. Why don't you come to our gathering next weekend? You can play with us if you think that it will be fun.

27. When the man asks the woman what she does during the weekend, she answers that she plays the guitar with her friends every Sunday. Thus, the correct answer is ②.

28. Based on the woman's statement that she started learning guitar a year ago, you know that she has played for a year. Thus, the correct answer is ④.

[29~30] Listen to the following and answer the questions.

여자 안녕하세요? 지난주에 주문한 옷이 아직 안 와서 전화 드렸습니다.

남자 아⋯⋯. 손님, 정말 죄송합니다. 주문하신 옷이 다 팔려서 새로 만들고 있어요. 그래서 옷을 아직 못 보내 드렸습니다.

여자 그래요? 그럼 언제 옷을 보내 주실 수 있어요?

남자 다음 주 월요일쯤 보내 드릴 수 있을 것 같아요.

여자 옷을 주문한 지 일주일이 지났는데 또 일주일을 기다려야 해요?

남자 네. 손님, 죄송합니다. 환불을 원하시면 환불해 드리겠습니다.

- -

W Hello. I'm calling because the clothes that I ordered last week haven't arrived yet.

M Oh, we're really sorry, sir. The clothes you ordered were all sold out so we're in the process of manufacturing new ones. That's why we couldn't send them to you.

W Is that so? When do you think you can send them?

M It looks like we'll be able to send them around next Monday.

W One week has passed since I placed my order, and I have to wait another week?

M Yes, sir. We're very sorry. We can give you a refund if you want.

29. The woman called the man because the clothes she ordered last week haven arrived yet. Thus, the correct answer is ②.

30. Based on the man's statement that, you know that she can get a refund, and that she has been waiting for the clothes for a week. Thus, the correct answer is ④.

읽기 Reading

[31~33] What are the following about? Choose the correct answer as in the example.

31.
I'm 23 years old. My younger sibling is 20 years old.

When talking about age, the number is followed by the word 살. "23 years old" and "20 years old" are read as 스물 세 살 and 스무 살 respectively. Thus, the correct answer is ②.

(Voca) 사진 picture │ 시간 time │ 부모 parents

32.
This is our class teacher. He is a man.

Through the character descriptions of "class teacher" and "man," one can see that the option 사람(person) is correct. Thus, the answer is ④.

(Voca) 얼굴 face │ 방학 vacation │ 동생 younger sibling

33.
I give a present to my friend. I also sing a congratulatory song.

The acts of giving a present to a friend and singing a congratulatory song can be explained by the context of a commemorative day, thus the option 생일(birthday) is appropriate here. Thus, the correct answer is ③.

(Voca) 교실 classroom │ 기차 train │ 고향 hometown

[34~39] Choose the most appropriate word for the blank as in the example.

34.
I go to the library. I borrow a book.

This is a question looking for the particle that connects the verb 빌리다(to borrow) and the object noun 책(book). You should use the expression "N을/를 빌리다," so the correct answer is ②.

- 에: A particle that indicates the preceding word (of 에) being a certain place or position.
- 이/가: A particle that indicates the object of a certain condition, situation, the agent of an action.
- 의: A particle that indicates the type of relationship between the preceding word and the following word, such as possession, belonging, whereabouts, relation, origins and agents.

35.
I miss my parents, so I write a letter to them.

편지(letter) is used with the verb 쓰다(to write), so the correct answer is ②.

(Voca) 사다 to buy │ 보다 to see │ 놀다 to play

36.
I go to the bookstore. I buy (   ).

Since s/he says that s/he goes to the bookstore, it would be most appropriate to buy a 책(book). Thus, the correct answer is ④.

(Voca) 빵 bread │ 집 house │ 옷 clothing

37.
It's spring. The weather is (   ).

You should choose an expression that goes well with the weather. Since there is a clue 봄(spring) in the beginning sentence, 따뜻하다(to be warm) would be most appropriate. Thus, the correct answer is ①.

(Voca) 깨끗하다 to be clean │ 어렵다 to be difficult │ 비슷하다 to be similar

38.

> There are three people in (   ) in my family. My father, my mother, and me.

모두(All) would be appropriate as the correct answer because each family member is introduced one by one in the second sentence. Thus, the correct answer is ③.

Voca 서로 each other │ 보통 normally │ 일찍 early

39.

> I exercised hard, so I would like to (   ).

Because one gets sweaty when s/he exercises hard, 샤워하다(to take a shower), meaning 씻다(to wash), would be the most appropriate option. Thus, the correct answer is ②.

Voca 숙제 homework │ 일어나다 to get up │ 전화하다 to call someone on the phone

[40~42] Read the following and choose the statement that doesn't agree.

40.

> **Movie Invitation**
>
> Title: Last Year, Seoul
> Date: 2024. 4. 8. (Mon) 20:00 – 22:10
> **Number of people:** 2
> **Location:** Jongno Hanguk Cinema

The movie runs from 8:00 pm to 10:10 pm, so it ends at 10:10 pm. Thus, the correct answer is ②.

41.

> **Guitar club "Guitarang"**
>
> Hello, freshmen!
> Our club is a gathering of people who play the guitar.
> Can't play the guitar? No problem! We can teach you.
> Please join our club!

This is an introduction of a club for guitar players. It says that they will teach freshmen who can't play the guitar. Thus, the correct answer is ③.

42.

> **Bus Schedule for Chuncheon Trip**
>
> **Departure:** in front of Exit 1 of Dongdaemun Station, at 7 and 9 pm.
> **Arrival:** in front of Chuncheon Station, at 9 and 11 pm.
> **Adult:** 20,000 won, **Children:** 10,000 won

It is the bus schedule for Chuncheon. There is no information about the train. Thus, the correct answer is ④.

[43~45] Read the following and choose the statement that matches.

43.

> I'm going to take a Korean test at school today. I studied very hard in the library yesterday, so I'm going to do well on the test.

Judging from the narrator's statement that s/he will take a Korean language test and that s/he studied hard yesterday, you know that the subject that s/he studied yesterday was Korean. Thus, the correct answer is ③.

44.

> I like the restaurant in front of the bank. The food is cheap and the restaurant is very clean. Thus, I will go to that restaurant again with my friend today.

In the first sentence, the narrator said that s/he liked the restaurant in front of the bank. Thus, the correct answer is ②.

45.

> I learned to play tennis last winter. However, I can't play any sports now because I injured my leg. I would like to play tennis again beginning this summer.

In the last sentence, the narrator said that s/he would like to play tennis again beginning in the summer. Thus, the correct answer is ④.

[46~48] Read the following and choose the main content.

46.

> I planned on exercising every night, but my private academy class ends late so I come home late every day. I wish that exams would be over soon.

Through the narrator's statement "시험이 빨리 끝났으면 좋겠다," you know that s/he comes home late because of test preparation. One can guess that the narrator will come home early and exercise when exams are over. Thus, the correct answer is ④.

47.

> I have a lot to do at home. I clean the house in the morning and prepare a meal in the afternoon. I have no time to rest so it's hard.

The narrator says that it's hard on her because s/he cleans the house in the morning and prepares a meal in the afternoon. Thus, the correct answer is ③.

48.

> Soccer is really fun. I play soccer with my friends after school. When there is a soccer game, I always go to the soccer field and watch the game.

One can infer the correct answer based on the statement that the narrator always goes to the soccer field with her/his friends in order to watch the game. Thus, the correct answer is ①.

My cell phone is very slow because it is old, so I am going to go buy a (   ) model cell phone tomorrow. Today I organized my photos and phone numbers. By the way, (I noticed) there were a lot of photos of friends I lost contact with this year. I would like to call these friends and talk with them after a long time.

49. **Question type** Selecting the right word within the context (adjective)

In the first sentence, the narrator says that her/his cell phone is old and slow, so one can infer that s/he will buy a 새로운(new) cell phone that is the opposite of 오래된(old). Thus, the correct answer is ③.

Voca 사용하다 to use | 조용하다 to be quiet | 가볍다 to be light

50. **Question type** Understanding details (accordance)

Since there is a statement that the narrator's cell phone is old and so slow, the correct answer is something about this statement. Thus, ④ is the correct answer.

[51~52] Read the following and answer the questions.

I am looking for someone who likes cats. Three cats were born in my house. They are white and very cute. However, we already have two cats in our house and so we (㉠) more cats. I would like to give the cats away free of charge. Please contact me if you would like to raise a cat. My phone number is 010-1234-5678.

51. **Question type** Selecting the right expression within the context

In the second line, it says "고양이 두 마리가 있어서(have two cats)." After the blank, it says "돈은 받지 않고 고양이를 드리고 싶습니다.(I would like to give the cats away free of charge.)" So, the correct answer is ④.

Voca 주다 to give | 드리다 to give (honorifics) | 찾다 to search/look for

52. **Question type** Understanding the subject of the text

Judging from the statement that the narrator asked those who would like to raise cats to contact her/him, you know that this is about looking for an owner for the cats. Thus, the correct answer is ④.

[53~54] Read the following and answer the questions.

It's been three years since I started learning drawing/painting at college. Every once in a while I go to a gallery with my friends and see exhibitions. This gallery is (㉠) to school so I can walk there. After seeing the drawings/paintings, I return to school and talk about what I saw in the gallery with the people in my department.

53. **Question type** Selecting the right expression within the context

-아/어서 is used when denoting a reason. The blank should be filled with a word to mean that one can walk

because the school and the gallery are close. Thus, the correct answer is ②.

54. **Question type** Understanding details (accordance)

Since the narrator said that it's been three years since s/he started learning painting at college, you should choose the statement that says that s/he studied painting from three years ago. Thus, the correct answer is ④.

[55~56] Read the following and answer the questions.

I frequently shop on the Internet these days because the prices are cheaper than at department stores and there are lots of products. In the past, there were many issues with Internet shopping. The products and the pictures didn't match, and the products were of bad quality so they didn't last. (㉠) these issues don't occur often nowadays. There are more pictures that show details, and the quality has improved significantly as compared to before. So, I can trust and buy goods (on the Internet).

55. **Question type** Selecting the right expression within the context (conjunction)

그런데 is used when one wants to change the direction of the conversation. Thus, the correct answer is ④.

● 그리고: A connective adverb used when simply stating the content that follows while linking the preceding content.

● 그래서: A connective adverb that is used when the preceding content becomes a cause/reason, basis, or condition of the content that follows.

● 그러면: A connective adverb that is used when the preceding content becomes a condition of the following content.

56. **Question type** Understanding details (accordance)

There were many problems in the past with Internet shopping that no longer exist. Thus, the correct answer is ③.

[57~58] Choose the correct order of the statements from among the following.

57.
(가) The bus numbers are 5200 and 160.
(나) I'm going to go to my friend's house on Sunday.
(다) When I go to my friend's house, I have to take two buses.
(라) First I take bus #5200 for about 40 minutes and then switch to bus #160.

Question type Arranging the sentences in right order

This example is about riding a bus to go to a friend's house. It would make sense to first mention how many times one has to transfer, then to give the bus numbers, and finally, the order of the buses. Thus, the correct answer is ③.

58.

(가) So, I don't go to crowded places.

(나) Then, you can avoid a cold.

(다) These days the weather is hot, but the flu is going around.

(라) And when I come home, I always wash my hands.

Question type Arranging the sentence in right order

Discourse markers such as 그래서 or 그리고 can be your hint. It would make sense to arrange the sentences in such an order that first, although the weather is hot, the flu is going around so one should not go to places where there are a lot of people, and when one goes home, one should wash her/his hands to avoid catching a cold. Thus, the correct answer is ④.

[59~60] Read the following and answer the questions.

Everyone in my family likes music. (㉠) They like playing musical instruments: my father plays the guitar well and my brother plays the violin well. I like playing the piano. My mother sings well. (㉡) Our family holds a monthly family concert. (㉢) There are times when we make mistakes, but everyone likes our family's music. (㉣) We have a really good time together.

59. Question type Placing the sentence in the right place

We invite close friends or relatives and let them listen our family's playing.

It would be natural to put "inviting close friends or relatives" after the sentence saying that they hold a monthly family concert. Thus, the correct answer is ③.

60. Question type Understanding details (accordance)

This family holds a family concert every month. 매달 means "once a month." Since it says "실수를 할 때도 있지만(there are times when we make mistakes)," ③ cannot be the correct answer. Thus, the correct answer is ④.

[61~62] Read the following and answer the questions.

I borrowed a Chinese travel book from the library yesterday. I saw many famous tourist attractions in that book. Since there are lots of pictures, I really like the book. After reading the book, I will travel to China. However, I have an important test next week, so I'll study hard for the test first. I will read the book (㉠) the test is over.

61. Question type Selecting the right expression within the context

The narrator is saying that s/he borrowed a Chinese travel book because s/he would like to travel to China. However, judging from her/his statement that s/he would "first(먼저)" study hard for an important exam scheduled next week, it would be most appropriate to

choose "끝난 후에(after ⋯ is over)." Thus, the correct answer is ③.

62. Question type Understanding details (accordance)

The narrator said that s/he liked the Chinese travel book that s/he borrowed from the library. 마음에 들다 means 좋다(to like). Thus, the correct answer is ②.

[63~64] Read the following and answer the questions.

Recipient: kmj@han.ac.kr

Sender: happy@han.ac.kr

Subject: Absence of a class

Dear Professor,

My name is Wang Wei and I am a sophomore in the Korean Language Department. I'm an international student from China, and my parents are visiting me from China this Friday. It's not school vacation yet but since my parents are coming early, I'm going to travel with them. So, I can't go to school this Friday. However, I'll study hard at home.

Wang Wei

63. Question type Understanding the purpose

Wang Wei is not likely to go to school due to a trip with her/his parents. Thus, the correct answer is ③.

64. Question type Understanding details (accordance)

S/he introduced herself/himself as a sophomore in the Korean Language department. Thus, the correct answer is ③.

[65~66] Read the following and answer the questions.

I've been raising a puppy from when I was in college and I have enjoyed it a lot. However, it's not that I lived with the puppy from the beginning. I originally disliked animals so I used to live alone. However, when I saw a puppy scavenging for food alone on the street, my heart ached. So, I brought the puppy home and gave it food and cleaned it. From that time on, (㉠).

65. Question type Selecting the right expression within the context

–게 되다 denotes change. The narrator who initially disliked animals has come to like them. Thus, the correct answer is ③.

66. Question type Understanding details (accordance)

The narrator is saying that s/he "원래 동물을 싫어해서 혼자 살았던 사람(originally disliked animals so s/he lived alone)." Thus, the correct answer is ①.

[67~68] Read the following and answer the questions.

How many people are able to make study plans and keep them? Many people (㉠) but it's hard to keep them all. The reason is because one sets goals that are too high. If someone who doesn't study even one hour per day suddenly increases her/his study time to two to three hours a day, s/he may succeed the first day but end up giving up after three days. Therefore, if one tries not to change the plan abruptly but makes gradual changes like increasing the study time by 10 minutes each time, then her/his study plan will be successful.

67. **Question type** Selecting the right expression

The expressions "계획을 만들다(to make a plan)" and "계획을 지키다(to stick to the plan)" appeared in the sentences before and after the blank. Since it says sticking to a plan is hard in the sentence that has blank, one should be making plans and sticking to them. If one looks for a similar expression, s/he can find the answer. 계획(plan) is usually used with verbs like 하다(to do), 세우다(to set up), and 짜다(to weave). Thus, the correct answer is ④.

68. **Question type** Understanding details (accordance)

One should choose the answer that says that if one sets goals that are too high then s/he gives them up easily. Thus, the correct answer is ③.

[69~70] Read the following and answer the questions.

I went to the Korean Culture Center last week. I was able to study and experience Korean culture there. Among the experience, I got to try on the clothing of Korean kings and queens. After putting on the clothes, I also received makeup and hairdo service there. I was also able to receive pictures taken while wearing those costumes. (㉠) I can try on Korean traditional dress like this, I'm thinking of introducing it to my friends.

69. **Question type** Selecting the right expression within the context

−기 때문에 is used when expressing reasons. Since one can try on a traditional dress, it would be appropriate to introduce it to one's friends. Thus, the correct answer is ④.

70. **Question type** Understanding details (accordance)

One can study and experience Korean culture in the Korean Culture Center. Thus, the correct answer is ③.

TOPIK MASTER 3rd Edition

FINAL 실전 모의고사 2회
The 2nd Final Actual Test

정답 ANSWERS

듣기, 읽기

듣기

1. ③	2. ④	3. ④	4. ③	5. ④	6. ③	7. ②	8. ①	9. ④	10. ②
11. ④	12. ②	13. ①	14. ④	15. ③	16. ③	17. ③	18. ②	19. ③	20. ①
21. ③	22. ④	23. ③	24. ③	25. ④	26. ③	27. ②	28. ④	29. ③	30. ④

읽기

31. ①	32. ②	33. ④	34. ③	35. ①	36. ②	37. ③	38. ①	39. ④	40. ①
41. ②	42. ②	43. ④	44. ④	45. ④	46. ①	47. ②	48. ①	49. ②	50. ④
51. ②	52. ③	53. ④	54. ②	55. ①	56. ③	57. ④	58. ③	59. ②	60. ③
61. ②	62. ④	63. ③	64. ③	65. ④	66. ②	67. ③	68. ④	69. ①	70. ④

듣기 | Listening

[1~4] Listen to the following and choose the correct answer as in the example.

1.
여자 이 사람이 동생이에요?

남자 _____

W Is this (person) your younger sibling?

M _____

When one asks a question using "N이에요/예요?", if the answer is positive, you should answer with "네, N이에요/예요." If the answer is negative, then you should answer with "아니요, N이/가 아니에요." Thus, the correct answer is ③.

2.
남자 영화가 재미있어요?

여자 _____

M Is the movie interesting?

W _____

To the question "영화가 재미있어요?", if it is interesting, then you should choose "네, N이/가 재미있어요." if it is not interesting, then you should answer "아니요, N이/가 재미없어요." Thus, the correct answer is ④.

3.
남자 어디에서 만날 거예요?

여자 _____

M Where will you meet?

W _____

You should choose the option that answers the question asking for a meeting location. Thus, the correct answer is ④.

Tip The particle 에서 is used with a place noun.

4.
남자 수영을 얼마 동안 배웠어요?

여자 _____

M How long have you been learning swimming?

W _____

This is a question of asking for the duration of swimming education. Thus, the correct answer is ③.

Tip The noun 동안 indicates the length of time, from one point of time to another. **Eg** 얼마 동안, 며칠 동안

[5~6] Listen to the following and choose what comes next as in the example.

5.
여자 안녕히 계세요.

남자 _____

W Good-bye. (lit. stay in peace)

M _____

One should choose the appropriate greeting that is used to someone who is departing. Thus, the correct answer is ④.

Expressions used when separating

안녕히 가세요. Good-bye.(to someone leaving) | 조심히 가세요. Good-bye. (lit. Go carefully) (to someone leaving) | 또 뵐게요. I'll see you again. | 다음에 또 만나요. Let's meet again . | 내가 연락할게. I'll be in touch. | 다음에 또 보자. See you next time. | 다음에 또 놀러 오세요. Please come visit again. | 방문해 주셔서 감사합니다. Thanks for visiting.

6.
여자 저 방학 때 고향에 가요.

남자 _____

W I'm going to my hometown during the school vacation.

M _____

It would be most natural to respond directly to the woman's statement that she is going to her hometown. Similar expressions are "좋겠다(I envy you), 조심해서 갔다 와(요)/조심히 다녀오세요(Come back safely), 고향에서 즐거운 시간 보내요(Have a good time in your hometown)." Thus, the correct answer is ③.

[7~10] Where is this conversation taking place? Choose the correct answer as in the example.

7.
남자 어디가 아프신가요?

여자 어제부터 목이 아프고 열이 나요.

M Where does it hurt?

W I have had a fever and a sore throat since yesterday.

Judging from the man's question of asking where it hurts, one can guess that he is a doctor and judging from the woman's answer that her throat hurts and she has a fever, one can guess that she is a patient. Thus, the correct answer is ②.

(Voca) 학교 school | 호텔 hotel | 회사 company

8.
남자 아주머니, 감자하고 당근 좀 주세요.

여자 네. 얼마나 드릴까요?

M Ma'am, please give me some potatoes and carrots.

W Okay. How much of each do you want? (lit. should I give you?)

Based on the fact that the man is buying potatoes and carrots, one can infer that it is a dialogue taking place at a market. Thus, the correct answer is ①.

(Voca) 교실 classroom | 은행 bank | 서점 bookstore

Expressions used at the market

이건 얼마예요? How much is this? | 조금만 더 주세요.
Please give me a little more. | 덤으로 주세요. Please give
me extra. | 깎아 주세요. Please give me a discount. (lit.
Please cut the price.)

9.

남자 김치찌개가 많이 맵나요?

여자 아니요. 저희 집 음식은 맵지 않아서 외국 분들도 많이
먹습니다.

M Is *Kimchi-jjigae* very spicy?

W No, the food in our restaurant is not spicy so
many foreigners eat it.

Based on the man asking if kimchi stew is very spicy
and the woman answering that foreigners eat it, one
can guess that it is a conversation taking place in a
restaurant. Thus, the correct answer is ④.

(Voca) 극장 cinema | 회사 company | 빵집 bakery

10.

남자 제 가방이 아직도 나오지 않았어요.

여자 그렇습니까? 표를 좀 확인해 보겠습니다.

M My bag hasn't come out yet.

W Is that so? Let me see your (baggage) ticket.

The man told the woman that his bag hasn't come out
yet. Judging from the woman checking the baggage
ticket, one can guess that this conversation is taking
place at an airport. One might think that ④ could be the
correct answer because of the word 표, but from the
man's statement that his bag seems to be missing, one
can tell that the conversation is not taking place at a
cinema. Thus, the correct answer is ②.

(Voca) 학교 school | 백화점 department store |
영화관 cinema

[11~14] What are the following about? Choose the correct
answer as in the example.

11.

여자 축하해요. 여기 선물이에요.

남자 고마워요! 오늘 너무 행복해요.

W Congratulations! Here is a gift.

M Thank you! I'm so happy today.

Based on the woman congratulating him while giving a
present, one can infer that it is the man's birthday. Thus,
the correct answer is ④.

(Voca) 여행 travel | 계획 plan | 방학 vacation

12.

여자 바지가 정말 멋지네요.

남자 고마워요. 지난주에 백화점에서 샀어요.

W Your pants are really cool.

M Thank you. I bought them at a department store
last week.

The two are talking about pants that the man bought at
a department store. Thus, the correct answer is ②.

(Voca) 값 price | 맛 taste | 집 house

13.

남자 저는 주말에 보통 등산을 해요. 영희 씨는요?

여자 저는 시간이 있을 때 수영을 해요.

M I usually go hiking during the weekend. How
about you, Yeong-hui?

W I swim when I have time.

The two are talking about what they do during the
weekends. It is a question as to what they usually do
in their free time; or in other words, what their hobbies
are. Thus, the correct answer is ①.

(Voca) 사진 picture | 휴일 holiday | 계절 season

14.

여자 저희 어머니는 마흔셋이세요.

남자 저희 어머니와 같으시네요.

W My mother is forty-three.

M That's the same as my mother.

The two are saying that their mothers are forty-three, so
one can infer that they are talking about age. Thus, the
correct answer is ④.

(Voca) 시간 time | 달력 calendar | 음식 food

[15~16] Listen to the following and choose the picture that
matches best.

15.

남자 이 책을 읽어 봤어요? 정말 재미있어요.

여자 그래요? 그럼 이 책을 사야겠네요.

M Have you read this book? It is very interesting.

W Is that so? Then, I should buy this book.

The man is recommending a book to the woman. Since
the woman said that she would listen to the man and
buy the book, you know that this conversation is taking
place at a bookstore, where one can buy books. And
the man is extending a book to the woman in picture ③,
that is the correct answer.

16.

남자 이 볼펜을 사고 싶은데 돈이 부족해요.

여자 제가 돈을 빌려줄게요. 여기 있어요.

M I would like to buy this ballpoint pen but I'm
short of money.

W I will lend you money. Here you go.

The man is saying that he would like to buy a ballpoint
pen but he is short of money while showing it to the
woman, and the woman is saying that she would lend
him the money while handing it over to the man. Thus,
the correct answer is ③.

17.

여자 선생님이 사무실에 안 계시는데 어디에 계신지 아세요?

남자 아까 커피숍에서 선생님을 본 것 같아요.

여자 정말요? 고마워요. 커피숍에 가 볼게요.

W (Our) teacher is not in her/his office. Do you know where s/he is?

M I think I saw her/him at the coffee shop earlier.

W Really? Thanks. I'll go to the coffee shop.

Based on the woman's statement that the teacher was not in her/his office, you know that the woman already went to the teacher's office. Thus, the correct answer is ③.

18.

여자 다음 주 금요일에서 토요일까지 회사 사람들하고 같이 춘천으로 여행을 가는데 어떻게 가는 게 좋을까요?

남자 토요일에는 길이 막히니까 차보다 기차를 타고 가는 게 좋을 거예요.

여자 그게 좋겠네요. 기차는 어디에서 타면 돼요?

남자 저도 잘 모르겠어요. 인터넷으로 찾아보세요.

W I'm going on a trip to Chuncheon with my colleagues from next Friday to Saturday. What would be the best way to go there?

M It would be better to go by train because the traffic is congested on Saturdays.

W That would be good. Where should I take the train?

M I'm not sure. Please check on the Internet.

Based on the woman's statement that she will go on a trip from Friday to Saturday next week, you know the duration of her trip is a one night and two days. Thus, the correct answer is ②.

19.

여자 저 다음 달에 영어를 배우러 미국에 가기로 했어요.

남자 미국이요? 얼마 동안 미국에 있을 거예요?

여자 먼저 일 년 정도 영어를 공부한 후에 대학교에 입학하려고 해요.

남자 정말요? 그럼 수미 씨가 미국에 있을 때 저도 미국에 놀러 가야겠어요.

W I've decided to go to America next month in order to lean English.

M America? For how long will you be there?

W I intend to enter a college after studying English for a year or so first.

M Really? Then, I should visit America while you are there.

Based on the woman's statement that she has decided to go to America to learn English, we know that she will learn English. Thus, the correct answer is ③.

20.

여자 요즘 피자를 자주 먹는데 너무 비싼 것 같아요.

남자 맞아요. 그래서 저는 피자를 집에서 간단하게 만들어 먹어요.

여자 그래요? 만드는 방법 좀 알려 주세요. 어려울 것 같은데요.

남자 피자 만드는 거 별로 안 어려워요. 요리법을 적어 줄게요.

W I eat pizza often these days, but I feel that it's too expensive.

M You're right. That's why I make pizza myself at home.

W Is that so? Please tell me how you make it. It seems difficult.

M Making pizza is not particularly difficult. I'll write down the recipe for you.

Judging from the man's statement that he makes pizza easily at home, you know that he can make pizza. Thus, the correct answer is ①.

21.

여자 민수 씨, 무슨 걱정 있어요? 얼굴이 안 좋아 보여요.

남자 오늘이 여자 친구 생일인데 갑자기 회의가 생겼어요. 그래서 약속 시간에 많이 늦을 것 같아요.

여자 그럼 여자 친구에게 미리 연락해 보세요.

남자 연락했어요. 그런데 예매한 콘서트를 못 보게 돼서 여자 친구 기분이 안 좋아요.

W Minsu, is anything bothering you? You don't look good.

M Today is my girlfriend's birthday but an urgent meeting came up. So, I might be very late for my date (lit. appointed time) with her.

W Why don't you contact your girlfriend in advance?

M I did. But she's not in a good mood because she can't see the concert that we reserved tickets for.

Since the man said that he was going to be late for his date with his girlfriend on her birthday, we know that he will meet his girlfriend today. Thus, the correct answer is ③.

22.

남자 저 어제 운전면허 시험에 합격했어요. 그래서 새 차를 사려고 해요.

여자 정말 축하해요. 그런데 처음 운전하면 사고가 잘 나니까 먼저 아버지 차로 연습한 후에 차를 사는 게 어때요?

남자 하지만 아버지는 매일 출근하실 때 차를 가지고 가세요. 그래서 그냥 제 차를 사는 게 좋을 것 같아요.

여자 그럼 새 차를 사지 말고 다른 사람이 쓰다가 파는 차를 사세요.

M I passed my driver's license test yesterday, so I'm going to buy a new car.

W My heartfelt congratulations. However, you're more likely to get involved in an accident when you drive for the first time, so how about buying your own car after practicing with your father's car first?

M But my father drives to work every day, so I might as well buy my own car.

W Then, don't buy a new car. Buy a second-hand car.

Judging from the woman's suggestion that the man should buy a second-hand car instead of new one, because when driving for the first time (being inexperienced), he is more likely to have an accident, we know that the woman doesn't think that it is a good idea to buy a new car when one has just started driving. Thus, the correct answer is ④.

23.
남자 날씨가 어제보다 더 더워진 것 같아요.

여자 그러게요. 그런데 민수 씨 감기는 좀 어때요?

남자 이제 괜찮아요. 날씨가 더우니까 우리 시원한 커피를 마시러 가는 거 어때요? 아이스크림도 좋고요.

여자 그런데 민수 씨, 몸을 생각해서 따뜻한 차를 마시는 게 나을 것 같아요.

M It seems like today is hotter than yesterday.

W That seems to be the case. By the way, how's your cold, Minsu?

M I'm okay now. The weather is hot, so how about going for some cold coffee? Ice cream would be good as well.

W Well, Minsu, I think that it would be better to drink warm tea for your health.

Judging from the woman's suggestion that they drink warm tea for the sake of Minsu's health since he recently had a cold, the correct answer is ③.

24.
남자 저는 요즘 매일 매운 떡볶이를 먹고 있어요. 정말 맛있는 것 같아요.

여자 그래요? 하지만 매운 음식을 너무 자주 먹으면 건강에 좋지 않아요. 적당히 먹는 게 좋아요.

남자 하지만 요즘 스트레스 때문에 매운 음식을 자주 먹게 돼요.

여자 그래도 건강을 생각해서 스트레스가 정말 많이 쌓였을 때만 가끔씩 드세요.

M I eat spicy *tteokbokki* every day these days. I think it's really delicious.

W Is that so? But it's not good for your health if you eat spicy food too often. You should eat it in moderation.

M I know but I have a craving for spicy food these days because of stress.

W Nonetheless, you should put your health first and have it every once in a while when you're really stressed out.

Judging from the woman's statement that eating spicy food too often wouldn't be good for one's health, the correct answer is ③.

[25~26] Listen to the following and answer the questions.

여자 안녕하십니까? 손님 여러분. 오늘도 저희 백화점을 찾아 주셔서 감사합니다. 저희 백화점은 오전 10시에 문을 열어 저녁 8시에 문을 닫습니다. 하지만 오늘부터 일주일 동안은 여름 세일이기 때문에 두 시간 늦게 문을 닫습니다. 그리고 이 주일 동안 백화점 5층 식당을 청소하기 때문에 음식점은 이용하실 수 없습니다. 불편을 드려서 죄송합니다. 즐거운 쇼핑되십시오.

W Good morning/afternoon/evening, customers. Thank you for visiting our department store today. Our department store opens at 10 in the morning and closes at 8 in the evening. However, for a week beginning today, we will close two hours later because we are holding our summer sale. Also, the restaurant on the fifth floor will be closed for two weeks for cleaning. We are sorry for any inconvenience caused. Please enjoy your shopping.

25. Customers are being informed that the department store will be closed for the duration of the sale and the restaurant will be closed for two weeks. Thus, the correct answer is ④.

(Voca) 문을 닫다 to close | 안내 announcement

26. The department store normally closes at 8 pm, but from today but it will close two hours later for a week because they are holding their summer sales. Thus, the correct answer is ③.

[27~28] Listen to the following and answer the questions.

남자 수미 씨, 이번 주 모임은 수원에서 하지요?

여자 네. 이번 주는 수원에서 가족이 없는 할아버지와 할머니를 도와드리기로 했어요.

남자 정말 좋은 일이네요. 그럼, 몇 시까지 어디로 가면 돼요?

여자 오전 9시에 수원역에서 만나서 같이 할아버지, 할머니들이 계신 곳으로 갈 거예요. 도착해서 바로 방 청소를 한 후에 점심 준비를 해야 돼요.

남자 점심을 드린 후에는요?

여자 점심 먹고 할아버지, 할머니들과 차를 마시면서 이야기하면 돼요.

M Sumi, our get-together this week will be held in Suwon, isn't it?

W Yes, we've decided to help elders in Suwon, who do not have family.

M That's wonderful. Where should I go and by what time?

W We'll meet at Suwon station at 9 am and will go to where the elders are together. As soon as we arrive there, we should clean the room and prepare lunch.

M And after serving lunch?

W After eating lunch, we can talk with the elders over some tea.

27. The woman is explaining the purpose (helping elders) and schedule (get-together at 9 → move to the place → clean the room → lunch → talk over tea) of their

volunteer work. Thus, the correct answer is ②.

28. The man and woman have decided to help elderly people who do not have family in Suwon. Thus, the correct answer is ④.

[29~30] Listen to the following and answer the questions.

여자 안녕하세요? 한국어 도우미를 신청한 김수미입니다.

남자 이쪽으로 앉으세요. 전에 도우미를 해 본 적이 있어요?

여자 아니요. 하지만 외국인에게 한국어를 가르쳐 본 경험은 많이 있습니다.

남자 그렇군요. 한국어를 하나도 못 하는 외국인들도 있어서 외국어를 좀 할 줄 알아야 해요. 할 줄 아는 외국어가 있어요?

여자 네. 중국어와 영어를 할 줄 압니다. 중국에 오래 살아서 중국어는 잘하고 영어는 외국인 친구에게 조금 배웠습니다.

남자 알겠습니다. 결과는 다음 주 금요일까지 연락드릴 거예요. 감사합니다.

W Hello. My name is Kim Sumi, I applied for the Korean assistant position.

M Sit here please. Have you worked as an assistant before?

W No, but I have a lot of experience teaching Korean to foreigners.

M I see. Since there are foreigners who don't speak Korean at all, you should be able to speak some foreign languages. Can you speak any foreign languages?

W Yes, I can speak Chinese and English. Since I lived in China for a long time, I can speak Chinese pretty well, and I learned some English from my foreign friend.

M I see. We will notify you of the result by next Friday. Thank you.

29. The woman has applied for a Korean language assistant position and is having an interview. Thus, the correct answer is ③.

30. The woman said that she has never worked as an assistant but that she has a lot of experience teaching Korean to foreigners. Thus, the correct answer is ④.

읽기   Reading

[31~33] What are the following about? Choose the correct answer as in the example.

31.
It's raining outside. I open an umbrella.

Through key expressions such as 비가 오다(it rains) and 우산을 쓰다(to open an umbrella), we know it's about 날씨 (weather). Thus, the correct answer is ①.

(Voca) 버스 bus │ 신체 body │ 장소 place, location

32.
School is closed. I study at home.

The time period when one doesn't go to school and

instead studies at home is called 방학(school vacation). Thus, the correct answer is ②.

(Voca) 노래 song │ 계절 season │ 공항 airport

33.
Today is May 29. It's Thursday.

5월 29일 and 목요일 are both expressions of 날짜(date). So, the correct answer is ④.

(Voca) 음식 food │ 건물 building │ 가게 store

[34~39] Choose the most appropriate word for the blank as in the example.

34.
This is not a dictionary. It's a book.

As a sentence with the form "사전이 아닙니다," a particle 이 referring to the subject should come before 아닙니다. The correct answer is ③.

35.
The room is hot. I (   ) the window.

Window is used with verbs such as 열다(to open) or 닫다 (to close). Since the first sentence says that the room is hot, it makes sense to fill in the blank with 열다. Thus, the correct answer is ①.

(Voca) 만들다 to make │ 닦다 to wipe │ 그리다 to draw

36.
I go to (   ). I exchange money.

The place where one can exchange money is a bank. Thus, the correct answer is ②.

(Voca) 가게 store, shop │ 학교 school │ 식당 restaurant

37.
I cleaned my room. The room is (   ).

Since the room was cleaned, it makes most sense to fill in the blank with the adjective 깨끗하다(to be clean). Thus, the correct answer is ③.

(Voca) 좁다 to be narrow │ 다르다 to be different │ 시원하다 to be cool

38.
I like songs, so I (   ) go to a karaoke.

It would be most natural to fill in the blank with the adverb 자주(frequently). Thus, the correct answer is ①.

(Voca) 아주 very │ 다시 again │ 제일 the best/most

39.
I don't know the word. I (   ) my teacher.

Since the first sentence says 모른다, it makes most sense to fill in the blank with 질문하다, which means "to ask." Thus, the correct answer is ④.

(Voca) 줍다 to pick up (something) │ 팔다 to sell │ 가르치다 to teach

40.

Photo Exhibition

You're invited to a photo exhibition.
- **Period:** December 1 - December 31, 2024
- **Date:** Every Saturday and Sunday 10:00 - 22:00
- **Location:** Jungdok Library

The exhibition is held every Saturday and Sunday. Thus, the correct answer is ①.

41.

Reading Group Gathering

Let's read books together.
Come to the 2nd floor conference room at 7 pm every Wednesday!
*Please have dinner before coming.

Since it says to have dinner before coming, eating dinner together is not appropriate. Thus, the correct answer is ②.

42.

Exam Announcement

May 27 (Friday)
1st period: Listening & Reading 10:00 am - 11:50 am
2nd period: Speaking 12:10 pm - 14:00 pm
*Please be seated five minutes before the test begins.

Since it says to be seated five minutes before the beginning of the test, one should be seated by 9:55. Thus, the correct answer is ②.

[43~45] Read the following and choose the statement that matches.

43.

Next Sunday is my mother's birthday. She likes flowers, so I'm going to give her flowers as a present.

The narrator says that her/his mother's birthday is Sunday. Thus, the correct answer is ④.

44.

I went to a museum near my company yesterday. I went with my son. My son really liked it.

One should choose the sentence which state that the narrator's son liked looking around in the museum. Thus, the correct answer is ④.

45.

I will go to Myeongdong to shop tomorrow with my friend. I would like to buy clothes and cosmetics. My friend would like to buy cosmetics and shoes.

Since it says that the narrator wants to buy clothes and cosmetics, and her/his friend wants to buy cosmetics and shoes, we know that both are going to buy cosmetics. Thus, the correct answer is ④.

[46~48] Read the following and choose the main content.

46.

There was a school festival yesterday but I couldn't go. A very famous singer came and sang and danced. I'll definitely go to the festival next year.

The narrator didn't go to this year's festival but will definitely go to next year's festival. Thus, the correct answer is ①.

47.

I like reading books in the coffee shop in front of my company. That coffee shop is quiet and big, so I like it. I will meet my friend there today, too.

It says that the coffee shop in front of the company is good for reading books because it's big and quiet. Since it says 회사 앞(in front of the company), we know it's near the company. Thus, the correct answer is ②.

Tip 근처 is a word describing a close place centered around a certain place, thing, or person.

48.

I work in a department store. I don't have time to take a break these days because there are too many customers. There is too much to do.

You should select the answer based on the sentence that the narrator doesn't have time to take a break because there are many people in the department store. Thus, the correct answer is ①.

[49~50] Read the following and answer the questions.

I always drink (   ) tea before I go to bed. If I drink tea, I can fall asleep better. However, there was no tea to drink at home yesterday, so I couldn't fall asleep until morning. I'll have to buy tea on my way home today.

49. **Question type** Selecting the right word within the context (adjective)

Among the given four choices, 따뜻하다(to be warm) is most appropriate adjective to describe tea. Thus, the correct answer is ②.

Voca 친절하다 to be kind │ 어렵다 to be difficult │ 무겁다 to be heavy

50. **Question type** Understanding details (accordance)

The narrator says that s/he will buy tea on her/his way home. Thus, the correct answer is ④.

[51~52] Read the following and answer the questions.

There are things that people should take caution of when growing plants. They should know whether a plant likes sunlight or shade. Not all plants like sunlight. And they should know how much water (㉠). Normally, it is good to water the plant when one puts a finger into the soil of the plant pot and feels that the soil is dry.

51. **Question type** Selecting the right expression within the context

You can infer the correct answer based on the subsequent sentence. It says that if you put your finger in the soil and the soil is dry, then that's the right time to water the plant. Thus, the correct answer is ②.

52. **Question type** Understanding the subject of the text

In the first sentence, it said that "식물을 기를 때 주의할 점이 있습니다." So, the correct answer is ③.

[53~54] Read the following and answer the questions.

I moved into *Xi* Apartment a month ago. It's a very good place to live because there are few cars and it's quiet. There are not many buses that go to my school so it's (㉠   ) when I go to school, but that's okay. as I will graduate soon. When I get a job at a company, I'll buy a car.

53. **Question type** Selecting the right expression within the context

−지만 is a connective ending that is used when one mentions something opposite or offers a condition. Since it says "버스가 많이 없어서(there are not many buses)" before the blank but it says "괜찮습니다(It's okay)." subsequently, we know it's an adversative. Thus, the correct answer is ④.

54. **Question type** Understanding details (accordance)

Since the narrator said that s/he had moved to where she is living now a month ago, we know it's been a month since her/his move. Thus, the correct answer is ②.

[55~56] Read the following and answer the questions.

I forget things very easily. Today, I promised to exercise with my friend after dinner. However, I forgot that appointment after school and did my homework instead. I made a promise but I didn't keep it. Next time I will not forget my promise. (㉠   ) I'm going to make a note when I make promises in the future.

55. **Question type** Selecting the right expression within the context (conjunction)

그래서 is a connective adverb to be used when the preceding content becomes a cause, basis, or condition of the following content. It would be natural to say that the narrator will make a note when making a promise in order not to forget. Thus, the correct answer is ①.
● 그런데: A connective adverb used when talking about something that is the opposite of the preceding content.
● 그렇지만: A connective adverb used when contradicting the content of the preceding sentence.

56. **Question type** Understanding details (accordance)

You can choose the correct answer based on the content that the narrator will make a note in order not to forget her/his promises. Thus, the correct answer is ③.

[57~58] Choose the correct order of the statements from among the following.

57.
(가) So, I will go to watch a Korean movie again today.
(나) I like watching Korean movies very much.
(다) And it's good to learn about Korean culture.
(라) The content of the movie is interesting and the actors are great.

Question type Arranging the sentences in the right order

You should select the correct answer by looking at discourse markers such as 그리고 and 그래서. It would make sense to arrange these sentences in an order so that the text reads: I enjoy Korean movies; the content and actors are good; Korean movies help me learn about Korean culture; so I'm going to watch a Korean movie today. Since (다) sentence begins with 그리고, it naturally comes after certain given information, (라) should precede (다). The correct answer is ④.

58.
(가) Korean food is famous, especially *bulgogi* and *bibimbap*.
(나) Korean food is very popular among foreigners.
(다) The two dishes are not spicy so anyone can eat them.
(라) And they are easy to prepare(lit. cook), so you can make them at home.

Question type Arranging the sentences in the right order

Discourse markers such as 그리고 and 특히 can be guide in selecting the correct answer. It would be natural to mention 불고기 and 비빔밥 first and then explain about them. Thus, the correct answer is ③.

[59~60] Read the following and answer the questions.

In Korea, there are palaces where the King used to live in olden times. (㉠   ) In Seoul, there are Gyeongbokgung Palace, Changdeokgung Palace, and Deoksugung Palace. Changdeokgung Palace is open at night every May and June. (㉡   ) Under the moonlight, the palace has a different atmosphere than during the day. (㉢   ) One can take pictures while taking a quiet walk or listening to traditional music. (㉣   )

59. **Question type** Placing the sentence in the right place

You can look around the palace under the moonlight at night, which can't be enjoyed in the day.

It would be natural to put "밤에 달과 함께 궁을 볼 수 있습니다." before "Under the moonlight, the palace has a different atmosphere." Thus, the correct answer is ②.

60. **Question type** Understanding details (accordance)

It said that kings used to live in Gyeongbokgung Palace, Changdeokgung Palace, and Deoksugung Palace in the past. Thus, the correct answer is ③.

[61~62] Read the following and answer the questions.

In the school that I go to there are many interesting classes. There is even a class in which one can travel to a Korean tourist attraction every weekend. One should register for that class early because there are many applicants. First, one emails her/his name and address and then pays the fee in the office. It is good because travel expenses are paid by the school and students only pay for meals.

61. **Question type** Selecting the right expression within the context
–니까 is an ending that indicates that what precedes becomes the reason, basis, or premise of what follows. Thus, the correct answer is ②.

62. **Question type** Understanding details (accordance)
First, s/he will email her/his name and address and then pay the fee in the office. Thus, the correct answer is ④.

[63~64] Read the following and answer the questions.

Recipient: kmj@maver.com
Sender: pop1887@maver.com
Subject: Group presentation

Hello Chen Chen.
This is Dong-geon. Please send me Wednesday's presentation materials by this Saturday. And let's meet after class on Monday to rehearse the presentation. We'll start at 5 and it will take about one hour. Let's prepare well! And how about having dinner after the rehearsal? Let me know.

Dong-geon

63. **Question type** Understanding the purpose
Since Dong-geon asked for the presentation materials to be sent by Saturday and suggested that they rehearse together, you know they are preparing for their presentation. Thus, the correct answer is ③.

64. **Question type** Understanding details (accordance)
Since Dong-geon said that the presentation rehearsal will start at 5 and will take about one hour, we know it will be over around 6. Thus, the correct answer is ③.

[65~66] Read the following and answer the questions.

Jeju Island is a famous Korean travel attraction that is visited by many foreigners. However, they (㉠) the famous fruits that grow in Jeju very well. They are the *hallabong* and tangerine. The *hallabong* is big like an orange and delicious but it is a bit expensive. On the other hand, tangerines are not expensive so one can enjoy (lit. buy and eat) them often. They are also good for your health, so they are very popular.

65. **Question type** Selecting the right expression within the context
The adjective 같다 is used after –ㄴ/–는 것, –ㄹ/을 것 and denotes conjecture or an uncertain conclusion. Thus, the correct answer is ④.

66. **Question type** Understanding details (accordance)
This is about the *hallabong* and tangerine, which are famous fruits of Jeju Island. ① is something that cannot be known by what is given. Thus, the correct answer is ②.

[67~68] Read the following and answer the questions.

These days, there's a cold going around. Among those people who catch a cold often, there are many who have bad lifestyle habits. (㉠) a cold, it is usually good to drink warm water frequently and to exercise. One must wash her/his hands without fail upon returning home. One should not touch her/his eyes, nose or mouth with unwashed hands. It is important to eat well, sleep well, and have a regular lifestyle.

67. **Question type** Selecting the right expression
"Blocking in advance" before one catches a cold can be expressed with "감기를 예방하다(to prevent a cold)." Thus, the correct answer is ③.

68. **Question type** Understanding details (accordance)
You can choose the content that says that one should not touch her/his eyes, nose, or mouth with unwashed hands. Thus, the correct answer is ④.

[69~70] Read the following and answer the questions.

I often watch Korean entertainment programs these days. There are times when I don't know what they say because the vocabulary is difficult and the speed at which they talk is fast. However, I can learn the words that Koreans (㉠). I can also learn about Korean culture. I can learn about famous places and foods of Korea, words in fashion, games, etc. Thus, it is very helpful to understand Korean culture.

69. **Question type** Selecting the right expression within the context
–는 is a suffix that indicates an incident or behavior taking place now from the narrator's viewpoint. You should choose the answer that means learning words that Koreans are currently using. Thus, the correct answer is ①.

70. **Question type** Understanding details (accordance)
The narrator says that s/he watches Korean entertainment programs often. In the middle of the narration, s/he says that s/he learns about Korean culture if s/he watches entertainment programs. Thus, the correct answer is ④.

TOPIK MASTER

FINAL 실전 모의고사 3회
The 3rd Final Actual Test

정답 ANSWERS

> 듣기, 읽기

듣기

1. ③	2. ④	3. ②	4. ③	5. ②	6. ④	7. ③	8. ①	9. ③	10. ①
11. ①	12. ②	13. ①	14. ④	15. ④	16. ④	17. ③	18. ③	19. ①	20. ④
21. ④	22. ③	23. ④	24. ①	25. ①	26. ②	27. ④	28. ①	29. ④	30. ②

읽기

31. ②	32. ①	33. ③	34. ③	35. ①	36. ③	37. ①	38. ①	39. ②	40. ②
41. ①	42. ④	43. ④	44. ①	45. ②	46. ④	47. ③	48. ③	49. ①	50. ④
51. ①	52. ②	53. ③	54. ③	55. ①	56. ②	57. ②	58. ④	59. ②	60. ④
61. ④	62. ②	63. ③	64. ①	65. ①	66. ③	67. ④	68. ④	69. ②	70. ②

듣기 Listening

[1~4] Listen to the following and choose the correct answer as in the example.

1.

여자 여기가 영화관이에요?

남자 _____

W Are we at a cinema?/ Is this a cinema?

M _____

When the question "N이에요?/예요?" is asked, if the answer is in the positive, you should choose "네, N이에요/예요." If the answer is in the negative, then you should choose "아니요, N이/가 아니에요." Thus, the correct answer is ③.

2.

남자 사진이 많아요?

여자 _____

M Do you have many photos?

W _____

To the question "사진이 많아요?" if your answer is affirmative, you should choose "네, 사진이 많아요." If it is negative, then you should choose "아니요, 사진이 적어요 (no, I have few photos)," using the antonym of 많다 or "아니요, 사진이 없어요." Thus, the correct answer is ④.

3.

남자 아까 누가 전화했어요?

여자 _____

M Who called you earlier?

W _____

You should choose the correct answer to the question "누가 전화했어요?" 누가 is the shortened form of 누구가 and 누구 denotes an indefinite person, in other words, someone you don't know. The answer should be a person. You should express your answer in the form "N이/가" using the subject particle "이/가." Thus, the correct answer is ②.

4.

남자 무슨 음식을 만들고 있어요?

여자 _____

M What food are you making?

W _____

You should choose the correct answer to the question of 무슨 음식 you're making. The answer should be the name of the food. Thus, the correct answer is ③.

[5~6] Listen to the following and choose what comes next as in the example.

5.

여자 정말 미안해요.

남자 _____

W I'm very sorry.

M _____

"괜찮아요(It's okay)." is the most appropriate expression in response to "미안해요." Thus, the correct answer is ②.

6.

여자 검은색 구두 좀 보여 주세요.

남자 _____

W Please show me the black dress shoes.

M _____

You should choose the salesperson's appropriate response to the customer's request. Thus, the correct answer is ④.

[7~10] Where is this conversation taking place? Choose the correct answer as in the example.

7.

남자 물에 들어가기 전에 준비 운동을 하세요.

여자 네. 알겠어요.

M Please warm-up before you enter into the water.

W Got it.

Judging from the words such as 물(water), 준비 운동(warm-up) etc., one can infer that this conversation is taking place at a swimming pool. Thus, the correct answer is ③.

Voca 영화관 cinema │ 백화점 department store │ 운동장 playground

8.

남자 통장을 만들고 싶어요.

여자 신분증을 보여 주시겠습니까?

M I would like to open an account.

W Will you please show me your ID?

One can make an account at a bank. Thus, the correct answer is ①.

Voca 회사 company │ 학교 school │ 공항 airport

Expressions used in a bank

고객님, 무엇을 도와 드릴까요? How may I help you?

여기 신청서를 써 주세요./작성해 주세요.
Please fill out this application form.

신분증과 도장을 주세요. Please give me your ID and stamp seal.

인터넷 뱅킹/체크 카드도 신청하시겠습니까?
Are you applying for Internet banking/a check card?

9.

남자 기숙사가 어디에 있어요?

여자 기숙사는 도서관 뒤에 있어요.

M Where is the dormitory?

W It's behind the library.

The place where there is both 기숙사 and 도서관 is a school. Thus, the correct answer is ③.

(Voca) 병원 hospital | 공항 airport | 호텔 hotel

10.
남자 손님, 찾으시는 물건이 있으십니까?

여자 아니요. 어제 산 치마를 교환하고 싶어요.

M Are you looking for something?

W No, I would like to exchange a skirt that I bought yesterday.

Based on the conversation between a salesperson who asks if the customer is looking for something and the customer who wants to exchange her skirt, one can infer that this conversation is taking place in a department store. Thus, the correct answer is ①.

(Voca) 운동장 playground | 도서관 library | 박물관 museum

[11~14] What are the following about? Choose the correct answer as in the example.

11.
여자 오늘 너무 덥지 않아요?

남자 네. 봄인데 너무 덥네요.

W It's too hot today, isn't it?

M Yes, it's spring but it's too hot.

Since the two people both say it is hot, you know they are talking about the weather. Thus, the correct answer is ①.

(Voca) 생일 birthday | 여행 travel | 계획 plan

12.
여자 서울역까지 어떻게 가요?

남자 버스나 지하철을 타고 가면 돼요.

W How do I get to Seoul Station?

M You can take a bus or the subway.

The man is telling the woman the means of transportation which can get her to Seoul Station. Thus, the correct answer is ②.

(Voca) 주소 address | 주말 weekend | 가구 furniture

13.
남자 어디에서 태어났어요?

여자 저는 일본에서 태어나고 자랐어요.

M Where were you born?

W I was born and raised in Japan.

The man is asking the woman where she was born and the woman answers that she was born and raised in Japan. So, the correct answer is ①.

(Voca) 가족 family | 약속 appointment, promise | 소포 parcel, package

14.
여자 오늘이 며칠이지요?

남자 4월 20일 월요일이에요.

W What date is it today?

M It's Monday, April 20.

To the question of the date today, one can answer with the date. The man answers with 4월 20일, 월요일. Thus, the correct answer is ④.

(Voca) 시간 time | 계절 season | 주말 weekend

[15~16] Listen to the following and choose the picture that matches best.

15.
남자 한국어 책이 어디에 있어요?

여자 잠시만요. 어디에 있는지 컴퓨터로 찾아볼게요.

M Where are the Korean language book?

W Hold on a second. I'll search for them on the computer.

In the bookstore, the man is asking the woman where the Korean language books are, and the woman is trying to find the location of the books on computer. Thus, the correct answer is ④.

16.
남자 여기 포장하신 음식 나왔습니다.

여자 감사합니다. 조금 전에 계산했어요.

M Your takeout is ready.

W Thank you. I paid for it just before.

Since the woman said that she paid for it just before, the most appropriate image would be of her receiving the takeout food. Thus, the correct answer is ④.

[17~21] Listen to the following and choose the statement that agrees with the conversation as in the example.

17.
여자 오늘 친구의 생일 선물을 사려고 하는데 도와줄 수 있어요?

남자 그럼요. 먼저 백화점으로 가 볼까요?

여자 네, 좋아요. 도와줘서 정말 고마워요.

W I'm going to buy my friend's birthday present today. Can you help me?

M Of course. Shall we go to the department store first?

W Yes. Thank you so much for helping me.

You know that the man and the woman will choose a birthday present together based on the man's suggestion that they go to the department store in response to the woman's request of going to buy her friend's birthday present together. Thus, the correct answer is ③.

18.
여자 이번 일요일에 뭐 해요? 같이 영화 보러 가지 않을래요?

남자 미안해요. 일요일에 외국에서 친구가 와서 공항에 가야 돼요. 금요일은 어때요?

여자 좋아요. 그런데 낮에는 수업이 있어서요. 저녁에 봐도 괜찮아요?

남자 네, 그렇게 해요.

W What are you doing this coming Sunday? Would you like to (come) see a movie with me?

M I'm sorry. I have to go to the airport because my friend is coming from abroad. How about Friday?

W Okay. But I have class during the day. Would it be okay to meet in the evening?

M Yes. Let's do that.

The man responds to the woman's suggestion of going to see a movie together on Sunday by saying that he has to go to the airport on Sunday because his friend is coming. You know the man will meet his friend during the weekend based on this conversation. Thus, the correct answer is ③.

19.
여자 민수 씨, 저 왔어요. 몸은 괜찮아요? 무슨 일이에요?

남자 걱정해 줘서 고마워요. 이틀 전에 교통사고가 나서 다리를 좀 다쳤어요.

여자 정말요? 그런데 언제까지 병원에 있어야 하는 거예요?

남자 일주일 정도 입원해서 치료 받아야 해요.

W Minsu, it's me. Are you okay? What happened?

M Thanks for your concern. I had a car accident two days ago and injured my leg.

W Really? How long will you be in the hospital for?

M I have to be treated in the hospital for about a week.

The man is hospitalized because he had a car accident two days ago, and the woman is visiting the man at the hospital. Since the man says that he should stay in the hospital for about a week to be treated, ④ can't be the correct answer. Therefore, the correct answer is ①.

20.
여자 이번 여름에 제주도에 가려고 했는데 민수 씨는 제주도에 가 봤어요?

남자 그럼요. 제주도에 누나가 살아서 매년 가을에 가요.

여자 정말요? 제주도는 뭐가 유명해요? 처음 제주도에 가는 거라서 아는 게 없어요.

남자 그럼 제가 오늘 저녁에 여행하기 좋은 장소와 음식점을 메일로 보내 줄게요.

W I was planning on going to Jeju Island this summer. Have you ever been to Jeju Island, Minsu?

M Of course. Since my old sister lives in Jeju Island, I go there every fall.

W Is that so? What is Jeju famous for? Since this is my first time, I don't know anything.

M I'll email you places to visit and good restaurants tonight.

The woman asks the man about Jeju Island because she has never been to the island. The man is planning

on sending the woman some information on the island this evening. Thus, the correct answer is ④.

21.
여자 오늘 저녁에 회식 있는 거 알지요?

남자 네. 그런데 갑자기 고향에 계신 부모님이 저희 집에 오셔서 일찍 집에 가야 할 것 같습니다.

여자 그럼, 회식에 못 오는 거예요?

남자 아니요. 회식에 갔다가 저는 먼저 나가야 할 것 같습니다. 다음에는 끝까지 회식 자리에 있겠습니다.

W You know that we have a company dinner this evening, don't you?

M Yes, but it looks like I have to go home early because my parents have suddenly come to visit from hometown.

W Then, you can't attend the dinner?

M No, (that's not what I meant.) I will go to the dinner but I will have to leave early. I'll stay till the end next time.

The man answered that he would go to the company dinner with the woman but would have to leave early because his parents are visiting him. Thus, the correct answer is ④.

[22~24] Listen to the following and identify the woman's main idea.

22.
여자 우리 뭐 먹을까요?

남자 아침에 밥을 많이 먹어서 배가 별로 안 고픈데……. 라면 하나 시켜서 같이 먹을래요?

여자 라면 하나요? 너무 적은 것 같아요. 저는 아침부터 지금까지 아무것도 못 먹었거든요.

남자 그래요? 그럼 수미 씨가 먹고 싶은 걸로 더 시키세요.

W What shall we eat?

M I'm not really hungry as I had a big breakfast.... Shall we order one ramyeon and share it?

W Only one ramyeon? That's too little. I haven't eaten anything since morning till now.

M Is that so? Then, order more of whatever you want, Sumi.

The woman is saying that ordering one ramyeon would be too little because she has not eaten anything since morning till now. From this, one can infer that she wants to order more food. Thus, the correct answer is ③.

23.
여자 요즘 친구와 같이 살고 있는데 너무 힘들어요.

남자 왜요? 친구랑 같이 살면 심심하지 않고 재미있지 않아요? 저는 친구하고 살 때 너무 좋았어요.

여자 하지만 제 친구는 방 청소를 잘 안 해요. 같이 방을 쓰는데 저만 청소를 하니까 힘들어요. 친구가 좀 도와주면 좋겠어요.

남자 그럼, 친구에게 같이 하자고 이야기해 보는 게 어때요?

W I'm living with my friend these days but it's really tough.

M Why? Aren't you having fun without ever being bored if you live with your friend? I enjoyed myself when I was living with my friend.

W But my friend does not clean our room. We share the room but it's always me who has to clean the room so it's tiring.

M How about suggesting to your friend that you do it together?

The woman is saying that she wishes that her roommate would help her because her roommate does not clean the room that often. Thus, the correct answer is ④.

24.
여자 요즘 아침마다 공원에서 자전거를 타는데 재미가 없어요.

남자 그럼 수미 씨도 태권도 같은 운동을 배워 보세요. 다른 사람과 같이 운동할 수 있고 한국 전통 문화도 경험할 수 있어요.

여자 그래요? 민수 씨가 태권도를 잘하니까 저한테 태권도를 가르쳐 주면 어때요? 제가 점심을 살게요. 태권도 학원에 갈 시간이 부족해서요.

남자 좋아요. 그럼 내일부터 시작할까요?

W Lately, I've been riding my bike in the park every morning, but it's not fun.

M Then, why don't you learn a sport like taekwondo? You can work out with other people, and experience Korean traditional culture.

W Is that so? You're good at taekwondo. How about teaching me? I'll buy you lunch. I don't have the time to go to a taekwondo academy.

M Okay. Then, shall we start tomorrow?

The woman is asking the man a favor of teaching her taekwondo because she doesn't have the time to go to a taekwondo academy. Thus, the correct answer is ①.

[25~26] Listen to the following and answer the questions.

여자 오늘은 수국이라는 꽃을 설명하겠습니다. 수국은 꽃송이가 커서 좋아하시는 분들이 많은데요. 이 꽃은 물을 정말 좋아합니다. 그래서 하루에 한 번씩 꼭 물을 줘야 합니다. 그리고 햇빛이 강한 곳에 둬서는 안 됩니다. 그러면 수국이 죽을 수도 있습니다. 햇빛이 약한 곳에 두고 흙이 마르지 않게 해야 합니다. 수국은 여름인 6월~7월에 가장 예쁘게 꽃이 핍니다. 오늘 집에 가는 길에 꽃집에 가서 한번 사 보세요.

W Today I will explain a flower called hydrangea. The hydrangea has a big bloom so many people like it. This flower really likes water. That's why one should water it once every day without fail. And it should not be left under strong sunlight. If you do that, it may die. It should be located in a place with weak sunlight and the soil should not be dry. The hydrangea is in full bloom in June and July. Why don't you stop by a florist and buy some on your way home today?

25. The woman is explaining the precautions of growing

hydrangea flowers and explaining when it fully blooms. Thus, the correct answer is ①.

(Voca) 꽃송이 a bloom │ 기르다 to grow │ 강하다 to be strong │ 마르다 to be dry

26. The peak for hydrangea blossoms is summer, June-July. Thus, the correct answer is ②.

[27~28] Listen to the following and answer the questions.

남자 수미 씨, 다음 주에 이사하는 거 맞죠?

여자 네. 다음 주 목요일에 이사하는데 아직 짐도 다 못 쌌어요.

남자 그래요? 직접 짐을 쌀 거예요? 보통 이삿짐센터를 부르지 않아요?

여자 짐이 많지 않은데 비용이 많이 들 것 같아서 그냥 제가 하려고요. 그런데 저 혼자는 좀 힘들 것 같아요. 민수 씨가 도와줄 수 있어요?

남자 네, 도와줄게요. 목요일 오후에 시간이 있어요. 제가 차를 가지고 가면 좀 편하겠죠?

여자 그럼요. 진짜 고마워요. 저는 오늘 이사할 집에 가서 청소 좀 해야겠어요.

M Sumi, you're moving next week, aren't you?

W Yes, I'm moving next Thursday but I haven't packed all my stuff yet.

M Is that so? Are you packing by yourself? Don't most people call a moving center?

W I don't have that much stuff and it will cost a lot so I'm going to do it by myself. However, it might be a little burdensome. Can you help me, Minsu?

M OK. I'd happy to help. I'm free on Thursday afternoon. It will be convenient if I bring my car, won't it?

W Of course. I really appreciate it. Today I have to go to my new house (lit. the house I'll be moving in) and clean it.

27. The woman is moving next week and asking the man to help her with the move because calling the moving center will cost too much. Thus, the correct answer is ④.

28. Judging from the woman's statement at the end that she intends to clean the house that she will move into today, you know that she is going to clean her new house. Thus, the correct answer is ①.

[29~30] Listen to the following and answer the questions.

여자 선생님, 저 줄리인데요. 한국어 말하기 대회에 참가하려고 하는데, 좀 도와주실 수 있으세요?

남자 그래요, 줄리. 그런데 신청 기간이 오늘까지인 것 같은데 서둘러야겠어요.

여자 아니에요, 선생님. 신청 기간이 모레까지여서 내일 하려고요.

남자 그렇군요. 그런데 뭘 도와줄까요?

여자 말하기 대회 주제가 친한 친구인데요. 우리 반 크리스에 대해서 이야기하려고요. 제가 크리스에 대한 내용을 써 오면 선생님께서 한번 봐 주실 수 있으세요?

남자 그럼요. 내일 오전까지 이메일로 발표 내용을 보내면 확인해 줄게요.

W Teacher, my name is Julie. I'm going to participate in the Korean Speech Contest. Can you help me?

M Yes, Julie. By the way, I think the application deadline is today so you must hurry.

W No, teacher. The deadline is the day after tomorrow, so I'm going to apply tomorrow.

M Oh, okay. How can I help you?

W The contest topic is a "close friend." I'm planning on talking about my (lit. our) classmate Chris. If I write about Chris, will you take a look at it?

M Of course. If you send me your writing via email by tomorrow morning, I'll check it.

29. The woman is calling to ask the man to take a look at her speech contest script. Thus, the correct answer is ④.

30. Judging from the man's last sentence, asking the woman to send her the script via email by this weekend, you know that the woman will send an email to the man. Thus, the correct answer is ②.

읽기 Reading

[31~33] What are the following about? Choose the correct answer as in the example.

31.
I buy a bag. I also buy shoes.

It says the person buys a bag and shoes. It's an explanation of the act of buying items, so you should choose the option 쇼핑(shopping). Thus, the correct answer is ②.
(Voca) 감기 a cold │ 날짜 date │ 계절 season

32.
It's 10:50. I'll rest for 10 minutes.

When reading the time, 시(hour) and 분(minutes) are attached to the number respectively. Thus, the correct answer is ①.
(Voca) 공부 study │ 나라 country │ 선물 gift

33.
I'm Alice. My friend is Kim Seungchul.

The narrator is introducing herself and her friend. 알리스 and 김승철 are names, so the correct answer is ③.
(Voca) 구두 dress shoes │ 나이 age │ 극장 cinema

[34~39] Choose the most appropriate word for the blank as in the example.

34.
It's my friend's birthday. So, I give her/him a present.

When expressing an object related to an action, one adds a particle 에게 after a noun. Giving a present to a friend is an appropriate expression. Thus, the correct answer is ③.
● 을/를: A particle denoting an object that is directly affected by an action
● 에서: A particle denoting a place where the preceding words are realized in action.

35.
I go to a department store. I ( ) a bag.

백화점(department store) is a place where goods are bought and sold, so it is natural to connect a bag to 사다(to buy) Thus, the correct answer is ①.
(Voca) 쓰다 to use │ 빌리다 to borrow │ 버리다 to throw away

36.
I go to a ( ). I send a letter.

The place where one can mail a letter is the post office. Thus, the correct aswer is ③.
(Voca) 공항 airport │ 가게 store │ 백화점 department store

37.
School is ( ), so I go by subway.

Since the narrator says that s/he takes the subway, an adjective that is related to distance would go well. Thus, the correct answer is ①.
(Voca) 크다 to be big │ 작다 to be small │ 많다 to be a lot

38.
I like sports. I swim ( ).

Since the narrator says that s/he likes swimming, it would be natural that "doing it frequently" follows. Among the choices given, the one that is related to frequency is 매일 (every day). Thus, the correct answer is ①.
(Voca) 제일 the most/best │ 아주 very │ 아까 earlier

39.
I like skiing. I ( ) ski well.

Ski is used with the verb 타다(to ride). Thus, the correct answer is ②.
(Voca) 하다 to do │ 치다 to hit/play │ 불다 to blow

[40~42] Read the following and choose the statement that doesn't agree.

40.
Korean Language Speech Contest

Apply for the Korean language speech contest for foreigners!
■ **Contest Date:** Sunday, July 2 at 2 pm
■ **Location:** Library 3rd floor Auditorium
Applications accepted from June 21−27
at han-test.or.kr

At the end of the above announcement, you know you can apply at han-test.or.kr. The 3rd floor of the library is where the contest will take place. Thus, the correct answer is ②.

41.

Hiking Trip

- **Destination:** Bukhansan Mountain
- **Meeting Location:** Bus stop in front of school front gate (Bus #1001)
- **Meeting Time:** 7 in the morning

Since it says that meeting time is 7 in the morning, the departure time is in am, not pm. Thus, the correct answer is ①.

42.

Hangang River Cruise Ship Timetable

Weekdays	10:00	14:00	16:00	
Weekends	10:00	12:00	14:00	16:00

- **Fare:** Adults 16,000 won   Children 11,000 won
- ∗ No cruises on Mondays

The cruise ship runs three times a day during weekdays and four times a day at the weekends. The times indicate the departure times and it doesn't mean that the tickets are only sold at those time. Thus, the correct answer is ④.

[43~45] Read the following and choose the statement that matches.

43.

The computers in my school are fast and nice. The one in my home is old so it's very slow. So, I would like to buy a new computer.

You should choose the option that says that the narrator would like to buy a new computer because the computer at her/his home is old. Thus, the correct answer is ④.

44.

I eat *bulgogi* often as I like it. I ate *bulgogi* for breakfast and lunch today as well. I wish I could eat *bulgogi* every day.

In the first sentence, the narrator says that s/he eats *bulgogi* often because s/he likes it. Thus, the correct answer is ①.

45.

I like reading books, so I go to a bookstore every weekend. However, I go to the library as I don't have money now. I go three times a week.

Judging from the statement that the narrator goes to the bookstore every weekend because s/he likes reading and that s/he goes to the library three times a week, you know that the narrator is someone who reads frequently. Thus, the correct answer is ②.

[46~48] Read the following and choose the main content.

46.

I go to a newly opened swimming pool on a regular basis. It is clean since it is frequently cleaned and the shower space is also spacious. So, I intend to go there every day.

Judging from the narrator's descriptions about the newly opened swimming pool as 깨끗하다(to be clean), and shower facility as 넓다(to be spacious), you know s/he likes it. Also, s/he said "매일 가려고 합니다" in the last sentence, and so the correct answer is ④. ① is not incorrect in terms of the content but it is not the general topic of the paragraph, so it cannot be the correct answer.

47.

Gyoungbokgung Palace in Seoul is a famous place. My friends have been there a lot but I haven't yet. I'll definitely go there this year.

The narrator says that s/he has never been to Gyoungbokgung Palace and will definitely visit there this year. Thus, the correct answer is ③. Although the narrator said that Gyoungbokgung Palace is 유명하다(to be famous), s/he didn't say that's why s/he likes it. So, ② cannot be the correct answer.

48.

I go to a hairdresser twice a month. I don't like long hair, so I have my hair cut frequently. I spend a lot of money but it's okay.

Since the narrator said that s/he disliked long hair and has her/his hair cut frequently, we know s/he likes short hair. Thus, the correct answer is ③.

[49~50] Read the following and answer the questions.

There are many convenience stores near my house. Each store has a lot of products and the prices are cheap. That's why instead of the big supermarket, people go to the convenience store often. Moreover, convenience stores do not close. It's nice that we can buy (㉠) goods quickly even at night.

49. Question type Selecting the right word within the context (adjective)

Since it says in the previous sentence that "convenience stores do not close," it would be appropriate to be linked to the content that one can buy necessary stuff quickly even at night. Thus, the correct answer is ①.

Voca 사용하다 to use ┃ 깨끗하다 to be clean ┃ 똑똑하다 to be smart

50. Question type Understanding details (accordance)

It says there are many convenience stores near the narrator's house. Thus, the correct answer is ④.

[51~52] Read the following and answer the questions.

Stress can be a cause of any disease. When you're stressed out, it's important to (㉠) it quickly. What is good for relieving stress? It would be helpful if you exercise or eat a lot of healthy food. If you exercise, you will feel better, and if you eat a lot of healthy food, you will feel less tired. It would also be good to go out and change your mood.

51. **Question type** Selecting the right expression within the context
Stress goes well with the verbs 쌓이다(to be piled up) and 풀다(to relieve). Thus, the correct answer is ①.

52. **Question type** Understanding the subject of the text
"Exercising" "Eating a lot of healthy food," "Going out and changing your mood" are all ways to relieve stress. Thus, the correct answer is ②.

[53~54] Read the following and answer the questions.

My hobby is making Korean food. Last week I made *tteokbokki* and ate it with my friends. This week I'm going to make kimchi stew. Since my friends eat a lot, I must prepare a lot of food.

53. **Question type** Selecting the right expression within the context
–(으)니까 is an ending used to indicate the cause or basis of what follows. "Friends eating a lot of food" is the reason for the narrator preparing a lot of food. Thus, the correct answer is ③.

54. **Question type** Understanding details (accordance)
The narrator says that making Korean food is her/his hobby and that s/he is making kimchi stew. Thus, the correct answer is ③.

[55~56] Read the following and answer the questions.

Since I came to Korea, I have made many friends from various countries. Michael speaks Korean the best in my class. (㉠) he is kind and funny so many friends like him. Junko wants to study design in a Korean university. She is my closest friend. In the beginning I didn't have any friends so I was lonely, but every day is enjoyable now because I have many good friends.

55. **Question type** Selecting the right expression within the context (conjunction)
그리고(and) is used to connect the preceding and following sentences in parallel. The narrator describes one positive characteristic of Michael after another. Thus, the correct answer is ①.
● 그런데: A conjunctive adverb that is used to indicate content opposite to the preceding content

56. **Question type** Understanding details (accordance)
The narrator says that Junko wants to study design in Korea and then says Junko is closest to her/him. Thus, the correct answer is ②.

[57~58] Choose the correct order of the statements from among the following.

57.
(가) I like books so I go to a bookstore frequently.
(나) So, I wait until new books come out.
(다) However, it's not that I buy books every time I go to the bookstore.
(라) There are times when the bookstore doesn't have the book that I want to buy.

Question type Arranging the sentences in the right order
You can see the order by looking at discourse markers such as 그래서 or 그런데. The narrator says that s/he goes to the bookstore often but s/he doesn't buy books everytime s/he goes there. It would be natural to arrange the sentences in such order that s/he waits until new books are published because there are times when s/he doesn't want to buy any books. Thus, the correct answer is ②.

58.
(가) Those who receive the letter will also be happy.
(나) So, I rarely write a letter.
(다) However, writing a letter by hand makes me feel good.
(라) These days everyone uses a cell phone.

Question type Arranging the sentences in the right order
Pay attention to discourse markers such as 그래서 or 하지만 when selecting the correct answer. It would make sense to arrange the sentences by starting with the fact that people rarely write letters while cell phone users increase and that when people write a letter not only the letter writer feels good but also the receiver is happy. Thus, the correct answer is ④.

[59~60] Read the following and answer the questions.

In Korea people use chopsticks and spoons when they eat. (㉠) When Westerners come to Korea for the first time and have a meal, they find using chopsticks very hard. (㉡) Chopsticks are hard to use but once you get used to them, they are very convenient to use for picking up food. (㉢) Also, if one uses chopsticks from a young age, it helps brain development. (㉣)

59. **Question type** Placing the sentence in the right place

Because, people mostly use knives and forks when they have a meal in the West.

It would be most appropriate to place the reason why after the statement that westerners find it hard to use chopsticks at mealtimes in Korea. Thus, the correct answer is ②.

60. **Question type** Understanding details (accordance)
You should select the option that says using chopsticks from childhood will help brain development. Thus, the correct answer is ④.
Tip In Korean, 머리 not only means a body part but also hair as well as thinking capability.

I came to Korea last year and have been living here for a year. In Seoul the bus and subway systems are well-developed so it's convenient without having a car. And there are many taxis and drivers are kind so it's nice. Riding a taxi was hard in the beginning because I didn't speak Korean well but it's okay now. So, when I go to the airport or when my bag is (㉠) because I did a lot of shopping, I often call a taxi.

61. **Question type** Selecting the right expression within the context

When talking about a certain occasion or case, one can use the noun 때. You should choose the correct answer that says, in case that you have heavy luggage, you can take a taxi. Thus, the correct answer is ④.

62. **Question type** Understanding details (accordance)

The narrator said that "In Seoul the bus and subway system are well developed, so it's convenient even without a car." The narrator specially mentioned kind taxi drivers, so ③ is incorrect. Thus, the correct answer is ②.

[63~64] Read the following and answer the questions.

Recipient: mj@maver.com, anghi@maver.com, …
Sender: park@maver.com
Subject: A graduation party for friends

Hello friends, congratulations on your graduation! I am going to throw a party on Friday evening for you. Since there is a graduation ceremony on Friday morning, let's get together after the ceremony. And after shopping for groceries together, let's sing songs at my house and enjoy the party. I've already bought beverages. We only need to buy fruits and snacks. Then, I'll see you at the ceremony on Friday!

Yeongho

63. **Question type** Understanding the purpose

Based on the sentence "저의 집에서 즐거운 파티를 합시다." and the subject, you know it's an invitation. Thus, the correct answer is ③.

64. **Question type** Understanding details (accordance)

The narrator proposed meeting after the commencement ceremony and going grocery shopping. Thus, the correct answer is ②. Since s/he said that beverages have already been bought, and they would only need to buy fruits and snacks, ① is incorrect.

[65~66] Read the following and answer the questions.

The place I work at is Incheon Airport, which is the largest airport in Korea. I really like where I work. The only problem is that I have to live in a dormitory because it's far from my home. However, I (㉠) think that I must live to the fullest while seeing so many people (travelers) moving around so busily. Also, it's

really fun because I can talk with actors or singers every once in a while.

65. **Question type** Selecting the right expression within the context

-게 되다 is used to show the result of a change. It would be appropriate to express the narrator's changed thought of living a full life. Thus, the correct answer is ①.

66. **Question type** Understanding details (accordance)

The very first sentence of the passage is that the narrator works at Incheon Airport, which is the largest airport in Korea. Thus, the correct answer is ③.

[67~68] Read the following and answer the questions.

A tiger teacher refers to a teacher who is scary like a tiger. This doesn't mean that the teacher has a bad personality and that s/he always gets angry. It means that s/he acts scary to students in order to keep them on the straight and narrow. Thus, those students who do not follow the rules try to avoid a tiger teacher. However, if students come to feel that the tiger teacher cares about the students in her/his heart despite the scary behavior, they come to realize that they are (㉠). That's why students keep thinking about tiger teachers and go back to visit them after graduation.

67. **Question type** Selecting the right expression

The narrator said that although students who do not follow the rules try to avoid a tiger teacher, the tiger teacher has a warm heart for her/his students despite her/his behavior. Thus, the correct answer is ④.

68. **Question type** Understanding details (accordance)

Since it says that the teacher "thinks of her/his students warmly," you know the tiger teacher has a warm heart. Thus, the correct answer is ④.

[69~70] Read the following and answer the questions.

I have collected a variety of stamps since I was young. I especially like stamps that I receive from my friends or relatives who live in a foreign country. When you look at the stamp, you can learn about the culture of the country. There are many stamps that you can't see in Korea. You can also learn that the price of the stamp changes. (㉠) there is a lot of information in it, I like collecting stamps.

69. **Question type** Selecting the right expression within the context

-기 때문에 is used when expressing a reason or cause. You can choose the answer based on the statement that the narrator likes her/his stamp collection because there is a lot of information in it. Thus, the correct answer is ②.

70. **Question type** Understanding details (accordance)

You know from the narrator's statement that s/he has relatives overseas as s/he says that s/he likes stamps that are on the letters from friends or relatives living in a foreign country. Thus, the correct answer is ②.

TOPIK MASTER 3rd Edition

FiNAL 실전 모의고사 4회

The 4th Final Actual Test

정답 ANSWERS

듣기, 읽기

듣기

1. ①	2. ③	3. ②	4. ④	5. ④	6. ①	7. ①	8. ③	9. ③	10. ①
11. ④	12. ①	13. ④	14. ①	15. ③	16. ①	17. ①	18. ②	19. ②	20. ③
21. ①	22. ④	23. ②	24. ④	25. ②	26. ②	27. ③	28. ④	29. ③	30. ②

읽기

31. ④	32. ②	33. ①	34. ③	35. ④	36. ②	37. ①	38. ③	39. ②	40. ②
41. ②	42. ②	43. ①	44. ②	45. ①	46. ③	47. ④	48. ③	49. ③	50. ②
51. ①	52. ③	53. ④	54. ③	55. ③	56. ③	57. ①	58. ④	59. ①	60. ④
61. ④	62. ①	63. ③	64. ④	65. ②	66. ①	67. ④	68. ②	69. ①	70. ②

해설 EXPLANATIONS

듣기 | Listening

[1~4] Listen to the following and choose the correct answer as in the example.

1.
여자 친구가 있어요?

남자 _____

W Do you have a friend?
M _____

You should answer "네, N이/가 있어요/많아요." to the question "친구가 있어요?" if you have friends and "아니요, N/이가 없어요." if you don't have friends. Thus, the correct answer is ①.

2.
남자 방이 넓어요?

여자 _____

M Is your room spacious?
W _____

To the question "방이 넓어요?" one may say "네, 방이 넓어요" if the room is spacious; "아니요, 넓지 않아요" if the room is not spacious. One may also answer "방이 좁아요(no, the room is narrow)." using the antonym of 넓다 (spacious). Thus, the correct answer is ③.

3.
남자 뭐를 주문할 거예요?

여자 _____

M What are you going to order?
W _____

뭐 is a contracted form of 무어 and it is a demonstrative pronoun indicating an unknown fact or thing. The answer should be an object that was ordered. Thus, the correct answer is ②.

4.
남자 어느 나라에 가고 싶어요?

여자 _____

M Which country would you like to go to/visit?
W _____

어느 in a question such as "어느 나라에 가고 싶어요?" is used when asking a question where there are two or more options. You should respond with the name of a country to a question with "어느 나라." You can answer "N에 가고 싶다." Thus, the correct answer is ④.

[5~6] Listen to the following and choose what comes next as in the example.

5.
여자 방학 잘 보내세요.

남자 _____

W Have a good vacation.
M _____

In the expression "방학 잘 보내세요." N을/를 보내다 literally means to "let the time or years pass." One can say "○○씨도 방학 잘 보내세요/지내세요" as a response to a greeting "Have a good time during your vacation." Thus, the correct answer is ④.

6.
여자 저 좀 도와줄 수 있어요?

남자 _____

W Can you help me?
M _____

One may respond with a positive answer "네, 말씀하세요/가능해요" to a request for help. When refusing the request, one may reply with "죄송하지만 제가 지금 좀 바빠서요(giving a reason for the refusal)." Thus, the correct answer is ①.

[7~10] Where is this conversation taking place? Choose the correct answer as in the example.

7.
남자 이제 곧 문 닫을 시간이에요.
여자 잠깐만요. 우유만 좀 살게요.

M We're closing soon. (lit. It's time to close now.)
W Wait a minute. Let me just buy some milk.

The woman is going to buy milk and one can buy milk in a store. Thus, the correct answer is ①.

(Voca) 식당 restaurant | 공항 airport | 약국 pharmacy

8.
남자 날씨가 정말 좋네요.
여자 네. 그래서 산책하는 사람들이 정말 많아요.

M The weather is really nice.
W Yes, that's why there are a lot of people taking a walk.

The best place for taking a walk is the park. Judging from the man's statement that the weather is good, you know that this conversation is taking place outside. Thus, the correct answer is ③.

(Voca) 학교 school | 마트 mart | 극장 theater/cinema

9.
남자 이 편지가 언제 도착할까요?
여자 해외로 보내는 편지는 일주일 정도 걸립니다.

M When will this letter arrive?

W Overseas mail takes about a week.

The man is mailing a letter overseas, and one can mail letters at the post office. Thus, the correct answer is ③.

(Voca) 미술관 art museum/gallery | 대사관 embassy | 기차역 train station

10.

남자 무슨 책을 반납했어요?

여자 한국어 소설책이요. 어제 빌렸는데 너무 어려워서 못 읽겠어요.

M What book did you return?

W It's a Korean novel. I borrowed it yesterday, but I couldn't read it because it's too hard.

A place where one can borrow and return books is the library. Thus, the correct answer is ①.

(Voca) 박물관 museum | 미용실 hairdresser | 문구점 stationary shop

[11~14] What are the following about? Choose the correct answer as in the example.

11.

여자 철수 씨는 무슨 일을 해요?

남자 고등학교에서 영어를 가르쳐요.

W What does Cheolsu do?

M He teaches English in a high school.

When asking 직업, what one does for a living, the expression "무슨 일을 해요?" can be used. Judging from the man saying that Cheolsu teaches English at a high school, you know that he is a teacher. Thus, the correct answer is ④.

(Voca) 취미 hobby | 나라 country | 계획 plan

12.

여자 안녕하세요. 저는 김영희입니다.

남자 만나서 반갑습니다.

W Hello. I'm Kim Yeonghui.

M Nice to meet you.

The two people are meeting for the first time and greeting each other. Thus, the correct answer is ①.

(Voca) 친구 friend | 가족 family | 주소 address

13.

남자 요즘 살이 너무 쪘어요.

여자 달리기를 하는 게 어때요? 건강에도 좋아요.

M I've gained too much weight these days.

W How about doing some running? It's good for your health.

Responding to the man's statement that he is concerned about gaining weight, the woman is recommending running, while also saying that running

is good for one's health. Since running is a form of exercise, the correct answer is ④.

(Voca) 요리 cooking | 기분 mood/feeling | 날짜 date

14.

여자 우리 내일 같이 공부하기로 해요.

남자 좋아요. 7시에 도서관에서 만나요.

W Let's study together tomorrow.

M Okay. See you at the library at 7 o'clock.

The two people are promising to study together in the library tomorrow at 7 o'clock. Thus, the correct answer is ①.

(Voca) 시간 time | 날씨 weather | 달력 calendar

[15~16] Listen to the following and choose the picture that matches best.

15.

남자 이 바지를 입어 봐도 될까요?

여자 네, 손님. 지금 탈의실에 사람이 있으니 잠시만 기다려 주세요.

M May I try these pants on?

W Yes, you may. Someone is in the dressing room now, so please wait for a few minutes.

The man would like to try on some pants, and the woman is asking him to wait because someone is in the dressing room. Thus, the correct answer is ③.

16.

남자 아……. 연필을 안 가지고 왔네요.

여자 그래요? 여기 이 연필을 쓰세요.

M Ah…. I just realized that I didn't bring a pencil.

W Is that so? Here. Please use this.

The woman is lending a pencil to the man, doesn't have one. Thus, the correct answer is ①.

[17~21] Listen to the following and choose the statement that agrees with the conversation as in the example.

17.

여자 남대문시장에 가고 싶은데 어떻게 가는지 알아요?

남자 학교 앞에서 버스를 타고 가면 돼요. 같이 갈래요?

여자 정말요? 같이 가요.

W I would like to go to Namdaemoon Market. Do you know how to get there?

M You can take a bus from the front of the school. Shall we go together?

W Really? Let's go together then.

The woman first asked the man about the way to Namdaemoon Market, and the man told her that they could take a bus and suggested that they go together. Thus, the correct answer is ①.

18.

여자 아직 점심 안 먹었어요?

남자 네. 회의 자료를 세 시까지 만들어야 하는데 아직 다 못 했어요.

여자 정말요? 그럼 제가 커피랑 빵 좀 사 올게요.

남자 고마워요. 제가 다음에 점심 살게요.

W Haven't you eaten lunch yet?

M No, I have to finish preparing some materials for the meeting by 3 o'clock, but I haven't finished yet.

W Is that so? Then, I'll go get coffee and bread.

M Thanks. I'll buy you lunch next time.

The woman is about to go get coffee and bread for the man who hasn't eaten lunch yet because he is preparing for the meeting. Thus, the correct answer is ②.

19.

여자 의사 선생님, 저 언제 퇴원할 수 있을까요?

남자 아직 다리를 잘 움직일 수 없으니까 일주일 정도 더 치료를 받아야 할 것 같네요.

여자 일주일 뒤에는 잘 걸을 수 있을까요?

남자 하루에 삼십 분씩 조금씩 걷는 운동을 꼭 하세요. 그럼 빨리 좋아질 수 있을 거예요.

W Doctor, when do you think I will be discharged?

M It looks like you should be treated for one more week because you still can't move your legs freely.

W Will I be able to walk without any problem in a week?

M You should do a little walking exercise, like 30 minutes per day. Then, you'll get better quickly.

The woman is calling the man 의사 선생님(doctor), and the man is telling her the possible discharge date while also suggesting that she walks a little bit every day. Thus, you know this is a conversation between a male doctor and a female patient taking place at the hospital. The correct answer is ②.

20.

여자 민수 씨는 스키를 정말 잘 타는 것 같아요. 언제 처음 스키를 배웠어요?

남자 10년 전에 배웠어요. 겨울에는 주말마다 스키장에 와서 스키를 타요.

여자 와. 저는 1년 전에 스키를 처음 배워서 아직 잘 못 타요. 오늘 좀 가르쳐 주세요.

남자 그럼요. 오늘 저랑 같이 연습해 봐요.

W Minsu, I think that you ski really well. When did you start learning it?

M Ten years ago. I come to the ski resort every weekend during winter to ski.

W Wow! I only started learning skiing a year ago, so I'm still not good at it. Please teach me a trick or two today.

M Sure thing. Let's practice together today.

Since the man said that he first learnt to ski ten years ago, it's been ten years. The woman said that she learned to ski only a year ago, so ① is incorrect. ④ is incorrect because one can't know this based only on what has been said. Thus, the correct answer is ③.

21.

여자 오늘은 점심 먹으러 어디로 갈까요?

남자 저는 아직 안 가 봤는데 회사 뒤에 있는 냉면집 어떠세요?

여자 그럼 거기에 가서 냉면을 먹어요. 사장님도 같이 가시는 거죠?

남자 사장님은 다른 약속이 있으셔서 같이 못 가실 거예요.

W Where shall we go for lunch today?

M I've never been there before but how about the *Naengmyeon* (cold noodles) restaurant behind the company?

W Let's go there and eat *Naengmyeon*. The company president will go with us, won't s/he?

M S/he probably won't go with us because s/he has another appointment.

The man suggested 냉면 for lunch and the woman accepted it, so the correct answer is ①. Since the man said that the president might not join them due to another appointment, ② and ④ are incorrect.

[22~24] Listen to the following and identify the woman's main idea.

22.

여자 매주 금요일 저녁에 어디에 가는 거예요?

남자 아, 금요일마다 학원에 가서 영어를 배우고 있어요. 쓰기는 괜찮은데 영어를 말할 때 발음이 좋지 않아서요.

여자 그래요? 발음은 일주일에 한 번 수업을 듣는 것보다 매일 매일 연습하는 게 더 중요해요. 그렇게 하면 발음이 좋아질 거예요.

남자 그렇군요. 배운 것을 매일 연습해 볼게요.

W Where do you go every Friday evening?

M Oh, I learn English at an academy every Friday. My writing is okay, but my pronunciation is not good when I speak.

W Is that so? For pronunciation, it's more important to practice every day than going to class once a week. If you do that, your pronunciation will improve.

M I think you're right. I'll try to practice what I learn every day.

The woman is saying to the man that if he practices pronunciation every day, his pronunciation will improve. Thus, the correct answer is ④.

23.

여자 민수 씨, 다른 사람들은 안 왔어요?

남자 네. 수미 씨는 오늘 회의가 늦게 끝나서 못 왔고, 영수 씨는 고향에 가야 해서 못 왔어요.

여자 저는 두 사람의 생일 파티에 다 갔었는데 제 파티에는 아무도 오지 않았네요. 민수 씨에게 미안하지만 그냥 집에 가요. 파티할 기분이 아니에요.

남자 그래도 식당을 예약했으니까 저녁은 먹고 가요.

W Minsu, did the others not come?

M No, Sumi couldn't come because her meeting ended late, and Youngsu couldn't come because he had to go to his hometown.

W I went to both of their birthday parties, but they didn't come to mine. I'm very sorry to you, Minsu, but please go home. I'm not in the mood for a party.

M Since I've already made a reservation at the restaurant, let's just have dinner and go.

Judging from the woman saying "파티할 기분이 아니에요," you know that she is in a bad mood because her friends did not come to her birthday party. Since it's not that she can't attend the party but that the invited people didn't come, ① cannot be the correct answer. Thus, the correct answer is ②.

24.

여자 지난주부터 실수를 많이 하네요, 민수 씨.

남자 미안해요. 요즘 해야 할 일을 자주 잊어버려서 실수를 하네요.

여자 항상 메모를 해 보세요. 그냥 생각하는 것보다 종이에 써 놓으면 기억하기도 쉽고 잊어버리지도 않아요. 그러면 실수도 하지 않을 거예요.

남자 좋은 방법이네요. 그렇게 해 볼게요.

W You've been making many mistakes since last week, Minsu.

M I'm sorry. I keep forgetting things that I'm supposed to do these days.

W Why don't you just always make a note? If you write something down (on a paper), it's easier to remember than relying on your memory. Then you won't make a mistake.

M That's a good suggestion. I'll try doing that.

The woman is suggesting to the man who makes frequent mistakes to make a note so that he remembers things more easily and doesn't forget about them. Thus, the correct answer is ④.

[25~26] Listen to the following and answer the questions.

여자 여행을 가고 싶으시죠? 하지만 여행지를 선택하고 여행을 계획하는 것이 보통 일은 아닙니다. 이럴 때 저희 여행사의 도움을 받으시면 좋습니다. 저희는 국내 여행 전문 회사로 국내 지역별 숙박, 식사, 축제 등의 정보를 정리해서 소개해 드립니다.

그리고 저희 여행사에서 숙박을 예약하시면 교통비를 20% 할인받으실 수 있습니다. 언제든지 찾아 주세요.

W You want to travel, don't you? However, selecting a travel destination and planning a trip is not an easy thing. At a time like this, you can get help from our travel agency. We are domestic travel experts and can introduce to you all the information on lodging, meals, and festivals by region. And if you reserve the lodging through us, you can get a 20% discount on your transportation. Visit us any time.

25. This is a travel agency advertisement. As you can see in the sentence "국내 여행 전문 회사로서 국내 지역별 숙박, 식사, 축제 등의 정보를 정리하여 소개해 드립니다," they are introducing their agency's service. They are also giving discount information at the end of the ad that one can receive if s/he makes reservations through this agency. In other words, the purpose of this advertisement is to introduce their company. Thus, the correct answer is ②.

(Voca) 전문 회사 agency | 광고 advertisement | 정리하다 to organize | 여행사 travel agency

26. In this travel agency advertisement, they provide information that one can get a 20% discount on transportation if s/he reserves lodging through the agency. In other words, you know that you can make a hotel reservation at the travel agency. Thus, the correct answer is ②.

[27~28] Listen to the following and answer the questions.

남자 무슨 좋은 일 있어요? 기분이 좋아 보여요.

여자 아, 제가 한 달에 30만 원씩 저금했었는데 오늘이 10년이 되는 날이에요.

남자 와, 정말 많이 모았겠네요. 그런데 돈을 왜 그렇게 모았어요?

여자 10년 전에 처음 취직했을 때 회사가 너무 멀어서 자동차가 사고 싶었어요. 그래서 조금씩 모았어요. 내일 은행에 가서 돈을 찾아 자동차를 사려고요.

남자 정말 부러워요. 저는 모아 놓은 돈이 하나도 없는데……

여자 지금부터 모으면 돼요. 하루에 만 원씩 아끼면 한 달에 30만 원을 저금할 수 있어요.

M Do you have some good news? You look elated (lit. It looks like you're in a good mood.).

W Well, I've been saving 300,000 won per month and it's been 10 years today.

M Wow! You must have saved a lot. But what did you save that money for?

W When I got my first job 10 years ago, I wanted to buy a car because the company was so far. That's why I saved little by little. I'm going to the bank tomorrow to take the money out and buy a car.

M I really envy you. I have no savings…

W You can start saving now. If you save 10,000 won every day, you can save 300,000 won every month.

27. The woman is telling the man how to save money; if the man saved 10,000 won every day, he would save 300,000 won per month. Thus, the correct answer is ③.

28. The woman saved money steadily because she wanted to buy a car as her company was too far from her home. As a result, she is saying that she will go to the bank, withdraw the money, and go to buy a car. Thus, the correct answer is ④.

[29~30] Listen to the following and answer the questions.

남자 요즘 왜 전화를 안 받아요? 저한테 화났어요?

여자 아, 아니에요. 요즘 도서관에서 아르바이트를 시작했는데 밤늦게 끝나서요. 열람실에서 일할 때 전화를 받을 수가 없어요.

남자 그랬군요. 언제부터 일을 시작한 거예요?

여자 이 주 전부터 시작했어요. 매일 밤 열 시까지 일을 해요.

남자 정말 늦게 끝나네요. 저는 요즘 편의점에서 아르바이트를 하고 있는데 빨리 퇴근을 하는 편이에요.

M Why don't you answer your phone these days? Are you angry at me?

W Ah, no. I started a part-time job recently and I get off work late at night. While I work at the reading room, I can't answer any calls.

M Oh, I see. When did you start working there?

W I started two weeks ago. I work until 10 o'clock every night.

M It ends really late. I am working as a part-timer in a convenience store these days and I tend to leave work early.

29. The woman is working at a library these days and she can't answer the phone while working, so she didn't take the man's call. Thus, the correct answer is ③.

30. Judging from the man saying that he works part-time at a convenience store and that he tends to leave work early, we know the man doesn't have to work late. Thus, the correct answer is ②.

읽기   Reading

[31~33] What are the following about? Choose the correct answer as in the example.

31.
My stomach hurts. I meet with a doctor.

You should choose the place where you can go to see a doctor when your stomach aches. Thus, the correct answer is ④.

(Voca) 가수 singer | 책상 desk | 가족 family

32.
My father works in Seoul. My mother lives in Busan.

You can choose 부모(parents) which means father and mother. Thus, the correct answer is ②.

(Voca) 바지 pants | 날씨 weather | 고향 hometown

33.
We are on the 1st floor. An office is on the 2nd floor.

You should choose the one that is related to a 1st floor and 2nd floor. Thus, the correct answer is ①.

(Voca) 지하 basement | 신발 shoes | 모임 gathering, meeting

[34~39] Choose the most appropriate word for the blank as in the example.

34.
I went to the department store. I bought clothes (   ) dress shoes.

과 is a connective particle that links two or more things of equal qualification. Thus, the correct answer is ③.

35.
The window is dirty. I (   ) the window.

Since it says the window is dirty, it would be natural for the next step to be 창문을 닦다(to wipe the window). Thus, the correct answer is ④.

(Voca) 만들다 to make | 그리다 to draw | 닫다 to close

36.
The weather is nice. I will take a walk in the park.

산책(taking a walk) refers to strolling slowly for a rest as a hobby. It would be natural to say that the weather is good so one takes a walk in the park. Thus, the correct answer is ②.

(Voca) 여행 travel | 수영 swimming | 등산 hiking

37.
Clothes in department stores (   ). So, I buy clothes at the market.

The narrator buys clothes at the market as stated in the second sentence, so it would make sense to fill in the blank with the reason why s/he doesn't buy clothes in department stores. Thus, the correct answer is ①.

(Voca) 예쁘다 to be pretty | 같다 to be the same | 짧다 to be short

38.
I (   ) like traveling. I will travel to Jeju Island during this school vacation as well.

It is a question related to choosing a proper adverb that modifies 좋아하다(to like). The narrator said, "이번 방학에도 제주도로 여행을 갈 겁니다." so you know s/he likes traveling very much. It makes sense to fill in the blank with 정말 (really). Thus, the correct answer is ③.

(Voca) 보통 usually | 자주 frequently | 아까 earlier

39.
I have learned piano for a long time. So, I (   ) the piano well.

Piano goes well with the verb 치다(to play). Thus, the correct answer is ②.

(Voca) 불다 to blow | 하다 to do | 타다 to ride

40.

School Festival

There will be performances by an invited singer and (singing/dancing) club

- **Period:** May 13 - May 17, 2024
- **Time:** 17:00
- **Location:** Grand stadium

17:00 means 5 pm. The performance starts at 5 pm. Thus, the correct answer is ②.

41.

Swimming Contest

Do you swim well? Hot summer!
Enter (lit. Apply to participate) in the swim contest!

Contest Date: August 15, 2024
Application Period: August 1 – August 8, 2024
Applicants will receive a swimming cap.

The application period is from August 1 to August 8. The application begins August 1. Thus, the correct answer is ②.

42.

Student cafeteria Menu

Breakfast	07:00 - 09:30	Bulgogi
Lunch	11:00 - 01:30	Naengmyeon
Dinner	05:30 - 08:00	Bibimbap

* Price: 4,500 won

Lunchtime is from 11:00 am to 1:30 pm. One can eat 냉면(naengmyeon) during this time. Thus, the correct answer is ②.

[43~45] Read the following and choose the statement that matches.

43.

A bank will open in front of my house. There was no bank before so I used to go to a bank by bus. However, now I can go on foot.

You should choose the sentence that says that there will be a new bank in front of the house. Thus, the correct answer is ①.

44.

I like coffee so I drink a cup a day without fail. I drank coffee today, too. But I drank too much coffee today so I can't sleep.

It says "하루에 한 잔씩 꼭(a cup a day without fail)." Thus, the correct answer is ②.

45.

I learn to swim every Friday morning. As learning to swim is not hard, I'm picking it up quickly. I enjoy my day thanks to swimming.

The narrator said in the last sentence that s/he enjoyed her/his day swimming. Thus, the correct answer is ①.

[46~48] Read the following and choose the main content.

46.

I'm a company employee. The company I'm working for now is too far from home. Thus, I'm looking for a company near my home.

You should choose the sentence that means that the narrator is looking for a company near her/his house because her/his current work is far from her/his home. Thus, the correct answer is ③.

47.

I started exercising last week. I've gained a lot of weight these days, so I can't wear clothes that I like. I'll exercise hard and wear my favorite clothes again.

You should choose the sentence meaning that the narrator will exercise hard and wear favorite clothes. Thus, the correct answer is ④.

48.

There are many people at "Happy Hospital." There are also many foreigners because the staff there are kind. The doctors speak slowly and are always smiling.

The main idea is that there are many people at Happy Hospital because the staff there are kind and the doctors always smile. Thus, the correct answer is ③.

[49~50] Read the following and answer the questions.

One can buy stuff cheaply at Dongdaemun Market. Suyeon started working in Dongdaemun Market 10 years ago. Suyeon is very popular with foreigners because she is kind. Also, she speaks foreign languages well so she sells goods (   ). She speaks English and Japanese, and is now learning Chinese.

49. **Question type** Selecting the right word within the context (adjective)

Since it says that "수연 씨는 친절해서 외국인에게 인기가 많습니다." and that "외국어를 잘해서," it makes sense to continue with she sells things "well(잘)" or "a lot(많이)." Thus, the correct answer is ③.

(Voca) 조금 little | 아주 very | 매우 very

50. **Question type** Understanding details (accordance)

It says that Suyeon is friendly so she is popular with foreigners. Thus, the correct answer is ②. Suyeon sells things, not buys them, so one cannot know if ① is correct given the content.

The weather is warm in the spring in Korea. People go to see flowers because many flowers such as cherry blossoms and azaleas are (㉠). In summer the weather is hot and it rains often. People usually travel to the ocean or mountains. In fall the weather is cool and the fall foliage is beautiful. People go hiking a lot in order to see the fall foliage. In winter it's cold and it snows a lot. People can ski or skate.

51. **Question type** Selecting the right expression within the context
Flowers go well with the verb 피다(to bloom). It would be natural to continue with people go to see flowers as many flowers such as cherry blossoms and azaleas are in full bloom. Thus, the correct answer is ①.

52. **Question type** Understanding the subject of the text
The text focuses on spring, summer, fall, winter, that is, it's an explanation of Korea's four seasons. Thus, the correct answer is ③.

[53~54] Read the following and answer the questions.

I have been working at "Happy Florist" since a year ago. The place I work at is very big and the flowers are cheap so there are many customers. That's why I go to a big market every morning and buy a lot of flowers. (㉠) the market every day to buy flowers, I have gotten close to the owners of the store.

53. **Question type** Selecting the right expression within the context
−(으)니까 is used when expressing a reason. It would make sense to continue by saying the narrator got very close to the owners of the store because s/he went to buy flowers every day. Thus, the correct answer is ④.

54. **Question type** Understanding details (accordance)
You should choose the answer based on the content that says that the narrator goes to a big market every morning and buys a lot of flowers. Thus, the correct answer is ③.

[55~56] Read the following and answer the questions.

My boyfriend and I went to make couple rings last week. Since there was a store customers can make rings themselves, we decided to go and make rings there. It was not easy for us to make the rings, and they didn't turn out pretty. (㉠) they are precious because we made them for each other. Whenever I look at this ring, it reminds me of my boyfriend.

55. **Question type** Selecting the right expression within the context (conjunction)
하지만 is a connective adverb that is used when linking sentences with opposing facts. It would be more natural to say that although It would be natural to say that although it wasn't easy for them to make the rings, they are precious because they made them for each other. Thus, the correct answer is ③.

56. **Question type** Understanding details (accordance)
It says at the end of the passage that the narrator is reminded of her boyfriend whenever she looks at the ring. Thus, the correct answer is ③.

[57~58] Choose the correct order of the statements from among the following.

57.
(가) However, it's okay because there is an air conditioner.
(나) There are no windows in the classroom where I study.
(다) Since there are no windows, it's dark and it's a bit hot in summer.
(라) And when I'm in class, it's good that I don't look out of the window.

Question type Selecting the right expression within the context
Discourse markers such as 하지만 and 그리고 are the key to finding the correct answer here. It would make sense to arrange the sentences in such order that (다) it's dark and hot in summer because there are no windows in the classroom, (가) but it's okay because there is an air conditioner, and (라) it's good because the narrator doesn't look out the window when s/he is in class. Thus, the correct answer is ①.

58.
(가) In Korea, one can go to the ocean easily and quickly.
(나) So, people go to the ocean often when they have time.
(다) In Incheon there is also a subway so one can go by subway.
(라) For example, it takes about one and half hours from Seoul to the Incheon seashore by car.

Question type Arranging the sentences in the right order
People can go from Seoul to Incheon seashore not only by car but also by subway so they go there often. Thus, the correct answer is ④.

[59~60] Read the following and answer the questions.

I'm studying Korean language in Korea. My younger sibling came to Korea last week. (㉠) My younger sister/brother had a great time because there were many shops that sold old stuff in Insadong. (㉡) My younger sister/brother bought Korean dishes that s/he would give to her/his parents. (㉢) We ate Korean traditional food and drank traditional tea in Insadong. (㉣) tomorrow we're going to go shopping in Dongdaemun.

59. **Question type** Placing the sentence in the right place

Since my younger sister/brother likes traditional Korean culture, we went to Insadong together.

The key part of the given sentence is "my younger

sister/brother likes traditional culture." It would make sense for the related content to come next. There is content after ㉠ that my younger sibling had a great time for there were many shops that sold old stuff. Thus, the correct answer is ①.

60. **Question type** Understanding details (accordance)

At the end of sentence ㉡, the narrator said that her/his sister/brother bought dishes for her/his parents. Thus, the correct answer is ④.

[61~62] Read the following and answer the questions.

I went to a PC-room yesterday for the first time although it's been two years since I came to Korea. I was able to use a computer and it was good because the computer was very fast and the monitor was big. Koreans often go to a PC-room (㉠). It costs 1,000 won for an hour. Since it's cheap, many people play games all through the night.

61. **Question type** Selecting the right expression within the context

때 is a noun used to express a certain period or situation attached to the noun. It makes sense to connect a game-playing situation to going to the PC-room often. Thus, the correct answer is ④.

62. **Question type** Understanding details (accordance)

You can find the answer based on the content that says that "the computer in the PC-room was fast and the monitor was big." Thus, the correct answer is ①.

[63~64] Read the following and answer the questions.

Recipient: kmj@maver.com, you123@maver.com, …
Sender: korean@maver.com
Subject: Helping Needy Neighbors

Dear Korean Language Department Members,
The Korean Language Department is collecting things that are not in use to help needy neighbors. Please bring items that are good to use which you don't need. Clothing, shoes, bags, and books would be preferable. Other items are also okay. Those who bring things will receive a small present. We encourage your active participation.

Korean Language Department (Manager)

63. **Question type** Understanding the purpose

You should choose the option that says that they are collecting no longer used items to help needy neighbor. Thus, the correct answer is ③.

64. **Question type** Understanding details (accordance)

A request is being made to bring items that can be used to the department office. Thus, the correct answer is ④. At the very beginning of this email it says "한국어학과 여

러분, 안녕하십니까?" Since the recipients of this passage are members of the Korean Language Department, ③ is incorrect.

[65~66] Read the following and answer the questions.

I go to Sinchon Station frequently when I have an appointment with my friends. Sinchon is about two hours away from where I live but I can go there without much problem. When I go to Sinchon, I first take a bus to go to a subway station. Since there is a subway station right in front of the bus stop, I often use it when I transfer. Also, since the subway is line 2, I can go to Sinchon Station without transferring, it (㉠).

65. **Question type** Selecting the right expression within the context

–ㄴ/은/는 것 같다 is used when one talks about one's evaluation and thought on a certain situation or condition. It says when one goes to Sinchon, it is convenient to use subway. Thus, the correct answer is ②.

66. **Question type** Understanding details (accordance)

It said that although it takes about two hours to get to Sinchon, it's okay because one can go there easily. Thus, the correct answer is ①.

[67~68] Read the following and answer the questions.

The cell phone market of Korea has quickly grown. While (㉠) by cell phones have increased, end up wanting a faster Internet connection. So, every cell phone company advertises that they are the fastest in their advertisements. However, there are many disadvantages. Cell phones are now more expensive than computers. Moreover, because people play internet games on their cell phones too much, the amount of time spent conversing with other people is decreasing.

67. **Question type** Selecting the right expression

Since "end up wanting a faster Internet connection" is at the end of the second sentence, it would be appropriate for content related to the Internet to go into ㉠. Thus, the correct answer is ④.

68. **Question type** Understanding details (accordance)

You should choose the content that has to do with all cell phone companies advertising that their companies' speed is fastest. Thus, the correct answer is ②.

[69~70] Read the following and answer the questions.

When you have concerns or worries, do not try to solve them by staying in the same place. If you stay in one place, no fresh ideas will come to mind. At those times, it is good to go somewhere else and walk around, and (㉠) your mood while getting some fresh air. It would also be good to eat tasty food or talk with a friend. Slowly finding a solution to your worries in a different place would be helpful.

69. **Question type** Selecting the right expression within the context
좋습니다 is an assertion so it is appropriate to put 바꾸는 것이(changing) in ㉠, which is in the form of a subject. Thus, the correct answer is ①.

70. **Question type** Understanding details (accordance)
It suggested that when one has a concern, one should take a walk in a different place and get some fresh air rather than staying in the same place. Thus, the correct answer is ②. Although it says that going to a different place would be helpful, that doesn't necessarily mean that one should go to various places, so ④ is incorrect.

TOPIK MASTER 3rd Edition

FINAL 실전 모의고사 5회

The 5th Final Actual Test

정답 ANSWERS

듣기, 읽기

듣기

1. ③	2. ④	3. ②	4. ④	5. ③	6. ④	7. ①	8. ③	9. ①	10. ③
11. ③	12. ②	13. ①	14. ④	15. ③	16. ②	17. ③	18. ①	19. ②	20. ④
21. ③	22. ③	23. ②	24. ③	25. ④	26. ③	27. ②	28. ②	29. ④	30. ②

읽기

31. ③	32. ①	33. ④	34. ③	35. ③	36. ②	37. ③	38. ③	39. ①	40. ②
41. ①	42. ①	43. ③	44. ①	45. ④	46. ③	47. ③	48. ②	49. ④	50. ③
51. ②	52. ②	53. ①	54. ②	55. ④	56. ①	57. ④	58. ①	59. ③	60. ④
61. ①	62. ④	63. ①	64. ④	65. ④	66. ③	67. ④	68. ②	69. ③	70. ②

듣기 | Listening

[1~4] Listen to the following and choose the correct answer as in the example.

1.
여자 자동차가 있어요?

남자 _____

W Do you have a car?
M

To the question "자동차가 있어요?" if the answer is in the affirmative, then you should choose "네, N이/가 있어요." If not, you should choose "아니요, N이/가 없어요," using the antonym of 있다, which is 없다. Thus, the correct answer is ③.

2.
남자 집이 커요?

여자 _____

M Is your house big?
W

To the question "집이 커요?" if the answer is in the affirmative "네, N이/가 커요." If negative, "아니요, 크지 않아요." or "아니요, 집이 작아요," using the antonym of 크다, which is 작다. Thus, the correct answer is ④.

3.
남자 책을 누구에게 줬어요?

여자 _____

M To whom did you give the book?
W

Since the question has to do with 누구, ① and ③ can't be the correct answer. However, the question is about the person/object who received the book, not the subject who gave the book, so ④, which has the particle 가 cannot be the correct answer. ② is the correct answer because the question is asking "누구에게," and the answer is "동생에게."

4.
남자 제가 그린 그림 어때요?

여자 _____

M What do you think of the picture I drew?
W

To the man's question asking about how his drawing/painting was, the woman replies by expressing her feelings regarding the man's painting. Thus, the correct answer is ④.

[5~6] Listen to the following and choose what comes next as in the example.

5.
여자 내일이 제 생일이에요.

남자 _____

W Tomorrow is my birthday.
M

To the woman's statement that tomorrow is her birthday, it would be most appropriate to say "Congratulations on your birthday." Thus, the correct answer is ③.

6.
여자 민수 씨 좀 바꿔 주세요.

남자 _____

W May I speak to Minsu please?
M

To the woman's request of putting Minsu on the phone, it would be most appropriate to ask her to wait. If Minsu had answered the phone It would be common practice to reply with "접니다." or "제가 ○○○ 입니다." Since you cannot say "여기 있습니다" in a situation where one cannot see each other on the phone, ③ is incorrect. Thus, the correct answer is ④.

[7~10] Where is this conversation taking place? Choose the correct answer as in the example.

7.
남자 몇 시에 도착해요?
여자 다섯 시 비행기니까 곧 도착할 것 같아요.

M When does s/he arrive?
W It's a 5 o'clock flight so s/he will arrive soon.

The appropriate place for a plane arrival is the airport. Thus, the correct answer is ①.
(Voca) 병원 hospital | 기차역 train station | 미술관 art museum/gallery

8.
남자 지우개 두 개 주세요.
여자 네. 모두 천 원입니다.

M Please give me two erasers.
W Here they are. The total is 1,000 won.

The man is buying erasers and the place where one can buy erasers is a stationary store. Thus, the correct answer is ③.
(Voca) 공항 airport | 교실 classroom | 도서관 library

9.
남자 선생님, 잘 모르겠어요. 다시 설명해 주세요.
여자 네, 잘 들으세요.

M Teacher, I can't understand. Please explain again.
W Sure, listen carefully.

Judging from the man asking the teacher a question, he is a student and the woman is his teacher. The most appropriate place for a conversation involving a teacher and student is a classroom. Thus, the correct answer is ①.

(Voca) 가게 store | 호텔 hotel | 식당 restaurant

10.
남자 한국 사람들이 많이 가는 곳은 어디예요?
여자 요즘은 제주도가 정말 아름다워서 많이 갑니다. 제주도에 한번 가 보세요.

M Where do Koreans often go to?
W These days many Koreans go to Jeju Island because it's really beautiful. You should go to Jeju Island.

The man is asking the woman about travel destinations that are favored by Koreans, and the woman is recommending Jeju Island. Based on this, one can infer that this conversation is taking place in a travel agency. Thus, the correct answer is ③.

(Voca) 서점 bookstore | 은행 bank | 백화점 department store

[11~14] What are the following about? Choose the correct answer as in the example.

11.
여자 누구와 제일 친해요?
남자 저는 민수와 친합니다. 초등학교 때부터 친했어요.

W Who are you closest to?
M I'm close to Minsu. We've been close since elementary school.

To the woman's question regarding his best friend, the man talks about Minsu with whom he has been close with since elementary school. Thus, the correct answer is ③.

(Voca) 가족 family | 날짜 date | 선물 gift

12.
여자 요즘 요가를 하는데 몸에 좋은 거 같아요.
남자 운동도 중요하지만 음식도 잘 먹어야 해요.

W I'm doing yoga these days and it seems to be good for my health.
M Exercise is important but you should eat well, too.

The woman is talking about yoga as a healthy exercise, and the man replies that eating well is also important. Thus, the correct answer is ②.

(Voca) 취미 hobby | 기분 mood, feeling | 식사 meal

13.
남자 매운 음식을 좋아해요?
여자 네. 그래서 한국 음식을 정말 좋아해요.

M Do you like spicy food?
W Yes, that's why I really like Korean food.

They are talking about spicy food, that is, "taste." Thus, the correct answer is ①.

(Voca) 값 price | 일 work | 방 room

Taste-related vocabulary

맵다 to be spicy 🗺 김치가 매워요. Kimchi is spicy.
짜다 to be salty 🗺 미역국이 짜요. The seaweed soup is salty.
시다 to be sour 🗺 식초를 넣으면 신 맛이 나요. If you add vinegar, it will taste sour.
달다 to be sweet 🗺 설탕을 너무 넣어서 달아요. It's too sweet because too much sugar was put in.
쓰다 to be bitter 🗺 약이 너무 써요. The medicine is too bitter.

14.
여자 한국에서는 무슨 음식이 유명해요?
남자 김치가 유명해요. 정말 맛있어요.

W What food is most famous in Korea?
M Kimchi is famous. It's really delicious.

The woman asks which Korean food is most famous, and the man answers that it's kimchi. Thus, the correct answer is ④.

(Voca) 여행 travel | 주말 weekend | 나라 country

[15~16] Listen to the following and choose the picture that matches best.

15.
남자 우리 무슨 영화를 볼까요?
여자 저 영화 어때요? 정말 재미있을 것 같아요.

M What movie shall we see?
W How about that movie? It looks really interesting.

The two are at the cinema now and since the woman said to the man "저 영화가 재미있을 것 같다," we know they haven't selected a movie yet. Thus, the correct answer is ③.

16.
남자 수미 씨, 빨리 물에 들어와요. 정말 시원해요.
여자 네, 준비 운동만 하고 들어갈게요.

M Sumi, come in quickly. It's really cool.
W Sure. I'm just going to warm-up before I go in.

The man is telling the woman to come into the water quickly and the woman is about to warm-up. Thus, the correct answer is ②.

[17~21] Listen to the following and choose the statement that agrees with the conversation as in the example.

17.
여자 어디 가는 길이에요?
남자 내일 학교 시험이 있어서요. 공부하러 도서관에 가요.
여자 그럼, 미안하지만 제 책을 반납해 줄 수 있어요?

W Where are you going?

M I have an exam tomorrow, so I'm going to the library to study.

W Then, I'm sorry but would you mind returning my book for me?

To the man who said that he was going to the library to study, the woman is asking a favor of him by asking him to return her book. Based on this conversation, we know the woman has a borrowed book from the library. Thus, the correct answer is ③.

18.
여자 이걸 미국으로 보내려고 하는데요. 배로 보내면 다음 주에 도착할까요?

남자 음……. 배로 보내면 보통 한 달 정도 걸려요. 비행기로 보내시면 다음 주에 도착할 거예요.

여자 그렇군요. 그럼 비행기로 부쳐 주세요.

남자 네, 알겠습니다. 먼저 물건을 여기에 올려 주세요.

- -

W I want to send this to America. Will it arrive next week if I send it by surface mail?

M Hmmm… It usually takes about a month by surface mail. It will arrive next week by airmail.

W I see. Then, please send it by airmail.

M Okay. Please put it here first.

Since the man said at the end of the dialogue, "먼저 물건을 여기에 올려 주세요." we know that he is going to weigh it. Thus, the correct answer is ①.

19.
여자 민수 씨, 저 지난주에 회사 근처 아파트로 이사했어요.

남자 정말요? 집이 회사랑 가까워서 참 좋겠네요.

여자 네. 혹시 이번 주말에 집들이에 올 수 있어요?

남자 이번 주말에요? 일이 있어서 오전에 회사에 나가야 하는데 일 끝나고 저녁에 갈게요.

- -

W Minsu, I moved into an apartment near my company last week.

M Really? It must be really good that your house is close to work.

W Yes, by chance are you free this weekend to come to my house-warming party?

M This weekend? I have to go to work in the morning as I have some work to do, but I can go in the evening.

The woman invited the man to her house-warming party and the man responded with "일 끝나고 저녁에 갈게요." Thus, the correct answer is ②.

20.
여자 어서 오세요. 마음에 드는 옷은 입어 보세요.

남자 저……. 어제 여기에서 이 티셔츠를 샀는데 사이즈가 좀 작아서요. 큰 사이즈로 바꿀 수 있을까요?

여자 잠시만요. 손님, 죄송하지만 지금은 큰 사이즈가 없네요. 환불해 드릴까요?

남자 네. 그렇게 해 주세요.

- -

W Welcome. Please try on anything (lit. the clothes) that you like.

M Well…. I bought this T-shirt here yesterday, and it's a bit small (for me). Can I exchange it for a bigger size?

W Hold on a second. sir (lit. customer), I'm sorry but we don't have a bigger size now. Shall I refund it?

M Yes, please do so.

The man came to exchange a T-shirt that he bought yesterday because it was too small. However, since the store doesn't have a bigger size, he is going to get a refund. Thus, the correct answer is ④.

21.
여자 지난주 동아리 모임에 왜 안 왔어요?

남자 요즘 목이 아파서 병원에 다녀왔어요. 목이 아프면 노래할 수 없어서요.

여자 지금은 괜찮아요?

남자 약도 먹고 따뜻한 물을 많이 마시는데 그래도 목이 아파요. 아마 다음 주 노래 동아리 모임에도 갈 수 없을 것 같아요.

- -

W Why didn't you come to the club meeting last week?

M I had to go to the hospital because my throat has been hurting recently. I can't sing when I have a sore throat.

W Are you okay now?

M I took medicine and drank warm water but my throat still hurts. I probably won't be able to attend the singing club gathering next week, either.

Judging from the woman's question as to why the man didn't attend the club gathering last week and the man's answer of not being able to go to the singing club meeting next week, we know that the man and the woman are members of the same club. Thus, the correct answer is ③.

[22~24] Listen to the following and identify the woman's main idea.

22.
남자 아르바이트 광고를 보고 전화 드렸는데요.

여자 네. 월요일부터 금요일까지 일할 수 있는 사람을 찾고 있어요. 그리고 혹시 내일부터 일할 수 있어요?

남자 학교 방학이라서 평일에 시간이 괜찮습니다. 그런데 방학이 다음 주에 시작해서요. 다음 주부터 출근해도 될까요?

여자 미안하지만 안 되겠네요. 다음에 다시 연락 주세요.

- -

M I am calling about the part-time job I saw in the advertisement.

W Yes, we're looking for someone who can work from Monday through Friday. Can you start working tomorrow by any chance?

M Since school vacation will start soon, I can work on weekdays. However, school vacation starts next week so is it okay if I start working form next week?

W I'm sorry but that won't work. Please contact me again next time.

To the man's question as to whether he can start work form next week because his school vacation starts next week, the woman replies that she can't. Thus, the correct answer is ③.

23.
남자 어제 친구한테 빌린 카메라를 떨어뜨렸어요.

여자 정말요? 친구에게 이야기했어요?

남자 아니요. 친구한테 너무 미안해서 말을 못 하겠어요. 다행히 카메라는 바로 고쳤는데 그냥 친구에게 이야기하지 말까요?

여자 안 돼요. 말하는 게 힘들면 편지를 써 보세요. 실수한 게 있거나 사과해야 할 때 편지를 쓰면 좋아요.

M I dropped a camera that I borrowed from my friend yesterday.

W Really? Did you tell your friend (about it)?

M No, I am so sorry that I can't tell her/him. Fortunately, I fixed the camera right away, so would it be okay if I didn't tell him?

W No, it wouldn't. If telling him is hard, write a letter. It's good to write when you make a mistake or when you have something to apologize for.

The woman told the man that if he made a mistake or had to apologize for something, it would be good to write a letter. Thus, the correct answer is ②.

24.
남자 요즘 제 아들이 밥을 잘 안 먹어서 걱정이에요.

여자 그래요? 저도 어렸을 때 밥 먹는 걸 싫어해서 부모님이 많이 걱정하셨어요. 하지만 나중에 괜찮아졌어요.

남자 어떻게 괜찮아졌어요?

여자 부모님과 함께 음식을 직접 만들어 봤어요. 그렇게 했더니 제가 만든 요리라서 밥을 잘 먹게 됐어요. 한번 그 방법을 사용해 보세요.

M I'm very concerned that my son isn't eating well these days.

W Is that so? I didn't like eating when I was young so my parents worried about me a lot. But my eating improved.

M How did it improve?

W I tried to cook with my parents. When I did that, I became a good eater because I cooked by myself. Try what I did.

The woman is saying that she became a good eater after she tried to make food with her parents when she was young. Thus, the correct answer is ③.

[25~26] Listen to the following and answer the questions.

여자 저의 공부를 도와주신 교수님들과 한국어를 잘 이해하지 못할 때 옆에서 도와준 친구들에게 정말 고맙습니다. 4년 전에 한국어를 하나도 몰랐는데 여러분의 도움으로 이렇게 한국어를 잘하게 되었습니다. 그리고 한국 국악 동아리 활동을 하면서 공연을 했는데 정말 잊을 수 없을 겁니다. 미국에 가서도 계속 한국어를 공부할 거니까 자주 연락하고 지내요. 다시 보는 날까지 모두 건강하세요.

W I'm very grateful for my professors who helped with my study and my friends who helped me when I couldn't understand Korean well. I didn't know any Korean four years ago but I have become so good at Korean with all of your help. I also performed as a member of the Korean traditional music club, which is an experience that I will never forget. I'll continue to study Korean after returning to America so let's stay in touch. Stay healthy until I see you again.

25. The woman is sending a thank-you note to her former professor and friends who helped her while she was living in Korea. Thus, the correct answer is ④.

(Voca) 국악 Korean traditional music │ 공연 performance

26. The woman is thanking others by saying that she came to speak Korean well with the help of her professor and friends although she didn't speak Korean at all four years ago. She is also saying that she will continue to study Korean after she returns to America. Based on this information, we know the woman studied Korean for four years. Thus, the correct answer is ③.

[27~28] Listen to the following and answer the questions.

남자 수미 씨, 이번 학교 축제가 언제인지 알아요?

여자 다음 주 수요일이에요. 이번에는 유명한 가수들이 많이 와서 정말 기대돼요.

남자 정말요? 그런데 지난 축제는 시험이 다 끝나고 했는데 이번에는 시험 보기 전날이에요. 저는 왜 축제를 시험 전날에 하는지 모르겠어요. 축제를 주말에 하면 더 좋을 것 같은데······.

여자 주말에는 가수들이 바빠서 축제에 부르기 힘들지 않을까요? 또 학교에 안 오는 학생들도 많고요.

남자 아······. 그렇겠네요.

여자 그런데 저도 목요일에 시험하고 과제가 많아서 축제를 금요일에 하면 정말 마음이 편할 것 같아요.

M Sumi, do you know when the school festival is?

W It's next Wednesday. I'm really looking forward to it because many famous singers are coming this time.

M Really? The last festival took place after exams were over but this time the festival is the day before the test. I don't understand why the festival is on the day before the test. It would be better if the festival were held during the weekend.

W Wouldn't it be hard to invite the singers during the weekend because they are busy? Besides, many students don't come to school (on weekends).

M Ah… that's true.

W I have a test and a lot of homework on Thursday so I would feel better (lit. comfortable) if the festival were on Friday.

27. The two people are talking about a better date for the festival. Thus, the correct answer is ②.

28. The man said that he didn't understand why the festival was the day before a test. Thus, the correct answer is ②.

[29~30] Listen to the following and answer the questions.

남자 수미 씨, 무슨 일인데 우리 집까지 왔어요?

여자 약속이 있어서 근처에 왔다가 잠깐 들렀어요. 어제 제가 돈을 빌려 달라고 해서 기분이 나빴을 것 같아서요.

남자 아니에요. 전 괜찮아요. 저는 제가 너무 빨리 거절해서 미안했어요.

여자 제가 미안하죠. 그런 어려운 부탁을 해서 정말 미안해요.

남자 그냥 가요? 차 한잔하고 가요.

여자 친구가 밖에서 기다리고 있어서 가야 해요. 다음에 꼭 마셔요.

M Sumi, what brought you here (to my home)?

W I had an appointment around here (I was in the neighborhood) so I stopped by. I was worried I hurt your feelings yesterday because I asked you to lend me money.

M No, I was okay with it. I was sorry that I refused your request too quickly.

W No, I'm sorry. I'm sorry for asking a favor that was hard for you to refuse.

M Do you have to go? Let's have a cup of tea.

W I have to go now because my friend is waiting outside. We should definitely do that next time.

29. The woman came to the man's house to apologize for asking a difficult favor to lend her some money. Thus, the correct answer is ④.

30. Judging from the man saying "너무 빨리 거절해서 미안했어요," you know the man refused the woman's favor. Thus, the correct answer is ②.

읽기 Reading

[31~33] What are the following about? Choose the correct answer as in the example.

31.
I go to a mountain on Saturday. I meet with my friends on Sunday.

Saturday and Sunday are the weekend. Thus, the correct answer is ③.

(Voca) 휴가 vacation | 친구 friend | 연세 age (honorifics)

32.
I have an older sister. I also have a younger sibling.

An older sister and younger sibling are members of a family. Thus, the correct answer is ①.

(Voca) 회의 meeting | 유학 study abroad | 음식 food

33.
Summer in Korea is hot. It's cold in winter.

It's about Korea's summer and winter. There are four seasons – spring, summer, fall, and winter – in Korea. Thus, the correct answer is ④.

(Voca) 시장 market | 달력 calendar | 거리 street

[34~39] Choose the most appropriate word for the blank as in the example.

34.
I go from Seoul to Busan by train. It takes four hours by train.

(으)로 is a case particle that denotes means or tools of certain work. You should fill in the blank with the meaning "it takes four hours by train." Thus, the correct answer is ③.

• 도: A particle denoting adding to or including something that already exists.

• (이)나: A particle that indicates a selection although not satisfactory.

35.
It's my birthday, so I (   ) a present from my friends.

The word present is verbs with a verb such as 주다(to give), or 받다(to receive), but since it's the narrator's birthday, it would be appropriate to say "to receive" a present. Thus, the correct answer is ③.

(Voca) 사다 to buy | 열다 to open | 보내다 to send

36.
I like (   ). Among them, I like puppies the most.

The narrator says that s/he likes puppies the most. A puppy is an animal. Thus, the correct answer is ②.

(Voca) 과일 fruit | 음악 music | 운동 sports/exercise

37.
These days I don't have work to do, so (   )

Since it says "일이 없다" in the first sentence, it would be most natural to fill in the blank with an adjective meaning 심심하다(to be bored). Thus, the correct answer is ③.

(Voca) 아프다 to be sick/hurt | 바쁘다 to be busy | 어렵다 to be difficult

38.
I'm busy now. I'll call you. (   ).

나중에(later) means after the passing of some time. Since the narrator says that s/he is busy now, it would be natural to say that s/he will call "later" in terms of the context. Thus, the correct answer is ③.

(Voca) 아까 earlier | 조금 little | 천천히 slowly

39.

It's too hot. I would like to (   ) my clothes.

The word "clothes" is used with the verbs 입다(to wear) or 벗다(to take off). Since it says "너무 덥습니다." in the first sentence, it would be appropriate to fill in the blank with 벗다(to take off). Thus, the correct answer is ①.

(Voca) 차다 to wear (watch, belt, etc.) | 쓰다 to wear (hat/cap) | 끼다 to wear (glasses)

[40~42] Read the following and choose the statement that doesn't agree.

40.

Invitation

Seoul K-POP Dance Contest

■ Date and time: April 21, 2024, 1 pm
■ Location: Seoul City Hall Square
■ Good for two people

Two people can attend this contest with the invitation. Bringing two friends would make a total of three people. Thus, the correct answer is ②.

41.

Ms./Mr. Kim,

Maria called you but you didn't answer, so she called me. Maria will not be in Korea tomorrow. She will call you again in 30 minutes.

Lee Yeonju

Lee Yeonju didn't make the call but Maria did. Thus, the correct answer is ①.

42.

Dormitory Notice

■ Talk quietly on the phone.
■ Don't smoke.
■ Eat only in the lounge.
■ Turn off the TV after midnight.

Since the second line says "담배를 피우지 마세요," you know that smoking is not allowed in the dormitory. Thus, the correct answer is ①.

[43~45] Read the following and choose the statement that matches.

43.

There is a very big desk in my room. I clean my desk every day. It's really nice when I study because it is large and clean.

The narrator says that s/he cleans the desk every day and that she likes it when studying because the desk is big and clean. Thus, the correct answer is ③.

44.

It's very hot these days. There is an air conditioner in the classroom so it's cool when studying. There is no air conditioner at home, so I wish I could buy one soon.

It says that it's cool in the classroom when studying because there is an air conditioner. Thus, the correct answer is ①.

45.

Our family is going to have a party this Sunday. Because my younger sibling has gotten a job, we're going to have a congratulatory party. I will cook delicious food and give it to my younger sister/ brother.

This coming Sunday, or on the weekend, the narrator's family will have a party to celebrate her/his younger sister/brother's having obtained employment. Thus, the correct answer is ④.

[46~48] Read the following and choose the main content.

46.

I usually work at night. When I work, I get hungry so I buy food often. I bought takeout in the convenience store today as well.

The narrator says that s/he buys food often when s/he works at night because s/he gets hungry. Thus, the correct answer is ③

47.

I would like to become a good person who helps others. That's why I intend to be a doctor. When I become a doctor, I would like to help sick people.

The narrator says that s/he would like to become a kind and good doctor. Thus, the correct answer is ③.

48.

I like driving. I also like looking at new cars. I read a lot of books on cars.

Judging from the statement that the narrator not only likes driving but also likes seeing new cars, you know that s/he likes cars a lot. Thus, the correct answer is ②.

[49~50] Read the following and answer the questions.

I dislike cooking at home. However, eating out is too expensive so I'm going to cook at home. I would like to cook the (㉠) dish. My friend recommended fried rice to me. So, I'll go to a market today to buy vegetables.

49. Question type Selecting the right word within the context (adjective)

Since the narrator says that s/he dislikes cooking, it would be contextually most natural to say that s/he will cook 쉬운(easy) food. Thus, the correct answer is ④.

(Voca) 밝다 to be bright | 작다 to be small | 돕다 to help

50. **Question type** Understanding details (accordance)

The narrator says that s/he is going to "cook at home now" because eating out is expensive, so one can guess that the narrator is going to cook by herself/himself in the future. Thus, the correct answer is ③.

[51~52] Read the following and answer the questions.

In Korea there is a "house-warming" culture. When one moves into a new house, s/he invites her/his friends, offers a meal and shows them around the house. The invited people usually bring detergent or toilet paper as present. These presents have a special meaning. Detergent means making a lot of money because it produces a lot of bubbles, and if one receives toilet paper, it means* someone wants everything to go smoothly.

*Things will go well (일이 잘 풀리다) like the unrolling of the toilet paper (휴지가 풀리다).

51. **Question type** Selecting the right expression within the context

This passage is about the meanings of house-warming gifts. It would be contextually most appropriate to say "돈을 번다(to make money)." Thus, the correct answer is ②.

52. **Question type** Understanding the subject of the text

After briefly explaining about "house-warming" in the beginning of the passage, it talks about the meaning of house-warming present. Thus, the correct answer is ②.

[53~54] Read the following and answer the questions.

I sometimes go to school late because I cannot wake up early in the morning. So, I made a promise with my teacher. (㉠) again, I said I would clean the restroom after school. I was late four times in a week. However, I will not be late tomorrow no matter what.

53. **Question type** Selecting the right expression within the context

−(으)면 is used to indicate a condition. Since it says in the preceding sentence that the narrator "made a promise" and said "I would clean the restroom after school," it would be natural to complete the sentence to mean a condition. Thus, the correct answer is ①.

54. **Question type** Understanding details (accordance)

The narrator says that s/he was late four times but would not be late tomorrow. Thus, the correct answer is ②.

[55~56] Read the following and answer the questions.

Lying is a bad thing. (㉠) there are times when we lie. We lie when we don't want our parents or friends to worry about us. We also lie in order not to hurt other people's feelings. It would be best if one doesn't lie but there are necessary lies.

55. **Question type** Selecting the right expression within the context (conjunction)

그러나 is used when the preceding and following content contradict each other. It would be natural to complete the sentence to mean that lying is bad but there are times when people lie. Thus, the correct answer is ④.

56. **Question type** Understanding details (accordance)

At the end of the passage it says that "필요한 거짓말도 있습니다." You should choose the answer based on the sentence that "when one doesn't want to have others worry or when one doesn't want to hurt others, people lie." Thus, the correct answer is ①.

[57~58] Choose the correct order of the statements from among the following.

57.

(가) There is one restaurant that I would like to go to.

(나) I can go because I made a reservation a week ago.

(다) As for that restaurant, one should make a reservation because it's very crowded.

(라) If many customers have made reservations (lit. there are many reserved customers), you probably won't be able to reserve a table.

Question type Arranging the sentences in the right order

You can choose the correct answer using a discourse marker like 그런데. It makes sense to say first, the restaurant that the narrator would like to go is very popular so making a reservation is necessary. Then, there are many customers who made reservation so it's possible that one cannot make a reservation, but the narrator can go because s/he made a reservation a week ago. Thus, the correct answer is ④.

58.

(가) I would like to be admitted to Hanguk University.

(나) The tuition of the university that I would like to attend is cheap.

(다) So, I can go to that school with the money that I earn while working part-time.

(라) However, I must first study hard so that I will pass the entrance exam.

Question type Arranging the sentences in the right order

You can use discourse markers such as 하지만 or 그래서 when you choose the correct answer. It would make sense if you say first you can go to Hanguk University with the money that you earn while working as a part-timer because the tuition is cheap. However, you must first study hard in order to pass the entrance exam. Thus, the correct answer is ①.

[59~60] Read the following and answer the questions.

I went to Myeongdong a few days ago with my friend. We shopped and had lunch in Myeongdong. (㉠) There were a lot of people and I saw a really good-looking man while walking. (㉡) Because he was so handsome, I told my friend "Look at that man! He is really delicious!" (㉢) I was so ashamed. I will not make such a mistake from now on.

59. `Question type` Placing the sentence in the right place

My friend told me "That man is not food."

It would be natural to put what the narrator's friend teased about after "정말 맛있어요!" Thus, the correct answer is ③.

60. `Question type` Understanding details (accordance)
It's an episode in which the narrator confused 멋있다(to be cool) for 맛있다(to be delicious). Thus, the correct answer is ④.

[61~62] Read the following and answer the questions.

I came back from my school upperclassman's wedding last Sunday. The Korean wedding ceremony was very different from that of my country. In my country, the wedding party goes on all day long. (㉠), the wedding that I went to last week ended very early, lasting about one hour. Guests left immediately after they had a meal. So, I came back home early as well.

61. `Question type` Selecting the right expression within the context
–는데 is used when describing a situation that is related to what has been mentioned. You should complete the sentence to link two facts, "아주 빨리 끝나다" and "1시간쯤 걸렸습니다." Thus, the correct answer is ①.

62. `Question type` Understanding details (accordance)
It said "사람들이 밥을 먹은 후에 바로 헤어졌습니다." So, the correct answer is ④.

[63~64] Read the following and answer the questions.

Recipient: kmj@maver.com, you123@maver.com,···
Sender: park@maver.com
Topic: Seoraksan Mountain Hiking trip

To all employee, I hope everyone is doing well.
The company prepared a reward(lit. present) because everyone worked hard last month. The reward is a "Hiking trip to Seoraksan Mountain." Each of you will receive one free ticket to stay at Seoraksan Hotel. Up to four people can use one ticket. The bus ride to Seoraksan Mountain is also free. The bus leaves at 6 am this Saturday in front of the main gate of the company. Hope you all participate.

Happy Company Office

63. `Question type` Understanding the purpose
Since it says that "the company prepared a reward," one knows that it is about an invitation to a hiking trip. Thus, the correct answer is ①.

64. `Question type` Understanding details (accordance)
You should choose the one that says the bus leaves at 6 am in front of the company's main gate. Thus, the correct answer is ④.

[65~66] Read the following and answer the questions.

I like a Korean movie actor, so I'm learning Korean. Because of that actor, I became interested in Korea. A special bike trip with that actor from the first to the third of next month has become available. It is an event to help our neighbors in need so anyone (㉠). So, I'm also going to submit an application.

65. `Question type` Selecting the right expression within the context
–(으)ㄹ 수 있다 is used to mean something is possible. It would be natural to go with "since it is an event to help needy neighbors, anyone can participate." Thus, the correct answer is ④.

66. `Question type` Understanding details (accordance)
The narrator said that a special vacation option that will feature a bicycle trip with a movie actor for three days, from the first to the third of next month, has been released. Thus, the correct answer is ③.

[67~68] Read the following and answer the questions.

Tomatoes make our bodies healthy. They are especially good for your eyes so if one eats a lot of tomatoes, they prevent (㉠). You can just wash and eat them or you can cook them. By the way, eating cooked tomatoes is better for your health than just eating raw tomatoes. So, you can either grill them with meat or make stir-fried dishes. In particular, stir-fried tomatoes with eggs taste delicious and are good as a side dish.

67. `Question type` Selecting the right expression
It says tomatoes are good for your eyes. So, it would be natural to say if one eats a lot of tomatoes, it would help prevent your eyesight from going bad. Thus, the correct answer is ④.

68. `Question type` Understanding details (accordance)
Tomatoes are better for your health when one eats cooked tomatoes rather than raw ones. So the correct answer is ②.

Shik-hye (sweet rice punch) is a Korean traditional beverage. It is made of rice and many people like it because it's sweet and delicious. It's better to drink it cool. Because it helps digestion, people drink it after a meal. It's easy and simple to make it but it takes a long time to make it. I intend to make it myself and (㉠). It will be really delicious.

69. **Question type** Selecting the right expression within the context
    –(으)려고 하다 is used when one has an intention or purpose of doing something. The narrator is thinking of making *shik-hye* by herself/himself now. Thus, the correct answer is ③.

70. **Question type** Understanding details (accordance)
    You should choose the answer that says it's better to drink it cool. Thus, the correct answer is ②.

TOPIK MASTER 3rd Edition

FINAL 실전 모의고사 6회

The 6th Final Actual Test

정답 ANSWERS

듣기, 읽기

듣기

1. ④	2. ②	3. ①	4. ③	5. ④	6. ①	7. ③	8. ④	9. ③	10. ④
11. ②	12. ①	13. ④	14. ③	15. ③	16. ③	17. ④	18. ②	19. ③	20. ③
21. ④	22. ④	23. ④	24. ③	25. ③	26. ③	27. ③	28. ④	29. ③	30. ③

읽기

31. ②	32. ④	33. ①	34. ③	35. ②	36. ③	37. ③	38. ①	39. ①	40. ②
41. ①	42. ①	43. ②	44. ③	45. ②	46. ④	47. ③	48. ①	49. ③	50. ①
51. ③	52. ①	53. ③	54. ④	55. ③	56. ②	57. ④	58. ②	59. ②	60. ①
61. ③	62. ④	63. ②	64. ③	65. ③	66. ④	67. ④	68. ④	69. ①	70. ④

듣기 Listening

[1~4] Listen to the following and choose the correct answer as in the example.

1.

여자 아버지 사진이에요?

남자 _____

W Is this your father's photo?

M _____

To the question "N이에요/예요?" or "N해요?," if the answer is in the affirmative, you should say "네, N이에요/예요" or "N을/를 해요/N해요." If the answer is in the negative, then you should say "N 이/가 아니에요" or "N을 안 해요/N 하지 않아요." Thus, the correct answer is ④.

2.

남자 햄버거를 먹어요?

여자 _____

M Do you eat hamburgers?

W _____

The affirmative answer to "햄버거를 먹어요?" is "네, N을/를 먹어요." If the answer is in the negative, you can say "N을/를 안 먹어요, N을/를 먹지 않아요" or you can say that you eat other foods. Thus, the correct answer is ②.

3.

남자 언제 영화를 봤어요?

여자 _____

M When did you see the movie?

W _____

You should choose an answer that indicates the time as an answer to a question starting with the word 언제. When indicating time, you may use the forms "N에" or "N 때" but the words 어제 and 내일 cannot be used with the particle 에. Thus, the correct answer is ①.

4.

남자 며칠 동안 고향에 있었어요?

여자 _____

M How many days were you in your hometown?

W _____

The man is asking "며칠 동안" the woman stayed in her hometown. Thus, the answer is ③.

[5~6] Listen to the following and choose what comes next as in the example.

5.

여자 졸업을 정말 축하해요.

남자 _____

W My sincere congratulations on your graduation.

M _____

You should choose an answer that goes well with the word 축하(congratulations). Thus, the correct answer is ④.

6.

여자 한 시간 후에 다시 전화하세요.

남자 _____

W Please call again in an hour.

M _____

One may give a positive answer to the request of asking to call again in an hour. Thus, the correct answer is ①.

[7~10] Where is this conversation taking place? Choose the correct answer as in the example.

7.

남자 김 대리, 오늘 몇 시에 퇴근하세요?

여자 오늘은 일이 많아서 늦게 끝날 것 같아요.

M Ms. (assistant section chief) Kim, what time are you getting off work today?

W I might have to stay late as I have a lot to do.

Based on the word 퇴근하다, you know that she is working at a company. Thus, the correct answer is ③.

(Voca) 학교 school | 식당 restaurant | 공원 park
- 회사 **company:**
  출근하다 to go to work ↔ 퇴근하다 to leave work
  결근하다 to miss work
- 학교 **school:**
  등교하다 to go to school ↔ 하교하다 to leave school
  결석하다 to miss school

8.

남자 환전은 어디에서 할 수 있어요?

여자 이 층에서 하실 수 있습니다.

M Where can I exchange currency?

W You can do so on the second floor.

The most appropriate place for exchanging money is the bank. Thus, the correct answer is ④.

(Voca) 가게 store | 극장 cinema | 교실 classroom

9.

남자 좀 더 큰 사이즈는 없어요?

여자 잠깐만 기다려 주세요. 가지고 오겠습니다.

M Don't you have a bigger size?

W Just a moment. I'll get one.

Based on the word 사이즈, you know the man is in a clothing/shoe store. Thus, the correct answer is ③.

(Voca) 공항 airport | 학교 school | 주유소 gas station

10.

남자 얼마 동안 책을 대출할 수 있어요?

여자 일주일 동안 빌릴 수 있습니다.

M How long can I keep the book for?

W You can keep it for a week.

A place where one usually checks books out is the library. Thus, the correct answer is ④.

(Voca) 서점 store │ 교실 classroom │
백화점 department store

● 대출하다: to check out = 빌리다 (to borrow)

[11~14] **What are the following about? Choose the correct answer as in the example.**

11.

여자 이번 방학 때 미국에 가요.

남자 저도 일본에 가요. 방학이 빨리 왔으면 좋겠어요.

W I am going to America this vacation.

M I am going to Japan. I wish the holidays would come sooner.

The two are talking about their travel destinations during the vacation period. Thus, the correct answer is ②.

(Voca) 운동 exercise │ 요일 day (of the week) │
기분 mood/feeling

12.

여자 다음 주에 이사를 가요? 침대는 샀어요?

남자 아니요. 내일 백화점에 가서 사려고 해요.

W You are moving next week, aren't you? Have you bought a bed?

M No. I'm going to buy one at the department store tomorrow.

The man is going to buy a bed at the department store tomorrow because he is moving next week. Given that it is the man who is moving and it is also the man who will buy a bed, 선물 can't be the answer. Since the bed is a piece of furniture, the correct answer is ①.

(Voca) 선물 gift │ 소포 parcel, package │ 날짜 date

13.

남자 겨울은 춥지만 저는 겨울을 좋아해요.

여자 저도요. 겨울에는 스키를 탈 수 있어서 너무 좋아요.

M Winter is cold, but I like it.

W Me too. It's great that we can ski in winter.

The two are talking about winter, in other words, the season. Thus, the correct answer is ④.

(Voca) 친구 friend │ 건강 health │ 계획 plan

14.

여자 이걸 직접 그렸어요? 정말 예뻐요.

남자 고마워요. 어릴 때부터 사람 그리는 것을 좋아했어요.

W Did you draw this yourself? It's really pretty.

M Thank you. I've liked drawing people since I was young.

Based on the word 그리다(to draw), you know that they are talking about the drawing/painting. Thus, the correct answer is ③.

(Voca) 여행 travel │ 사진 photo │ 운동 exercise

[15~16] **Listen to the following and choose the picture that matches best.**

15.

남자 공원에 꽃과 나무가 많네요.

여자 저기 큰 나무 아래에 가서 같이 사진을 찍어요.

M There are many flowers and trees in the park.

W Let's go and take a picture under the big tree over there.

The woman is suggesting to the man to take a picture together under the tall tree. Since she said 저기(over there), you know that they are not close to the tree. Thus, the correct answer is ③.

16.

남자 설거지할 게 많네요. 좀 도와 드릴까요?

여자 괜찮아요. 이걸로 식탁만 좀 닦아 주세요.

M Wow, there's so many dishes to wash. May I help you?

W It's okay. Please just wipe the table with this.

The woman is washing the dishes and asking the man to wipe the table by handing over a dishcloth. Thus, the correct answer is ③.

[17~21] **Listen to the following and choose the statement that agrees with the conversation as in the example.**

17.

여자 민수 씨, 기차표 예매했어요?

남자 아! 미안해요. 어제 너무 바빠서 예매를 못 했어요.

여자 그럼, 제가 오늘 서울역에 가서 예매할게요.

W Minsu, have you reserved your train ticket?

M Oh, I'm sorry. I couldn't do it because I was so busy yesterday.

W Then, I'll go to Seoul Station today and make a reservation.

When the man said that he couldn't reserve a train ticket because he was busy, the woman replied that she would make a reservation today. Thus, the correct answer is ④.

18.

여자 아직도 열이 많이 나고 기침을 많이 해요?

남자 네, 지난주에 주신 약은 다 먹었는데 열은 아직도 나요.
기침은 안 하고요.

여자 그래요? 혹시 찬 음식을 먹거나 수영 같은 운동을
하셨나요?

남자 운동은 안 했는데 차가운 물하고 아이스크림을 많이
먹었어요.

W Are you still coughing a lot and do you still have a high fever?

M Yes, I took all the medicine that you gave me last week, but I still have a fever. I'm no longer coughing though.

W Is that so? Did you eat any cold food or swim by any chance?

M I didn't exercise but I drank cold water and ate a lot of ice cream.

To the woman's question of whether he still has a high fever and is frequently coughing, the man replies that he still has a fever but is no longer coughing. Thus, the correct answer is ②.

19.
여자 손님, 죄송하지만 여기에서 사진을 찍으시면 안 됩니다.

남자 그래요? 안내문이 없어서 몰랐어요. 그럼 건물 밖에 있는 그림들도 사진을 찍으면 안 돼요?

여자 그렇습니다. 대신 일 층에서 그림이 나온 책을 팔고 있습니다.

남자 네. 알려 줘서 감사합니다.

W Sir, I'm sorry but you can't take pictures here.

M Is that so? I didn't know that as there is no sign. Am I not allowed to take pictures of those paintings outside of the building?

W That's right. However, you can buy a book of the paintings on the first floor.

M Thanks for letting me know.

Judging from the fact that the man was about to take pictures, you know that he has a camera. Thus, the correct answer is ③.

20.
여자 이번 주말에 등산하러 산에 같이 가지 않을래요?

남자 저는 등산을 별로 안 좋아하는데 그냥 산 근처에 있는 음식점에 가서 점심 먹는 게 어때요?

여자 그래요. 대신 맛있는 거 사 주세요.

남자 알겠어요. 점심 먹고 나서 근처에 있는 공원에 가서 산책도 해요.

W Do you want to go hiking with me this weekend?

M I don't particularly enjoy hiking, but how about having lunch at a restaurant near the mountain?

W Okay. Buy me some tasty food please.

M Sure. After lunch, let's go to a park near the mountain and take a walk.

The man agreed to buy the woman some tasty food. Thus, the correct answer is ③.

21.
여자 날씨도 덥고 요즘 살이 계속 찌는 것 같아서 수영을 좀 배우고 싶은데 어디가 좋은지 알아요?

남자 제가 다니는 수영장이 괜찮아요. 학교에서 가깝고요.

여자 그래요? 그럼 오늘 시간이 있으면 같이 수영장에 갈 수 있어요?

남자 오늘은 수영장이 쉬는 날이에요. 내일 학교 끝난 후에 같이 가요.

W I would like to learn how to swim because the weather is hot and I feel like I'm gaining weight

these days. Do you know a good place where I can learn to swim?

M The swimming pool that I go to is not bad. It's also close to school.

W Is that so? Can you go to the pool with me today if you have time?

M It's closed today. Let's go after school tomorrow.

In response to the woman's question of which swimming pool is good, the man recommends the swimming pool that he goes to. Thus, the correct answer is ④.

[22~24] Listen to the following and identify the woman's main idea.

22.
남자 어제 교통사고가 났다면서요? 괜찮아요?

여자 네, 다친 곳은 없어요. 친구 차를 타고 가는데 친구가 빨간 신호를 못 봐서 앞 차를 박았어요.

남자 친구가 초보 운전자예요?

여자 아니에요. 운전을 오래한 친구예요. 운전을 오래했어도 항상 조심하지 않으면 교통사고가 나는 것 같아요. 민수 씨도 운전할 때 조심하세요.

M I heard that you had a car accident yesterday. Are you okay?

W Yes, I wasn't hurt. I was in my friend's car and s/he hit the car in front of her/him because s/he didn't see the red light signal.

M Is your friend a novice driver?

W No, s/he is an experienced driver. Even if you have a lot of driving experience, you can still get involved in an accident if you're not careful. Be careful when you drive, Minsu.

Judging from the woman's last statement that even experience drivers can have a traffic accident if they are not careful, you know that she is thinking that one should drive carefully regardless of the length of your driving career. Thus, the correct answer is ④.

23.
여자 요즘에는 결혼을 늦게 하는 것 같아요.

남자 맞아요. 옛날에는 대학교를 졸업하고 바로 결혼하는 사람이 많았는데 요즘은 달라졌어요.

여자 요즘은 결혼하려면 돈이 많이 필요해서 그런 것 같아요. 일하면서 돈을 모은 후에 결혼하니까 늦어지는 것 같아요.

남자 네. 저도 5년 정도 일한 후에 결혼하고 싶어요.

W People seem to get married later these days.

M You're right. Many people got married upon graduating from college in the past, but these days it's different.

W It seems like that's because one needs a lot of money to get married these days. Since they get married after saving money while working, people tend to marry later.

M   Yes, I also want to get married after working for about five years.

Judging from the woman's statement that people tend to get married later these days, you know that she is thinking that the number of people marrying later is increasing. Thus, the correct answer is ④.

24.
여자 어제 점심 때 간 음식점 어땠어요?

남자 거기요? 제가 먹은 냉면은 맛있었어요. 수미 씨가 먹은 비빔밥은 어땠어요?

여자 유명한 식당이었는데 직원이 너무 불친절해서 음식이 맛없 게 느껴졌어요. 직원이 친절하면 밥맛이 더 좋았을 거예요.

남자 그러게요. 아마 점심시간에 사람이 많아서 좀 불친절했나 봐요.

W   How was the restaurant that you went to for lunch yesterday?

M   That restaurant? The *Naengmyeon* (cold noodles) that I had was tasty. How was the *bibimbap* that you had, Sumi?

W   It was a famous restaurant, but the waitress/ waiter was so unkind that I felt like the food was not tasty. It would have been better if the waitress/waiter was friendlier.

M   I can't agree more. It must have been the case that s/he was a bit unfriendly because it was very crowded during lunchtime.

Judging from the woman's statement that the food would have tasted better if the waitress/waiter had been kind, you know that she thinks the food seems tastier when the waitress/waiter is kind. Thus, the correct answer is ③.

[25~26] Listen to the following and answer the questions.

여자 한국에서는 특별한 날 주는 여러 가지 선물이 있습니다. 여러 분은 집들이에 갈 때 주로 무엇을 선물하십니까? 아마 휴지와 세제를 선물할 겁니다. 휴지는 일이 잘 풀리라고 선물하고 세 제는 거품처럼 돈을 많이 벌라는 뜻으로 선물합니다. 그리고 시험을 잘 보라고 거울을 선물하거나 시험에 붙으라고 떡을 선물하기도 합니다. 앞으로 선물의 의미를 잘 알고 선물을 하 면 더욱 좋겠지요?

W   In Korea, people give various gifts on special days. When you go to someone's housewarming, what do you usually take? You would probably take toilet paper and detergent. You give toilet paper to wish for things to go smoothly for the receiver and detergent to signify making a lot of money like how many bubbles form from detergent. In the case of someone taking a test, some people give a mirror as a gift to signify doing well ("see questions well") or rice cakes to signify passing the test (note: 시 험에 붙다=시험에 합격하다). In the future, wouldn't it be nice to be able to know the meanings of the presents you give?

25. The woman is explaining about various gifts given on special occasions in Korea. Thus, the correct answer is ③.

(Voca) 특별하다 to be special ｜ 세제 detergent ｜ 풀리다 to go smoothly ｜ 거품 bubble ｜ 돈을 벌다 to make money ｜ 시험을 보다 to take a test

26. The detergent is given as a popular housewarming gift with the wish that the receiver will make a fortune, which is signified by the formation of bubbles. Thus, the correct answer is ③.

[27~28] Listen to the following and answer the questions.

남자 지난주에 인터넷으로 산 신발을 환불하려고요.

여자 왜요? 색깔이 예뻐서 보고 바로 사지 않았어요?

남자 컴퓨터로 봤을 때 예뻤는데 직접 보니까 신발 색깔이 너무 달 라요. 너무 안 예뻐요. 그리고 신발 가격이 싸서 좋았는데 신어 보니까 튼튼하지 않아요.

여자 환불해야겠네요.

남자 네. 다음부터는 옷이나 신발은 가게에 가서 직접 보고 사는 게 좋겠어요.

여자 맞아요. 인터넷 쇼핑을 하면 몸이 편하지만 직접 보고 입어 볼 수 없어서 안 좋은 것 같아요.

M   I plan to get a refund my shoes I bought on the Internet last week.

W   Why? Didn't you order them as soon as you saw them because you thought the color was pretty?

M   The color was pretty on the computer, but when I saw them with my own eyes, it was very different. It's not a pretty color at all. And I liked the shoes because they were cheap but I found that they weren't sturdy when I tried them one.

W   You should get a refund then.

M   Yes. Next time I buy clothes or shoes, I'd better go the store in person.

W   You're right. Internet shopping is convenient but it is probably not as good because you cannot try things on.

27. The two are talking about the disadvantages of Internet shopping, in other words. Thus, the correct answer is ③.

28. The man is saying that he doesn't like the color of the shoes because the color he saw on the computer is different from the color he saw in person. Thus, the correct answer is ④.

[29~30] Listen to the following and answer the questions.

여자 안녕하세요. 저 아래층에 사는 사람인데요. 잠깐 이야기 좀 할 수 있을까요?

남자 안녕하세요? 무슨 일이세요?

여자 혹시 집에 강아지가 있나요? 요즘 밤에 강아지 짖는 소리가 많이 들려서 아이들이 잠을 못 자서요.

남자 아, 잘못 오신 것 같네요. 저희 집에서는 강아지를 안 키워요. 옆집에서 강아지를 키우는 것 같아요.

여자 그래요? 죄송합니다. 이 집에서도 소리가 들리지 않나요?

남자 네. 그래서 저희도 어제 옆집 사람들에게 이야기했어요.

W Hello. I live downstairs. May I talk with you for a minute?

M Hi. What is the matter?

W Do you happen to have a puppy by any chance? My kids can't sleep properly at night these days because of a puppy's barking.

M Oh, you've come to the wrong place. We don't have a puppy in our house. The puppy lives next door.

W Is that so? I'm very sorry. Don't you hear that noise in your house?

M We do. That's why we talked to the people next door yesterday.

29. The woman came to the man's house to ask if the man is raising a puppy in his house because she hears a puppy's barking at night. Thus, the correct answer is ③.

30. The woman is saying that she can't sleep at night due to a puppy's barking, but the puppy's house is the one next to the man's house. Thus, the correct answer is ③.

읽기 | Reading

[31~33] What are the following about? Choose the correct answer as in the example.

31.
I like *bibimbap*. I eat it often.

Eating 비빔밥 has to do with "food." Thus, the correct answer is ②.

(Voca) 카드 card | 취미 hobby | 호텔 hotel

32.
I came from China. I'm Chinese.

중국(China) is the name of a country. One can indicate her/his 국적(nationality) by the name of a country. Thus, the correct answer is ④.

(Voca) 병원 hospital | 계절 season | 편지 letter

33.
Today is Monday. Tomorrow is Tuesday.

월요일 and 화요일 are words expressing days of the week. Thus, the correct answer is ①.

(Voca) 월요일 Monday | 화요일 Tuesday | 수요일 Wednesday | 목요일 Thursday | 금요일 Friday | 토요일 Saturday | 일요일 Sunday

[34~39] Choose the most appropriate word for the blank as in the example.

34.
I have a younger sibling. S/he is better in academics (　　) I am.

When one compares things that are different, a particle 보다 is used after the noun that is compared. Thus, the correct answer is ③.

- 와/과: A particle indicating the peron when doing something with her/him
- 은/는: A particle expressing a certain object in the sentence being a topic
- 하고: A particle indicating that something is an object or standard of comparison

35.
The scenery is beautiful. I (　　) a picture with my friend.

Picture goes well with the verb 찍다(to take). Thus, the correct answer is ②.

(Voca) 만들다 to make | 그리다 to draw | 받다 to receive

36.
It's summer. I swim in the (　　).

You should select the appropriate place for swimming in summer. Thus, the correct answer is ③.

(Voca) 여행 travel | 방학 school vacation | 공항 airport

37.
I studied a lot. The exam questions are (　　).

Since the narrator said that "공부를 많이 했습니다." in the preceding sentence, it would be natural that the following sentence said "the exam was easy." Thus, the correct answer is ③.

(Voca) 많다 to be a lot | 좋다 to be good | 다르다 to be different

38.
There is an exam tomorrow, so I'll go to school (　　).

Since the narrator said that "내일 시험이 있습니다," it would be natural to say that s/he would go to school 일찍(early). Thus, the correct answer is ①.

(Voca) 오래 for a long time | 자주 frequently | 아까 earlier

39.
My older brother is a salaryman. He (　　) at a company.

The narrator said that his older brother is a 회사원 (salaryman). Since this is about a profession, it would be appropriate to fill the blank with the verb 일하다(to work). Thus, the correct answer is ①.

(Voca) 말하다 to talk | 노래하다 to sing | 요리하다 to cook

[40~42] Read the following and choose the statement that doesn't agree.

40.
Foreigner Singing Contest

We're looking for a K-pop singer! Who sings well?

Apply in the office on the 3rd floor from 10 am, September 16 through 5 pm, September 17.

It says one can 신청(apply) on the third floor until 5 o'clock. Thus, the correct answer is ②.

41.

> Rhine, are we meeting at 6 in front of the company tomorrow?

> > Yes, that's correct. Let's meet at 6.

> But I have a meeting at 6.

> > Then, shall we meet at 8?

> Okay, good. I'll call you after the meeting is over.

Since it says that there will be a meeting at 6 pm tomorrow, it is wrong to say "오늘 회의가 있다(there is a meeting today)." Thus, the correct answer is ①.

42.

"Looking for a cell phone"

I lost my cell phone in the restroom on the second floor. Please contact me.
100,000 won reward for return of the phone.

Contact: abc@khu.ac.kr

The notice says there's a 100,000 won reward for the return of the phone. It doesn't say the cell phone is 100,000 won. Thus, the correct answer is ①.

[43~45] Read the following and choose the statement that matches.

43.

I like watching movies alone. However, I can't watch scary movies alone. So, I always watch them with a friend.

Since the narrator says in the beginning of the text that "저는 혼자 영화 보는 것을 좋아합니다." choice ② that says I can watch a movie alone is the correct answer.

44.

I like sports that involve playing with balls, so I play soccer with my friends. These days we often gather on Saturday morning.

The narrator says that s/he plays soccer with her/his friends on Saturday morning because s/he likes ball sports. Thus, the correct answer is ③.

45.

Since my friend likes flowers, s/he frequently goes to a flower market. Today, I went along with her/him. The flowers were pretty, but I didn't buy any.

You should choose the correct answer based on the statement that the narrator went to the flower market with her/his friend who liked flowers. Since the narrator said "꽃이 예뻤지만 사지 않았습니다." at the end, you know that the narrator only looked at the flowers. Thus, the correct answer is ②.

[46~48] Read the following and choose the main content.

46.

Since my arrival in Korea, I've had a lot of Korean dishes. Among them, I like *tteokbokki* the best. It's spicy but delicious so today my friend promised to teach me how to make *tteokbokki*.

The main idea is that the narrator likes *tteokbokki* so her/his friend decided to teach the narrator how to make it. Thus, the correct answer is ④.

47.

I graduated from a Korean university and am teaching Korean in my hometown now. I decided to go to Korea with my students this winter. We're planning to visit here and there and eat Korean food.

You should choose the correct answer based on the statement "I will visit here and there in Korea and eat Korean food with my students this coming winter. Thus, the correct answer is ③.

48.

There are many subway stations in Seoul. When there are lots of cars on the street, you can go faster if you take the subway. So, I take subway often.

The narrator says that when the streets are congested you can go faster if you take the subway. Thus, the correct answer is ①.

[49~50] Read the following and answer the questions.

I came to Korea for the first time last year. At first, I knew neither my way around nor the Korean language. So, I rarely went out of the house. I speak Korean well now, so I even go to (㉠) places by taxi.

49. **Question type** Selecting the right word within the context (adjective)

You should find an appropriate word for 장소(place) that comes after the blank. Among the choices given, the best noun modifying form that goes well with 장소 is 모르는(unknown). Also, since the narrator said in the preceding sentence "지금은 한국어를 잘 합니다." it would be natural to continue saying that s/he finds unknown places without much problem. Thus, the correct answer is ③.

(Voca) 배우다 to learn | 잘하다 to do well | 나가다 to go out

50. **Question type** Understanding details (accordance)

Since the narrator said that s/he didn't know her/his way around and didn't know Korean when s/he came to Korea for the first time last year, s/he rarely went out of her/his house, but now that s/he speaks Korean well and takes a taxi with no problem, you can guess that the narrator enjoys going out. Thus, the correct answer is ①.

[51~52] Read the following and answer the questions.

Hiking is good for your health. Mountains are beautiful whenever and whichever season I go. In spring, spring flowers please my eyes. When I (㉠) the summer forest, I feel refreshed by the cool wind. In fall, the fall foliage is beautiful. In winter, hiking is a bit dangerous because of snow. However, I can see a fabulous winter mountain wonderland. Going up the mountain is laborious but I can enjoy the different scenery in the various seasons.

51. **Question type** Selecting the right expression within the context
The appropriate expression for forest is 들어가다(to enter). Thus, the correct answer is ③.

52. **Question type** Understanding the subject of the text
The narrator said that hiking is good for your health and then explained the beauty of the mountain which changes its look by season. Thus, the correct answer is ①.

[53~54] Read the following and answer the questions.

I am going to work part-time while (㉠) in Korea. I would like to use the money that I save from the part-time work during vacation for graduate school. So I'm going to the bank today in order to open an account. If I open an account, I can (also) send money to my parents at home so it will be nice.

53. **Question type** Selecting the right expression within the context
–면서 is used when two or more actions take place simultaneously. Since the narrator says that s/he not only studies but also works part-time, the correct answer is ③.

54. **Question type** Understanding details (accordance)
The narrator said that if s/he opened an account, it would be nice because s/he would be able to send money to her/his parents at home. Thus, the correct answer is ④.

[55~56] Read the following and answer the questions.

Since I like Korean culture, I'm studying Korean. In particular, I really like the *hanbok*, the Korean traditional dress. Many foreigners like the *hanbok* because of its color and it looks pretty. I've wanted to wear a *hanbok* from a long time ago. When I told this to my friend, s/he said s/he would lend one to me. (㉠) I can wear a *hanbok* this time. I'm going to wear my friend's *hanbok* and take a picture.

55. **Question type** Selecting the right expression within the context (conjunction)
그래서 is used when the preceding content becomes a reason or basis of the following content. "Korean friend lending a Korean traditional dress" can be a cause/reason of "being able to wear Korean traditional dress." Thus, the correct answer is ③.
- 그런데: A connective adverb used when opposing the preceding content
- 그러나: A connective adverb used when the preceding and following content are contradictory

56. **Question type** Understanding details (accordance)
Judging from the statement that the narrator's friend decided to lend her/him a Korean traditional dress, you know that the friend has a Korean traditional dress. Thus, the correct answer is ②.

[57~58] Choose the correct order of the statements from among the following.

57.
(가) So, I always wear my cap when I go out.
(나) I looked so hard for my cap but couldn't find it so I'll buy a new one.
(다) Summer in Korea is very hot and the sunlight is very strong.
(라) But I lost my cap which I liked yesterday.

Question type Arranging the sentences in the right order
Use discourse markers such as 그래서 or 그런데 in selecting the correct answer. It would make sense to arrange the sentences in such order that (다) the narrator goes out with her/his hat on because summer in Korea is hot, (라) s/he lost her/his favorite hat, and (나) s/he will buy a new one. Thus, the correct answer is ④.

58.
(가) I have also used my cell phone for three years.
(나) Cell phones these days are expensive but last longer.
(다) New cell phones are more expensive, so I pay a lot every month.
(라) But my acquaintances change cell phones frequently.

Question type Arranging the sentences in the right order
The narrator says that s/he has been using her/his cell phone for three years (now is the third year) while s/he is saying that cell phones these days last longer. However, people around the narrator change their cell phones often so they pay a lot every month. Such an order would make the arrangement natural. Thus, the correct answer is ②.

[59~60] Read the following and answer the questions.

It is hard to become friends with someone you've just meet. However, there is a way to make them your friends. (㉠) It is by listening attentively, or talking about things they like. (㉡) Also, it is good to talk with a smile. (㉢) If you talk with smile, you become comfortable and talk more. Then you can become close right away. (㉣)

59. `Question type` Placing the sentence in the right place

Listening well and talking about things the person likes will help open her/his mind.

This passage is about how to get close easily to someone you've just met. Since the given sentence says "이야기를 잘 들어 주고 좋아하는 것을 같이 이야기하게 되면 쉽게 마음을 엽니다," it would make sense to put the given sentence after how one can get close to someone. Thus, the correct answer is ②.

60. `Question type` Understanding details (accordance)

It says at the end of the passage that if one talks with 웃는 얼굴(with a smile), s/he can talk a lot because s/he feels comfortable. Thus, the correct answer is ①.

[61~62] Read the following and answer the questions.

I would like to get a job before I graduate from college. So, I am diligently preparing for job interviews these days. If I want to (㉠) a Korean company, I have to get a good score on speaking Korean. Also, I should write well. So, I'm studying speaking and writing with my Korean teacher once a week.

61. `Question type` Selecting the right expression within the context

–(으)려면 is a connective ending that indicates "if one intends to realize one's will." You can choose the word/expression to mean if one would like to be hired by a Korean company, her/his Korean language score should be good. Thus, the correct answer is ③.

62. `Question type` Understanding details (accordance)

You should choose the answer based on the statement that the narrator is studying speaking and writing with her/his Korean language teacher once a week in order to get a job at a Korean company of his choice. Thus, the correct answer is ④.

[63~64] Read the following and answer the questions.

Recipient: kmj@maver.com
Sender: park@kana.co.kr
Topic: A/S registration results

Dear Customer,
Your A/S request has been registered. A/S takes about three to four days. We always thank you for using our company's products. Please contact us any time if you experience any inconveniences while using our products.

A/S registered item: Television
A/S registration date: 2024. 8. 10. 11:20 am

Gana Electronics

63. `Question type` Understanding the purpose

It is a confirmation of the receipt of the request for A/S. Thus, the correct answer is ②.

64. `Question type` Understanding details (accordance)

You can infer the correct answer based on the fact that the A/S registered item is a TV. Thus, the correct answer is ③.

[65~66] Read the following and answer the questions.

I'm leading a busy life now while preparing for my college graduation. Anyway, I accidently ran into an upperclassman yesterday, who graduated last year. S/he told me about the good things after graduation. S/he also told me about the requirements when looking for a job. It has been difficult to prepare for graduation so far but listening to her/his advice (㉠).

65. `Question type` Selecting the right expression within the context

–(으)ㄹ 것 같다 is used to mean conjecture. It would be natural to say that listening to the upperclassman probably made the preparation easier. Thus, the correct answer is ③.

66. `Question type` Understanding details (accordance)

The narrator said that s/he ran into her/his upperclassman accidently while preparing for her/his college graduation. Thus, the correct answer is ④.

[67~68] Read the following and answer the questions.

It is good to write a "gratitude journal" before going to bed. That is, to write the good things and thinks you are thankful for about the day in a diary or on your memo app of your smartphone. You write about thankful matters such as "I am thankful that I could study hard today." "I am thankful for getting along with my friend well," not big things but small ones. Those who keep a "gratitude journal" become more cheerful and laugh/smile a lot as well. A heart full of thanks would not only make (㉠) but also make other people happy.

67. `Question type` Selecting the right expression

The narrator says that if one writes a "gratitude journal," s/he will become more cheerful and laugh/smile more. It would be appropriate to say a heart full of thanks will make oneself realize precious and make other people happy. Thus, the correct answer is ④.

68. Question type Understanding details (accordance)

68. Question type Understanding details (accordance)

The narrator says that s/he writes about small matters, not big matters. Thus, the correct answer is ④.

[69~70] Read the following and answer the questions.

My family has never (㉠) yet, so they didn't know that I like dancing all this time. My club has decided to perform this time. I have performed before but this time I'm going to dance alone. So, I gave my family a performance invitation. Everyone was so surprised. All my family members are going to come see my performance. I'm nervous and anxious but I will dance well in front of my family.

69. Question type Selecting the right expression within the context

The narrator said that her/his family didn't know that s/he liked dancing. The narrator also said that s/he will dance in this performance, and that her/his family were all surprised upon receiving the invitation, so you can guess that the narrator's family has "never seen" the narrator perform before. Thus, the correct answer is ①.

70. Question type Understanding details (accordance)

You should choose the correct answer based on the statement that the narrator performed before but s/he is going to perform alone this time. Thus, the correct answer is ④.

TOPIK MASTER 3rd Edition

FINAL 실전 모의고사 7회

The 7th Final Actual Test

정답 ANSWERS

듣기, 읽기

듣기

1. ④	2. ③	3. ④	4. ②	5. ③	6. ①	7. ①	8. ②	9. ④	10. ③
11. ①	12. ④	13. ④	14. ②	15. ③	16. ②	17. ③	18. ①	19. ④	20. ②
21. ③	22. ①	23. ④	24. ②	25. ②	26. ①	27. ②	28. ④	29. ④	30. ④

읽기

31. ④	32. ②	33. ①	34. ③	35. ②	36. ④	37. ①	38. ④	39. ③	40. ③
41. ④	42. ①	43. ③	44. ②	45. ③	46. ③	47. ④	48. ④	49. ②	50. ④
51. ①	52. ④	53. ①	54. ③	55. ②	56. ④	57. ①	58. ①	59. ②	60. ④
61. ④	62. ④	63. ①	64. ③	65. ④	66. ②	67. ④	68. ②	69. ④	70. ①

[1~4] Listen to the following and choose the correct answer as in the example.

1.

여자 시계가 있어요?

남자 _____

W Do you have a watch?

M _____

To the question "시계가 있어요?" if the answer is in the affirmative, you should say "네, N이/가 있어요." if it is in the negative, then you should say "아니요, N이/가 없어요." Thus, the correct answer is ④.

2.

남자 커피를 좋아해요?

여자 _____

M Do you like coffee?

W _____

To the question "커피를 좋아해요?" if the answer is in the affirmative, then "네, N을/를 좋아해요." if it is in the negative, then "아니요, N을/를 좋아하지 않아요." or using the opposite word of 좋아하다 you can say "아니요, 커피를 싫어해요." Thus, the correct answer is ③.

3.

남자 어디로 여행할 거예요?

여자 _____

M Where will you travel to?

W _____

When a question is asked using 어디, the answer should be a place. Since the question is asking about the travel destination, you can choose a place you're planning to travel to. Thus, the correct answer is ④.

● N(으)로: a particle denoting the direction

4.

남자 방이 몇 개 있어요?

여자 _____

M How many rooms are there?

W _____

You should choose an answer that has to do with the number of rooms to the question of how many rooms there are. Thus, the correct answer is ②.

[5~6] Listen to the following and choose what comes next as in the example.

5.

여자 전화 잘못 거셨습니다.

남자 _____

W You have the wrong number.

M _____

To the statement that the man has the wrong number, an apology would be the most appropriate response. Thus, the correct answer is ③.

Phone expressions

여보세요? Hello?

○○ 씨 휴대폰 맞죠? Isn't this OO's cell phone?

○○ 씨 집이지요? Is this OO's home?

010-1234-5678이지요? Is this 010-1234-5678?

○○ 씨 좀 바꿔 주세요. May I speak to OO?

전화를 잘못 걸었나 봐요./잘못 거셨어요.
You have the wrong number.

잠깐만 기다리세요. Hold on a second.

6.

여자 이 치마를 입어 봐도 돼요?

남자 _____

W Is it okay if I try on this skirt?

M _____

To the question of whether the woman can try on the skirt, if the answer is in the affirmative, then you can answer "네, 괜찮습니다/그럼요." And if it is in the negative, then you can answer "아니요, 안 돼요/입을 수 없어요." Thus, the correct answer is ①.

[7~10] Where is this conversation taking place? Choose the correct answer as in the example.

7.

남자 손님, 무엇을 찾으세요?

여자 신발은 어디에 있어요?

M What are you looking for ma'am?

W Where are the shoes?

The woman is trying to buy shoes; the man is calling the woman 손님. Based on this, you can guess that the man is an employee of the store. Thus, the correct answer is ①.

(Voca) 우체국 post office | 수영장 swimming pool | 사진관 photo studio

8.

남자 장미로 주세요.

여자 네. 포장해 드릴까요?

M I'll go with the roses.

W Sure. Shall I wrap them?

The place where one can buy roses is the florist's. Thus, the correct answer is ②.

(Voca) 빵집 bakery | 은행 bank | 호텔 hotel

9.

남자 어떠세요? 어제보다 좀 괜찮으시죠?

여자 아니요. 배가 어제보다 더 아파요.

ᴹ How do you feel now? You're feeling better than yesterday, aren't you?
ᵂ No, my stomach hurts more than yesterday.

Judging from the man's question about whether the woman feels better today compared to yesterday, you know that the man met with the woman yesterday. The hospital would be the most natural place for a conversation about health to occur. Thus, the correct answer is ④.

(Voca) 식당 restaurant | 가게 store | 서점 bookstore

10.
남자 축구를 하는 학생들이 정말 많네요.
여자 그러네요. 우리는 저쪽에서 배드민턴을 칩시다.

ᴹ Wow, there are many students playing soccer.
ᵂ You're right. Let's play badminton over there.

The place where one can play soccer or badminton is a playground. Thus, the correct answer is ③.

(Voca) 공항 airport | 호텔 hotel | 수영장 swimming pool

[11~14] **What are the following about? Choose the correct answer as in the example.**

11.
여자 사과 한 개에 얼마예요?
남자 한 개에 천 원이에요. 싸지요?

ᵂ How much is one apple?
ᴹ They're 1,000 won each. Isn't that cheap?

The woman is asking about the price of one apple and the man answers that they each cost 1,000 won. Thus, the correct answer is ①.

(Voca) 맛 taste | 방 room | 일 work

12.
여자 아버지와 어머니는 잘 계시지요?
남자 네. 두 분 다 건강하세요.

ᵂ Are both your father and mother doing well?
ᴹ Yes, they are both well/healthy.

The woman is asking about the health of the man's parents. Thus, the correct answer is ④.

(Voca) 운동 exercise/sports | 고향 hometown | 선생님 teacher

13.
남자 떡볶이를 만들 줄 알아요?
여자 네. 지난번에 친구하고 같이 만들어 봤어요.

ᴹ Do you know how to make *tteokbokki*?
ᵂ Yes, I tried making it with a friend before.

The man is asking the woman if she can make *tteokbokki*, and the woman answers that she has made it before. Thus, the correct answer is ④.

(Voca) 취미 hobby | 건강 health | 시간 time

14.
여자 일요일에 뭐 할 거예요?
남자 책을 읽거나 영화를 볼 거예요.

ᵂ What will you be doing on Sunday?
ᴹ I will either read a book or see a movie.

The woman is asking the man what he will do on Sunday, that is, 주말(the weekend), and the man is telling her what he will be doing. Thus, the correct answer is ②.

(Voca) 운동 exercise/sports | 기분 mood, feeling | 방학 vacation

[15~16] **Listen to the following and choose the picture that matches best.**

15.
남자 날씨가 흐린데 수영하는 사람들이 많네요.
여자 그러게요. 곧 비가 올 것 같아요.

ᴹ It's cloudy but there are many swimmers.
ᵂ You're right. It looks like it will rain soon though.

The two are looking at people who are swimming at the beach on a cloudy day and saying that it's going to rain. Thus, the correct answer is ③.

16.
남자 여기에서 지하철을 타면 서울역에 갈 수 있나요?
여자 아니요. 저기 건너편으로 가서 타세요.

ᴹ Can I go to Seoul Station if I take the subway here?
ᵂ No, go to the other side and take the subway there.

The man is asking the woman about the direction of the subway and the woman is telling him to go to the opposite side. Since the woman said 건너편(the opposite side), we know they are at the platform. Thus, the correct answer is ②.

[17~21] **Listen to the following and choose the statement that agrees with the conversation as in the example.**

17.
여자 이 옷들 다 버리는 거예요?
남자 아니에요. 요즘 안 입는 옷들이라서 고향 집에 보내려고요.
여자 아, 그래요? 그럼 제가 옷 싸는 것을 도와줄게요.

ᵂ Are you throwing away all these clothes?
ᴹ No, I don't wear these so I'm going to send them to my home (in hometown).
ᵂ Is that so? If so, I'll help you pack.

The woman is going to help the man pack clothes that the man will send back home. Thus, the correct answer is ③.

18.

여자 8월에 중국으로 가는 비행기 표가 있나요?

남자 죄송합니다. 이미 표가 매진됐네요. 9월 1일에 출발하는 비행기 표는 있는데 어떠세요?

여자 네, 그것으로 예매해 주세요. 그런데 몇 시 비행기죠?

남자 오후 3시에 출발해서 저녁 5시에 중국 북경에 도착합니다. 그 시간 비행기 표가 할인 중이라서 가격이 싸요.

W Do you have a plane ticket to China in August?

M Sorry. They are all reserved. We have tickets departing on September 1. Would that be okay?

W Okay. I'll make a reservation then. By the way, what time does the plane leave?

M It leaves at 3 pm and arrives at Beijing, China at 5 pm. This ticket is cheap because it's on sale.

Judging from the fact that the woman is making a reservation for a plane ticket that will leave on September 1, we know that she will go to China in September. Thus, the correct answer is ①.

19.

여자 요즘 테니스를 배우고 있는데 너무 어려운 것 같아요. 민수 씨는 무슨 운동을 해요?

남자 저는 특별한 운동은 안 하고 매일매일 하루에 두 시간씩 공원을 걸어요.

여자 그래요? 그럼 저도 내일부터 같이 공원을 걸어야겠어요.

남자 좋아요. 그럼 내일 아침 7시에 공원에서 만나요.

W I'm learning tennis these days and I'm finding it very hard. What sports do you play, Minsu?

M I don't play any particular sports, but I walk in the park for two hours every day.

W Is that so? I'm going to have to walk in the park with you starting tomorrow.

M That sounds good. Then, I'll see you at 7 tomorrow morning at the park.

To the man's statement that he walks in the park for two hours every day, the woman proposed walking together. Through this, we know that she will exercise with the man beginning tomorrow. Thus, the correct answer is ④.

20.

여자 민수 씨가 미국에 온 지 벌써 삼 년이 되었네요. 처음 미국에 왔을 때 뭐가 제일 힘들었어요?

남자 한국하고 음식이 달라서 너무 힘들었어요. 어머니가 만들어 준 음식이 많이 생각났어요.

여자 요즘은 어때요?

남자 이제는 여기 음식도 잘 먹고 종종 한국 음식을 만들어 먹어서 괜찮아요.

W It's already been three years since you arrived in America, Minsu. What was the toughest thing you experienced when you first came to America?

M The food was very different from Korean food so it was hard. I often thought of my mother's food.

W How about these days?

M Now I'm okay because I have no problem with the food here, and I often cook Korean food myself.

Based on the man's last statement that he often cooks Korean food, we know he can make food by himself. Thus, the correct answer is ②.

21.

여자 찰스 씨, 지금 무슨 생각해요? 갑자기 말이 없네요.

남자 오늘 저녁에 한국어 시험이 있는데 지금 생각이 났어요.

여자 오늘은 수요일이에요. 한국어학당은 내일 가지요? 오늘은 저하고 운동하러 가는 날이에요.

남자 아! 맞아요. 잠시 제가 잘못 생각했어요. 시험 때문에 너무 긴장을 했어요. 오늘은 운동을 하지 말고 시험 준비를 합시다.

W Charles, what are you thinking now? You're quiet all of a sudden.

M I just remembered that I have a Korean language test this evening.

W Today is Wednesday. You go to the Korean Language Institute tomorrow, don't you? Come and exercise with me today.

M Oh, you're right. I was mistaken for a moment. I must be nervous because of the test. Let's prepare for the test rather than exercise.

When the woman said that today is the day that the man should go and exercise with her, the man realized that he mixed up the dates. Thus, the correct answer is ③.

[22~24] Listen to the following and identify the woman's main idea.

22.

여자 처음에는 회사에 가는 것이 즐거웠는데 요즘은 조금 힘들어요.

남자 왜요? 회사 사람들도 재미있고 월급도 많이 받지 않아요?

여자 네. 물론 그런 것은 좋은데 다른 회사보다 일찍 출근해야 해요. 일찍 출근하면 아침도 못 먹고 잠을 많이 못 자니까 일할 때 실수를 많이 하는 것 같아요.

남자 그럼 밤에 좀 더 일찍 자는 게 어때요?

W It was fun going to work in the beginning but it's a little hard these days.

M Why? Aren't your colleagues funny and don't you get paid a lot?

W Yes, they are good but I must go to work earlier than workers at other companies. If I go to work early, I don't have time for breakfast and I don't get enough sleep, so I end up making many mistakes.

M Then, how about going to bed earlier?

The woman is saying that if she goes to work early, she doesn't eat breakfast and doesn't sleep well, causing her to make many mistakes. Thus, the correct answer is ①.

23.

남자 무엇을 도와 드릴까요, 고객님?

여자 노트북을 산 지 일주일밖에 안 됐는데 벌써 고장이 났어요. 새 제품으로 바꿀 수 있을까요?

남자 먼저 서비스 센터에 수리를 맡겨 주세요. 수리하신 후에도 고장이 나면 바꿔 드릴 수 있습니다.

여자 네? 일주일도 안 돼서 고장이 나는 물건은 불량품이 아닌가요? 불량품은 바로 바꿔 주셔야죠.

- - - - - - - - - - - - - - - - - - - -

M How may I help you, ma'am?

W I just bought my notebook computer a week ago, but it is already broken. Can I exchange it for a new one?

M First, please leave it with the Service Center. If it still doesn't work after we repair it, we will exchange it.

W What? Isn't it a defective product if it breaks down in less than a week? You should replace a defective product immediately.

At the end the woman is saying that replacing it with a new product is only natural because any goods that do not work within a week are defective. Thus, the correct answer is ④.

24.

여자 이번 학기에 필요한 책은 샀어요?

남자 아니요. 서점에 갔는데 책값이 너무 비싸서 한 권도 안 샀어요. 그냥 선배에게 책을 빌리기로 했어요.

여자 책이 비싸도 사야죠. 한 학기 동안 공부할 책인데 다른 사람에는 중요한 내용을 쓰지도 못하잖아요. 제대로 공부하려면 자신의 책을 사야죠.

남자 하지만 제가 좋아하는 과목도 아니고, 밥 사 먹을 돈도 없어요. 그냥 빌려 보는 것이 좋아요.

- - - - - - - - - - - - - - - - - - - -

W Have you bought the books you need for this semester?

M No, I went to the bookstore but the books were so expensive so I didn't even buy one. I decided to just borrow them from an upperclassman.

W You should buy them even if they're expensive. You are going to use them for the entire semester and you can't make notes in other peoples' books. If you want to study properly, I think that you should buy your own books.

M But it's not the subject that I like, and I don't even have money to buy food. I would rather borrow them.

The woman is saying that if one wants to study properly, s/he should buy her/his own book. Thus, the correct answer is ②.

[25~26] Listen to the following and answer the questions.

여자 민수 씨, 저 수미예요. 이번 주 토요일에 제가 연극 공연을 하는데 오지 않을래요? 제가 민수 씨 집으로 표를 보냈으니까 시간이 있으면 친구들과 같이 공연을 보러 오세요. 연극 내용도 재미있고 유명한 배우도 나와서 후회하지 않을 거예요. 공연 장소는 서울극장이고 저녁 7시에 시작해서 9시에 끝날 거예요. 공연이 끝난 후에 같이 맥주 한잔해요. 제가 살게요.

- - - - - - - - - - - - - - - - - - - -

W Minsu, it's me, Sumi. I'm performing in a play this Saturday, so you'll come see it, right? I sent tickets to your house so please come with your friends if you have time. The content of the play is interesting and famous actors will perform so you won't regret coming. The performance location is Seoul Theater, and it starts at 7 pm and ends at 9 pm. Let's have a glass of beer together after the performance. It's on me.

25. At the beginning part of the message, the woman is asking the man if he can come to see her performance in a play on Saturday, so we know that the woman is inviting the man to a play. Thus, the correct answer is ②.

(Voca) 연극 play │ 공연 performance │ 한잔하다 to have a drink

26. The play starts at 7 pm and ends at 9 pm. Thus, the correct answer is ①.

[27~28] Listen to the following and answer the questions.

남자 미안해요. 너무 늦었네요. 그런데 수미 씨는 어디에 있어요?

여자 저기 끝에 보여요? 벌써 3시간 동안 요리를 해서 힘들 것 같아요.

남자 지금 12시니까 곧 끝나겠네요. 그런데 어땠어요? 수미 씨가 실수하지 않았어요? 어제 수미 씨가 만든 요리를 먹어 봤는데 정말 맛있었어요.

여자 맞아요. 그런데 저기 수미 씨 옆에 있는 사람이 정말 유명한 요리사예요. 그래서 수미 씨가 1등은 못 할 것 같은데요.

남자 정말요? 뭐 1등을 못 하면 다음에 다시 대회에 참가하면 되죠.

여자 그래도 수미 씨가 1등하면 좋겠네요.

- - - - - - - - - - - - - - - - - - - -

M Sorry that I'm so late. Where is Sumi?

W Look over there at the end. They've already been cooking for three hours, so it must be tiring.

M It's 12 o'clock now so it should end soon. How was it? Did Sumi make any mistakes? I had the food that Sumi made yesterday and it was really delicious.

W You're right. By the way, the person next to Sumi is a really well-known chef, so I doubt that Sumi will win first place.

M Really? If she doesn't win first place, she can participate in the contest again next time.

W Still, it would be nice if Sumi won first place.

27. The two are predicting the results of the cooking contest, and guessing how well Sumi will do. Thus, the correct answer is ②.

28. We know that the woman was watching the cooking contest for three hours based on the fact that the woman knows Sumi has cooked for three hours. Thus, the correct answer is ④.

[29~30] Listen to the following and answer the questions.

여자 민수 씨, 어제 전화를 안 받아서 걱정했어요. 무슨 일 있어요?
남자 전화했었어요? 어제 일찍 잠이 들어서 전화를 못 받았어요.
여자 그렇군요. 어젯밤 뉴스에 민수 씨 사는 동네가 나왔는데 불이 났어요.
남자 아, 저도 이야기 들었어요. 그런데 한 달 전에 이사해서 지금은 그 동네에 안 살아요.
여자 아, 몰랐어요. 어쨌든 다행이네요.
남자 그래도 걱정해 줘서 정말 고마워요.

W Minsu, I was worried because you didn't answer the phone yesterday. Is something wrong?
M Did you call? I couldn't answer the phone as I fell asleep early last night.
W Oh, I see. Your neighborhood was on the news last night because there was a fire.
M Yes, I heard about it. By the way, I moved a month ago, so I don't live there now.
W I didn't know. That's fortunate.
M Still, thank you for your concern.

29. The woman called the man to make sure he was okay because she was worried about him when she saw the news that there was a fire in the neighborhood where he lives. Thus, the correct answer is ④.

30. The woman was worried because there was a fire in the man's neighborhood but he didn't answer the phone. The man had gone to bed early. Thus, the correct answer is ④.

읽기 Reading

[31~33] What are the following about? Choose the correct answer as in the example.

31.
I am learning Korean. I will take a test.

You should choose a place where you learn something and take a test. Thus, the correct answer is ④.
(Voca) 청소 cleaning │ 여권 passport │ 쇼핑 shopping

32.
I like swimming. I swim every morning.

수영(Swimming) is a sport Thus, the correct answer is ②.
(Voca) 거리 street │ 회사 company │ 시간 time

33.
Korea is close to Japan. America is far.

한국, 일본 and 미국 are names of countries. Thus, the correct answer is ①.

(Voca) 편지 letter │ 창문 window │ 사람 person

[34~39] Choose the most appropriate word for the blank as in the example.

34.
I'm a student. My friend is ( ) a student.

도 is used when more than two objects are mentioned together. Thus, the correct answer is ③.
• 을/를: A particle indicating an object on which an action directly affects

35.
I'm a Chinese. I ( ) Korean in Korea.

The particle 에서 is attached after a place where an action takes place, so it would be most appropriate to put 배우다(to learn) in the blank. Since 일하다(to work) cannot take 한국어(Korean) as an object, ④ is wrong. Thus, the correct answer is ②.
(Voca) 모르다 to not know │ 싫어하다 to dislike │ 일하다 to work

36.
My ( ) is a teacher. I teach the Korean language.

Teacher is an occupation. Thus, the correct answer is ④.
(Voca) 방학 school vacation │ 이름 name │ 고향 hometown

37.
My friend is ( ). So, s/he plays basketball well.

키(height) is used with an adjective such as 크다(to be tall) or 작다(to be short). Thus, the correct answer is ①.
(Voca) 길다 to be long │ 높다 to be high │ 넓다 to be spacious, wide

38.
That person is married. S/he is ( ) a ring.

A ring is used with the verbs 끼다(to wear), and 빼다(to take off). Since it says that person is married, it is most appropriate to fill the blank with 끼다. Thus, the correct answer is ④.
(Voca) 신다 to wear (shoes, socks) │ 입다 to wear (clothes) │ 차다 to wear (a watch)

39.
It's winter. The weather is ( ) cold.

You should select an adverb that modifies the adjective 춥다(to be cold) as in "날씨가 춥습니다." Since it should indicate the degree of coldness, 너무(too) is most appropriate. Thus, the correct answer is ③.
(Voca) 조금 a little │ 아까 earlier │ 모두 all

[40~42] Read the following and choose the statement that doesn't agree.

40.
Guide for the Hangeul Museum

- **Open:** Tuesday–Sunday (closed on Mondays)
- **Time:** 10:00–17:00
- **Admission Fee:** Free of charge

You should choose the correct answer based on the admission fee information. Thus, the correct answer is ③.

41.
Wedding Invitation

Kim Dowoon ♡ Lee Jieun
Are getting married

- **Date:** Saturday, June 8, 2024 at 14:00
- **Location:** Gangnam Station Exit 1,
  Gangnam Wedding Hall

The location is Gangnam Station Exit 1, Gangnam Wedding Hall. Thus, the correct answer is ④.

42.
Guide for Using the Computer Room

1. Don't make noise.
2. Use cell phones outside.
3. Food is not allowed.
4. Turn off the computer after use.

It is a guide for using a computer room. In 2, it says "전화는 밖에서 합니다." Thus, the correct answer is ①.

[43~45] Choose the correct order of the statements from among the following.

43.
I do part-time work after my classes end. I work from 7 o'clock at a coffee shop in front of my school. There are not many customers and making coffee is easy, so I would like to continue to work here.

The narrator said "수업이 끝나면 아르바이트를 합니다.", and that s/he makes coffee at a coffee shop in front of her/his school. Thus, the correct answer is ③.

44.
The room in my dormitory is small. As my roommate's bed and desk are also in the room, it is not spacious. I would like to live alone off campus next year.

Judging from the statement that "룸메이트의 침대와 책상도 있어서 좋다," one can infer that the narrator is living with a roommate now. Thus, the correct answer is ②.

45.
My younger sibling only has a small suitcase. S/he is going on a trip today so I lent her/him my suitcase. When s/he returns, I'm going to buy her/him a big suitcase.

The narrator says that s/he will buy her/his younger sibling a big suitcase. Thus, the correct answer is ③.

[46~48] Read the following and choose the main content.

46.
I'm going to go to a park this weekend with my friend. I'm going to play badminton and take a walk with her/him. I will be eating delicious food and talking a lot.

This passage says that the narrator will play badminton, eat tasty food, and talk with her/his friend this coming weekend. If all these are put together, you know that the narrator's main message is how s/he is going to spend her/his time this weekend. Thus, the correct answer is ③.

47.
Chen Chen in my class always says hello and talks with a smile. People feel good when they talk with Chen Chen. I want to get close to Chen Chen too.

The narrator says that talking with Chen Chen, who is always smiling and that s/he would like to become close to Chen Chen. Thus, the correct answer is ④.

48.
I go to a coffee shop in front of my school every day. In the coffee shop I drink coffee and listen to music. I also study while talking with my friend.

Based on the statement that the narrator goes to the coffee shop in front of her/his school every day and listens to music over coffee, you know that s/he likes this coffee shop. Thus, the correct answer is ④.

[49~50] Read the following and answer the questions.

Minsu bought a new bike. However, he hasn't been able to ride the bike because the weather hasn't been good. He hasn't been able to ride it even once so far. He has a lot of work to do tomorrow, so he will get off work (㉠). That's why Minsu is looking forward to the weekend.

49. **Question type** Selecting the right word within the context (adjective)
늦게 means "past the designated time." Since the narrator said that s/he would be busy at work tomorrow, it would be appropriate to fill in the blank with 늦게. Thus, the correct answer is ②.
(Voca) 미리 in advance | 아직 yet | 많이 a lot

50. **Question type** Understanding details (accordance)
Minsu bought a new bike but hasn't been able to ride it even once because the weather has not been good. Since he is waiting for the weekend to arrive, you know that he is going to ride the bike. Thus, the correct answer is ④.

Many flowers bloom in the spring. The Cherry Tree Festival will be held in Yeouido, Seoul. During the festival, (㉠) on the street. So, one can take pictures while walking on a wide road and looking at beautifully bloomed cherry trees. There are also various events. One can see taekwondo match and singers' dance and singing performances. Many people come to the Yeouido Cherry Tree Festival because they can see beautiful flowers and enjoy various events.

51. **Question type** Selecting the right expression within the context

In the subsequent sentence it says that one can take pictures while walking on the road and looking at cherry trees during the festival, so it would be appropriate to fill in the blank with "차가 다닐 수 없다(cars can't pass)." Thus, the correct answer is ①.

52. **Question type** Understanding the subject of the text

It's about a cherry tree festival. In this festival, people can not only take pictures while looking at cherry trees but also watch various events such as taekwondo match and singers' performances. Thus, the correct answer is ④.

[53~54] Read the following and answer the questions.

It's been a year since I started learning Korean but I don't speak Korean well. While I can read a diary written in Korean, it's hard for me to keep a diary myself. So, I am going to (㉠) a Korean friend and will study. I hope s/he helps me a lot.

53. **Question type** Selecting the right expression within the context

–아/어/여서 indicates means or methods. It would be natural to complete the sentence to mean that s/he wishes to get some help by making a Korean friend. Thus, the correct answer is ①.

54. **Question type** Understanding details (accordance)

You should select the answer based on the statement that the narrator can read a diary written in Korean but s/he finds it hard to keep a diary. Thus, the correct answer is ③.

[55~56] Read the following and answer the questions.

I've liked hats/caps from my childhood, so I buy all kinds of hats/caps and wear them. In summer I wear a baseball cap and in winter I wear a fur hat. When I wear a baseball cap, I can block the sunlight and when I wear a fur hat, it's warm. (㉠) I have many different styles and colors of hats/caps in my room.

55. **Question type** Selecting the right expression within the context (conjunction)

그래서 is used when the preceding content is a cause or basis of the following content. If one wears a baseball cap, it blocks the sunlight, and if one wears a fur hat,

it makes her/him warm, so it would be natural to say that's why the narrator has many hats/caps. Thus, the correct answer is ②.

● 하지만: It is used to connect two sentences that are opposite in content.

56. **Question type** Understanding details (accordance)

You should select the correct answer based on the statement that there are many hats/caps of different styles and colors in the narrator's room. Thus, the correct answer is ④.

[57~58] Choose the correct order of the statements from among the following.

57.

(가) Trees in the mountains turn special colors.

(나) I especially like trees with yellow and red leaves.

(다) The weather is usually nice and it is very pretty in the fall in Korea.

(라) I don't know the name of the trees but I like them because they remind me of my home.

The narrator is talking about Korea's fall weather and trees. The weather is nice and trees in the mountains turn special colors in the fall. Among those trees the narrator especially likes those with yellow and red leaves. S/he doesn't know the name of the trees but they remind the narrator of her/his home. It would be natural in this order. Thus, the correct answer is ①.

58.

(가) How do you study the Korean language?

(나) I know a very easy way.

(다) That is, keeping a diary in Korean every day.

(라) It will be hard in the beginning but it will become easier after a few months.

The narrator is explaining an easy way to learn the Korean language. That is keeping a diary in Korean every day, which is difficult in the beginning but will become easier after a few months. It would be most natural in this order. Thus, the correct answer is ①.

[59~60] Read the following and answer the questions.

There is a special coffee shop in Jeju Island. There is no owner in this coffee shop. (㉠) There are no fixed prices for the beverages. (㉡) So, the customers make tea that they would like to drink by themselves. After drinking the tea, they clean up their seats/tables and wash the dishes. (㉢) They pay the amount of money they would like to pay in a small box. (㉣)

59. **Question type** Placing the sentence in the right place

All equipment to make coffee or tea is there.

It says that there is a special coffee shop in Jeju Island

that doesn't have an owner. The given sentence "커피나 차를 만들 도구나 재료는 다 있습니다." would most naturally be located before the sentence saying the customers make their own tea and drink. Thus, the correct answer is ②.

60. **Question type** Understanding details (accordance)
You should select the answer based on the content that the customers themselves make tea that they would like to drink by themselves. Thus, the correct answer is ④.

[61~62] Read the following and answer the questions.

Samgyetang is a Korean food that is popular for both foreigners and Koreans alike. In Korea, people eat *samgyetang* a lot especially in the summer. If one eats hot *samgyetang* in summer, s/he can beat the hot weather and stay healthy. That's why *samgyetang* sells better when the weather is hot. If you order *samgyetang* in a popular restaurant, you sometimes have to wait for a long time (㉠) until the food is ready.

61. **Question type** Selecting the right expression within the context
까지 is a supplementary particle indicating the end point of a certain thing or situation, attached to a noun. It would be natural to complete the sentence to mean that sometimes you have to wait for a long time until the food is ready. Thus, the correct answer is ④.

62. **Question type** Understanding details (accordance)
You should choose the answer based on the content that when people eat hot *samgyetang* in summer, they can stay healthy even in very hot weather. Thus, the correct answer is ④.

[63~64] Read the following and answer the questions.

Recipient: kmj@maver.com
Sender: medical@bong.co.kr
Subject: Confirmation of Hospital Appointment

Name of the patient: Chen Chen

Hello! This is Happy Hospital. We are sending this email to confirm your appointment. Please check the appointment date and arrive here 10 minutes before your appointment time. You must not drink water or eat food on the morning of your appointment. Please call us if you would like to change the time.

Appointment: October 20, 2024 at 10 am

Happy Hospital

63. **Question type** Understanding the purpose
This is a confirmation email of an appointment at Happy Hospital. It says that the appointment time is October 20, 10 am, 2024. Thus, the correct answer is ①.

64. **Question type** Understanding details (accordance)
You should choose the answer based on the content that says that Chen is supposed to check the appointment date and arrive at the hospital 10 minutes before the appointment time. Thus, the correct answer is ③.

[65~66] Read the following and answer the questions.

There are many famous foods in my hometown. Among them, there are many spicy foods and I like spicy food a lot. There are spicy foods even among Korean foods. My friend doesn't eat spicy Korean food well but I (㉠) well. Because the food in my hometown is hotter than Korean food, I can eat all Korean foods well.

65. **Question type** Selecting the right expression within the context
"My friend doesn't eat spicy Korean food well" is a present fact. It would be appropriate to say subsequently that the narrator eats spicy food well in the present form. –고 있다 is an ending used to describe a continuous action in general. Thus, the correct answer is ④.

66. **Question type** Understanding details (accordance)
The narrator says that s/he can eat all Korean food because her/his hometown food is hotter than Korean food. Thus, the correct answer is ②.

[67~68] Read the following and answer the questions.

When you clean your room, it is important to throw away things that are not needed. First, you should decide what to throw away. It would be good to throw away or give to someone else those things that you have not used for more than a year or the clothes that you don't wear. You can also give them to others. For the items that you are hesitant to throw away, you should make a one-year storage box and keep them there. If you use them more than once during that one year, you can keep them, and if not you (㉠). Just by throwing away those unneeded items, you will be able to clean your room.

67. **Question type** Selecting the right expression
This passage is about throwing away things when cleaning a room. In the second line it says that it's good to either throw away the things that you haven't used for more than a year or the clothes you don't wear any longer or give them to other people. In other words, 정리하다(to organize/tidy up) is good. It would be also contextually appropriate to put those items in a storage box, that is 정리하다 if not used more than once. Thus, the correct answer is ④.

68. **Question type** Understanding details (accordance)

It says that throwing away anything that one has not used for more than a year or clothes that one has not worn, or giving them to other people would be good. Thus, the correct answer is ②.

[69~70] Read the following and answer the questions.

I went to the Icheon Rice Festival last week that was held in Icheon, Gyonggi Province. Icheon is famous for rice. At the rice festival, you can try rice cake, alcohol, and other foods made of rice. Various events are also held such as making rice cake, making pottery, and a Korean play culture experience. I went there with my friends and drank *makgeolli*, which is an alcohol made of rice, and made a piece of china that I will give to my friend as a present. The china that you make will be sent to you by home delivery after it is baked. I hope that the pottery I made (㉠).

69. **Question type** Selecting the right expression within the context

Since the narrator is looking forward to the china's arrival, "왔으면 좋겠다" (wish it came) would be appropriate. Thus, the correct answer is ④. –고 싶다 can only be used when first person narrator talks about her/his behavior, so ③ cannot be the correct answer.

70. **Question type** Understanding details (accordance)

The narrator said that s/he drank *makgeolli*, that is an alcohol made of rice. Thus, the correct answer is ①.

TOPIK MASTER 3rd Edition

FINAL 실전 모의고사 8회
The 8th Final Actual Test

정답 ANSWERS

듣기, 읽기

듣기

1. ③	2. ②	3. ②	4. ②	5. ①	6. ①	7. ①	8. ④	9. ②	10. ③
11. ④	12. ③	13. ②	14. ④	15. ③	16. ②	17. ③	18. ④	19. ①	20. ②
21. ③	22. ①	23. ③	24. ③	25. ②	26. ①	27. ②	28. ④	29. ③	30. ③

읽기

31. ③	32. ④	33. ①	34. ③	35. ①	36. ①	37. ③	38. ①	39. ①	40. ①
41. ②	42. ①	43. ①	44. ②	45. ④	46. ④	47. ④	48. ①	49. ②	50. ④
51. ③	52. ④	53. ①	54. ③	55. ②	56. ③	57. ②	58. ②	59. ④	60. ②
61. ①	62. ④	63. ③	64. ④	65. ③	66. ①	67. ④	68. ③	69. ④	70. ②

듣기 Listening

[1~4] Listen to the following and choose the correct answer as in the example.

1.

여자 여기가 공원이에요?

남자 _____

W Are we in a park? (Is this a park?)

M _____

When a question in the form "N이에요/예요?" is asked, if the answer is in the affirmative, you should say "네, N 이에요/예요." If the answer is in the negative, you should answer "아니요, N이/가 아니에요." Thus, the correct answer is ③.

2.

남자 그림을 그려요?

여자 _____

M Do you draw/paint?

W _____

To the question "그림을 그려요?," if the answer is in the affirmative, you should say "네, N을/를 그려요." If it is in the negative, you may answer "아니요, N을/를 안 그려요." "N을/를 그리지 않아요." or you may answer that you're doing other things. Thus, the correct answer is ②.

3.

남자 누가 돈을 냈어요?

여자 _____

M Who paid (for it)?

W _____

Since the question is 누가, the answer should be the person who paid. You should choose the option that has the subject particle 이/가. Thus, the correct answer is ②.

4.

남자 어제부터 어디가 아파요?

여자 _____

M Where does it hurt since yesterday?

W _____

Since the question begins with the word 어디, the answer should explain where it hurts. You should select an option that is used with 이/가. Thus, the correct answer is ②.

[5~6] Listen to the following and choose what comes next as in the example.

5.

여자 처음 뵙겠습니다.

남자 _____

W Nice to meet you (lit. I'm seeing you for the first time).

M _____

Since the woman says "처음 뵙겠습니다." you know that they are meeting for the first time. The most natural greeting here is "반갑습니다(Glad to meet you)." Thus, the correct answer is ①.

6.

여자 영화관에서 크게 이야기하면 안 돼요.

남자 _____

W You are not supposed to talk loudly in a cinema.

M _____

The most appropriate response for the man is to apologize to the woman who said that he was not supposed to talk loudly. Thus, the correct answer is ①.

[7~10] Where is this conversation taking place? Choose the correct answer as in the example.

7.

남자 불고기가 정말 맛있네요.

여자 네. 이 집에서 제일 유명한 음식이에요.

M The *bulgogi* is really delicious.

W Yes, it's the most famous dish in this restaurant.

The man and the woman are talking about *bulgogi*, which is the most well-known dish in this particular restaurant. Thus, the correct answer is ①.

Voca 극장 cinema | 빵집 bakery | 공항 airport

8.

남자 세 시 비행기로 예약해 주세요.

여자 네. 자리는 어디로 예약해 드릴까요?

M Please make a reservation for the three o'clock flight.

W Sure. Which seat shall I reserve for you?

The man is making a reservation for a plane ticket now, and the most appropriate place for making a plane ticket reservation is a travel agency. Thus, the correct answer is ④.

Voca 기차역 train station | 미술관 art museum/gallery | 영화관 cinema

9.

남자 요즘 어떤 머리 모양이 유행이에요?

여자 스포츠 선수들의 머리 스타일이 인기가 많아요. 사진을 보시겠어요?

M What kind of hairstyle is in fashion these days?

W Athletes' hairstyles are really popular. Would you like to see a picture?

The man is going to change his hairstyle to one that is in fashion these days at the hairdresser. Thus, the correct answer is ②.

(Voca) 도서관 library | 사진관 photo studio |
경기장 stadium

10. 남자 한국의 전통 그릇을 어디에서 살 수 있습니까?
여자 3층으로 올라가시면 보실 수 있습니다.

M Where can I buy traditional Korean china?
W You can find it if you go to the 3rd floor.

The man is going to buy traditional Korean china. The
most appropriate place to buy china is at a department
store. Thus, the correct answer is ③.
(Voca) 박물관 museum | 화장실 restroom |
운동장 playground

[11~14] What are the following about? Choose the correct
answer as in the example.

11. 여자 내일 학교에 안 와요?
남자 네. 내일은 어린이날이어서 쉬어요. 수업이 없어요.

W Don't we have school tomorrow?
M No, we have tomorrow off because it's
Children's Day. There is no class.

Judging from the man's statement that "내일은 어린이날
이어서 쉬어요. 수업이 없어요." You know that it's a holiday.
Thus, the correct answer is ④.
(Voca) 요일 days of the week | 여행 travel | 선물 present

Tip Korean Public Holidays
석가탄신일 Buddha's Birthday, April 8th (on the lunar calendar)
어린이날 Children's Day, May 5th
현충일 Memorial Day of Korea, June 6th
광복절 National Liberation Day of Korea, August 15th
개천절 National Foundation Day of Korea, October 3rd
한글날 Hangeul Day, October 9th

12. 여자 세종학당에서 한국어를 가르치세요?
남자 네. 힘들지만 정말 즐겁습니다.

W Are you teaching Korean at the Sejong Institute?
M Yes, it's hard but I really enjoy it.

The woman asks the man whether he is teaching
Korean at the Sejong Institute, and the man answers
that he is. Since the two are talking about the man's
occupation, the correct answer is ③.
(Voca) 약속 promise/appointment | 나이 age |
취미 hobby

13. 남자 빨리 학기가 끝났으면 좋겠어요.
여자 네. 학기가 끝나면 저는 고향에 돌아갈 거예요.

M I wish that the semester would end soon.
W Yes. When the semester is over, I'll return to my
hometown.

The man is saying that he wishes that the semester
would end so that the school vacation could start,
and the woman is saying that she will go back to her
hometown once the semester is over. The two are
talking about 방학(school vacation), which is a break
time when a semester or a school year ends, or when
the weather is extremely hot or cold. Thus, the correct
answer is ②.
(Voca) 휴일 holiday | 나라 country | 취미 hobby

14. 여자 여행을 하니까 정말 즐거워요.
남자 네. 경치도 아름답고 음식도 맛있어요. 너무 즐거워요.

W Travel makes me very happy. (lit: Since I travel,
I'm really happy.)
M The scenery is beautiful and food is delicious.
I enjoy it a lot.

The two are talking about how they feel about traveling
and how enjoyable they find traveling to be. Thus, the
correct answer is ④.
(Voca) 시간 time | 날씨 weather |
교통 traffic/transportation

[15~16] Listen to the following and choose the picture that
matches best.

15. 남자 아……. 커피를 쏟았네요. 휴지 있어요?
여자 잠깐 기다리세요. 제가 휴지를 가지고 올게요.

M Oh darn.... I spilled my coffee. Do you have any
tissues?
W Hold on. I'll get some.

The man spilled his coffee and the woman is saying she
will get tissues for him. Thus, the correct answer is ③.

16. 남자 통장을 만들고 싶은데요.
여자 여기 신청서를 써서 주세요.

M I would like to make an account book.
W Here you go. Please fill out the application form.

The man would like to open an account. Since the
woman requests the man to fill out an application form,
the correct answer is ②. One can make an account
book at the post office but ① and ③ are incorrect
because there is a parcel/package and it is not a scene
that depicts an account book being requested. Thus,
the correct answer is ②.

[17~21] Listen to the following and choose the statement that
agrees with the conversation as in the example.

17. 여자 저녁에 피자를 만들려고 하는데 먹으러 올래요?
남자 정말요? 저도 먹어도 돼요?
여자 그럼요. 음료수만 사 오세요.

W I'm going to make pizza this evening. Do you want to come over and have some?

M Really? Is it okay if I join you?

W Of course. Just bring some soda.

The woman is going to make pizza this evening and invited the man. Thus, the correct answer is ③.

18.
여자 제가 코미디 영화 표 두 장을 예매했는데 오늘 시간 있어요?

남자 미안해요. 저는 코미디 영화를 별로 안 좋아해서요.

여자 그럼 이번에는 다른 사람하고 영화를 봐야겠네요. 다음에는 꼭 같이 영화를 봐요.

남자 그래요. 다음에 무서운 영화를 같이 보면 좋겠어요.

W I reserved two tickets for a comedy movie. Do you have some time (to watch it with me)?

M I'm sorry. I don't particularly like comedies.

W I see. I guess I'll have to watch it with someone else this time. Let's watch a movie together next time.

M Sure. It'd be nice if we watched a horror movie next time.

The woman wants to see a comedy movie with the man, but the man doesn't particularly like comedies so they decided to watch a movie together next time. Thus, the correct answer is ④.

19.
여자 왜 요즘 점심을 안 먹어요? 무슨 일 있어요?

남자 요즘 살이 많이 쪄서 걱정이에요. 그래서 아침만 먹고 점심하고 저녁은 안 먹고 있어요.

여자 밥을 안 먹으면 어떡해요. 밥 대신 과일을 먹는 게 어때요?

남자 좋은 생각이네요. 배고플 때 과일을 조금씩 먹어야겠어요.

W Why are you skipping lunch these days? Is anything wrong?

M I'm worried because I've gained a lot of weight recently. So I only eat breakfast and skip lunch and dinner.

W You shoudn't skip a meal. (lit. What's going to happen if you don't eat meals?) How about eating fruit instead of rice?

M That's a good idea. When I'm hungry, I should eat some fruit.

The man is saying that he only eats breakfast and skips lunch and dinner because he has gained weight recently. Thus, the correct answer is ②.

20.
여자 지난주에 일본 여행을 갔다 오면서 사 온 선물이에요. 여기요.

남자 와, 고마워요. 진짜 예쁘네요. 참, 저도 다음 주에 일본에 갈 건데 돈이 얼마나 필요해요?

여자 저는 삼 일 동안 여행했는데 30만 원 정도 환전했어요. 돈이 부족하지 않았어요.

남자 그래요? 그럼 저는 일주일 동안 여행할 거니까 좀 더 환전해야겠네요.

W This is a gift that I bought on my trip to Japan last week. It's for you.

M Wow. Thank you. It's really pretty. By the way, I'm also planning on going to Japan next week. How much money do you think I need?

W I traveled for three days and I exchanged about 300,000 won. It was more than enough.

M Is that so? I should probably exchange more money then since I'll be traveling for a week.

The woman said that she traveled for three days but the man said that he would travel for a week at the end of the conversation so we know the man will travel longer than the woman. Thus, the correct answer is ②.

21.
여자 주말에 볼 수 있는 재미있는 공연 좀 추천해 주세요.

남자 한국 전통 음악회가 어때요? 사물놀이 공연이 정말 재미있었어요.

여자 한 번도 본 적이 없었는데 꼭 봐야겠네요.

남자 그래요. 그런데 그 공연은 꼭 예매해야 볼 수 있어요. 오늘 미리 예매하세요.

W Please recommend an interesting performance that I can see during the weekend.

M How about a Korean traditional concert? The "Samulnori" performance was very interesting.

W I've never seen it before but I'll definitely catch it sometime.

M Please do. By the way, you must reserve tickets to see that performance. You should make a reservation today (in advance).

The man is recommending to the woman a "samulnori" performance because he has seen it before and he found it very interesting. Thus, the correct answer is ③.

Tip 사물놀이 is a performance with four traditional Korean instruments, namely the kkwaenggwari, a small gong, jing, a larger gong, janggu, an hourglass-shaped drum, and buk, a barrel drum, or the game played to the music.

[22~24] Listen to the following and identify the woman's main idea.

22.
여자 우리 부산 여행 갈 때 무엇을 타고 갈까요?

남자 비행기나 기차를 타는 게 어때요? 서울에서 부산까지 차로 가면 너무 오래 걸릴 것 같아서요.

여자 비행기를 타러 공항까지 가는 데 시간이 더 오래 걸릴 것 같아요. 기차역이 가까우니까 기차를 타고 가요. 기차에 식당도 있어서 좋을 것 같아요.

남자 그래요? 그럼 제가 기차표를 예매할게요.

W What should we take to go to Busan?

M How about a plane or a train? It will take too long if we drive from Seoul to Busan.

W It will probably take too long to go to the airport to take a plane. Since the train station is close, let's take a train. It will be nice because there is a restaurant on the train as well.

M Is that so? Then, I'll make a reservation for the train tickets.

The woman is saying that it would be better to take a train because it takes a long time to get to the airport to catch a plane. Thus, the correct answer is ①.

23.
남자 오늘 세일이라서 백화점에 사람들이 많네요. 수미 씨도 필요한 게 있으면 좀 사세요.

여자 아니에요. 세일할 때 싸다고 이것저것 많이 사면 다 쓰지도 못하고 버려야 돼요. 그래서 저는 세일할 때 물건을 잘 안 사요.

남자 그렇군요. 저도 지난 세일 때 물건을 사고 많이 후회했어요.

여자 그래서 필요한 게 있을 때 하나씩 사는 게 좋아요.

M There are many people in the department store today because there is a sale right now. If you need anything, you should buy it here, Sumi.

W No. If you buy this and that because they're cheap during a sale, then you will end up having to throw them away without completely using them. That's why I don't buy things during sales.

M I see. I also regretted buying things during the last sale.

W So it's better to buy things one at a time when you need something.

The woman is saying that she rarely buys stuff when things are on sale and that it would be better to buy things one at a time when they are needed. Thus, the correct answer is ③.

24.
여자 민수 씨도 대학원에 입학하기로 했어요?

남자 네. 대학원을 졸업하면 더 좋은 회사에서 일할 수 있을 것 같아서요. 그런데 어떤 공부를 해야 할지 아직 결정하지 못했어요.

여자 대학원에서는 좋아하지 않는 것을 공부하면 너무 힘들어요. 그래서 저도 중간에 전공을 바꿨어요. 정말 좋아하는 게 무엇인지 생각해 보세요.

남자 그렇군요. 한번 잘 생각해 볼게요.

W Have you decided to go to graduate school as well, Minsu?

M Yes, because if I graduate from graduate school I will have a better chance of working at a better company. However, I haven't decided what I will study yet.

W It would be too hard if you studied something that you don't like. That's why I changed my major mid-way through school. Think carefully about what it is that you really like.

M You're right. I'll give it serious thought.

The woman is advising the man to study something that he likes so that it's not too tough on him. Thus, the correct answer is ③.

[25~26] Listen to the following and answer the questions.

(* 메시지를 남겨 주세요. 띠-)

여자 여보세요? 아저씨, 저 301호에 사는 사람인데요. 보일러가 고장이 나서 어제부터 따뜻한 물이 안 나와요. 오늘 시간이 있으시면 좀 고쳐 주실 수 있어요? 오늘 회사에서 좀 일찍 나올 거예요. 5시까지 집에 도착할 수 있어요. 그때까지 와 주셨으면 좋겠어요. 오늘 꼭 좀 고쳐 주세요.

(*Please leave a message, beep-)

W Hello? I'm the resident of 301. The boiler in my house is broken and I've not had hot water since yesterday. Can you come and fix it if you have time today? I'll leave work a little early. I can come home by 5 o'clock. It'd be great if you could come by then. Please fix it today.

25. The woman is requesting to fix a broken boiler. Judging from the expressions such as "좀 고쳐주실 수 있어요?", "와 주셨으면 좋겠어요.", "오늘 꼭 좀 고쳐 주세요." you know that the woman is asking for a favor. Thus, the correct answer is ②.

26. The woman is saying that she is planning on leaving work a little early so that she can get home by 5. Thus, the correct answer is ①.

[27~28] Listen to the following and answer the questions.

남자 수미 씨, 저……, 부탁이 있는데요. 저와 휴가 날짜를 바꿔 줄 수 있어요?

여자 왜요? 무슨 일 있어요?

남자 네. 집안일 때문에 고향에 다녀와야 해서요. 아버님이 병원에 입원을 하시거든요.

여자 어떡하죠? 저도 다음 주에 여행 예약을 해서 안 될 것 같아요. 진영 씨한테 한번 이야기해 보세요.

남자 아, 진영 씨도 아직 휴가 안 갔어요?

여자 네. 진영 씨는 휴가 때 특별한 계획이 없어서 바꿔 줄 수 있을 거예요.

M Sumi…I have a favor to ask of you. Can you switch your vacation dates with me?

W Why? Is something wrong?

M Yes, I must go home because of a family matters. My father is going to be hospitalized.

W What shall I do? I can't do that because I made a travel reservation for next week. Why don't you ask Jinyoung?

M Oh, Jinyoung hasn't taken a vacation yet?

W No, Jinyoung can probably switch with you because I don't think s/he has any special plans for vacation.

27. The man is asking a favor of the woman to switch their vacation dates and the woman is responding that she can't change it because of her travel reservations and suggesting that the man ask Jinyoung instead. Thus, the correct answer is ②.

28. The man would like to switch his vacation dates because he has to go to his hometown as his father is going to be hospitalized. Thus, the correct answer is ④.

[29~30] Listen to the following and answer the questions.

남자 안녕하세요? 머리를 제일 잘하는 미용실, 뷰티 미용실입니다.

여자 저 김수미인데요. 내일 오후 2시에 미용실 예약을 했는데 헤어 디자이너를 바꾸고 싶어요.

남자 아, 그러세요? 어떤 헤어 디자이너로 바꾸고 싶으세요?

여자 이름은 모르는데요. 지난주에 텔레비전에서 인터뷰하신 분이요.

남자 아, 전데요. 그런데 내일은 제가 미용실을 쉬는 날인데, 모레 오후 2시는 어떠세요?

여자 네. 괜찮습니다.

M Hello. This is Beauty Salon, the best hairdresser.

W My name is Kim Sumi. I made a reservation for 2 pm tomorrow but I would like to change hairdressers.

M Is that so? Who would you like to change to?

W I don't know his name. It's the male hairdresser who was interviewed on TV last week.

M Oh, that's me. However, I'm off work tomorrow, so how about 2 pm the day after tomorrow?

W Sure. That's fine.

29. The woman called the beauty salon because she had made a reservation for 2 pm tomorrow but wanted to change the hairdresser. Thus, the correct answer is ③.

30. Judging from the woman's statement that she is calling because she wants the male hairdresser who was being interviewed on TV last week to take care of her hair, you know that the man has appeared on TV. Thus, the correct answer is ③.

읽기   Reading

[31~33] What are the following about? Choose the correct answer as in the example.

31.
I like music. I play the guitar.

Things that one likes or enjoys are called 취미(hobbies). Thus, the correct answer is ③.
(Voca) 약국 pharmacy | 생일 birthday | 운동 sports/exercise

32.
Apples are delicious. I eat a lot of them.

An apple is a kind of fruit. Thus, the correct answer is ④.
(Voca) 주말 weekend | 파티 party | 장소 place

33.
This man is Nichola. He is learning Korean at college with me.

Judging from the statement that s/he is learning Korean at school together, you can infer that the statement is about 친구(friends). Thus, the correct answer is ①.
(Voca) 점심 lunch | 직업 occupation | 시장 market

[34~39] Choose the most appropriate word for the blank as in the example.

34.
Summer in Korea is hot. Summer in Korea is (   ) June to August.

부터 is an auxiliary particle indicating the starting point of a boundary related to a certain condition. Typically 까지, indicating the end point, makes a pair with 부터. Thus, the correct answer is ③.
● 보다: A particle indicating the object of comparison, when comparing things that are different
● 에서: A particle indicating a place where the action of the preceding word occurs
● 하고: A particle indicating an object of comparison or an object of standards

35.
I have an appointment with a friend. I (   ) her/him at 7.

Since the narrator says that s/he has an appointment with a friend, it would be most natural to say "친구를 만납니다(to meet a friend)" Thus, the correct answer is ①.
(Voca) 보내다 to send | 그리다 to draw | 말하다 to talk

36.
There are three people in my (   ). They are my father, my mother and me.

아버지 and 어머니 are the names of family members. Thus, the correct answer is ①.
(Voca) 직업 occupation | 얼굴 face | 고향 hometown

37.
The room is (   ). Please open the window (for me).

Since the narrator asked to open the window in the second sentence, you can guess that the room is hot or that the air is not clean. Thus, the correct answer is ③.
(Voca) 넓다 to be spacious, wide | 적다 to be little | 좋다 to be good/nice

38.
I don't have money, so I (   ) go shopping.

가끔 is an adverb indicating "some temporal, spatial gap," in other words, every once in a while. When one doesn't have money, it is natural to go shopping only every once in a while. Thus, the correct answer is ①.

(Voca) 매일 every day | 정말 really | 모두 all

39.

I (　　) homework. I will watch a movie with my friend.

Homework is used with verbs like 하다(to do), 시작하다 (to begin), 내다(to submit), 마치다(to finish) and 끝내다 (to finish). Since the narrator says that s/he will watch a movie with her/his friend, it will be contextually most natural to fill in the blank with "끝냈습니다." Thus, the correct answer is ①.

(Voca) 말하다 to speak | 만들다 to make | 시작하다 to begin

[40~42] Read the following and choose the statement that doesn't agree.

40.

Admission Ticket

Korean Folk Village - Admission Ticket

2024. 11. 2 (Saturday)

2 Adults and 2 Students

32,000 won x 2 persons / 26,000 won x 2 persons

// total 116,000 won

This admission ticket is for two adults and two students. Thus, the correct answer is ①.

41.

Miyeong,

I came to the library.
I'm checking out books.
I will go to the office at 3 o'clock.

From Jisu

It's a text message that Jisu wrote. Jisu said that she was "checking out/borrowing books" in the library. Thus, the correct answer is ②.

42.

Guide on Using the Reading Room

Days: Monday–Friday
Time: 24 hours
Admission: free
Application: Hand in the application form at #201

The time for using the reading room is from Monday through Friday. Thus, the correct answer is ①.

[43~45] Read the following and choose the statement that matches.

43.

I was very busy this past weekend. I invited my friends to my home and had a good time with them. We watched a movie and talked a lot.

The narrator said that s/he was very busy this weekend while "inviting friends to her/his home and having a good time." So, you know her/his friends came to spend time with the narrator. Thus the correct answer is ①.

44.

I bought a new pair of sneakers today. They were a bit expensive, but I bought them because they are pretty and comfortable. I would like to wear them soon.

The narrator said that the new sneakers were a bit expensive but pretty and comfortable. Thus, the correct answer is ②.

45.

My grandfather paints. Because his paintings are great, they're popular. I would like to learn to paint from him.

The narrator says that her/his grandfather's painting is great so it's very popular. Thus, the correct answer is ④.

[46~48] Read the following and choose the main content.

46.

I read the newspaper every day. There are many things in the newspaper that I don't know. So, if I read the newspaper, I can learn a lot of things.

The main idea of this passage is that if the narrator reads the newspaper, s/he can learn a lot. Thus, the correct answer is ④.

47.

The company that I work at is located in Seoul. I go to work by bus or subway. However, the roads are congested in the morning so I mostly take the subway.

The narrator says that s/he usually goes to work by subway because roads are congested in the morning. This is because during morning rush hour, the subway is more convenient than a bus. Thus, the correct answer is ④.

48.

Next week my foreign friends are going back home, so we decided to look around Seoul together for the last time. After shopping in Dongdaemun, we will go to Myeongdong. I decided to treat to my friends to Korean food in Myeongdong.

They decided to look around Seoul before the narrator's foreign friends return to their home. Shopping and eating are part of Seoul sightseeing. Thus, the correct answer is ①.

I like animals so I'm working part-time at a zoo. In the zoo that I (㉠), there are animals that are hardly seen in normal places. It is dangerous to feed these animals. However, it's cool to be able to see and touch them.

49. **Question type** Selecting the right word within the context (adjective)

The narrator said that s/he worked part-time at a zoo. Coming and going to one's workplace or school regularly is called 다니다(to attend). Thus, the correct answer is ②.

50. **Question type** Understanding details (accordance)

The narrator says that s/he works part-time at a zoo because s/he likes animals. Thus, the correct answer is ④.

[51~52] Read the following and answer the questions.

The most important factor in observing etiquette in Korea is age. One should use honorifics to elderly people. That's why Koreans ask people whom they meet for the first time their age (㉠). In Korea at mealtime, older people start first. When Koreans give something to an elderly person, they do so with two hands. For greetings, young people lower their heads.

51. **Question type** Selecting the right expression within the context

You should complete the sentence to mean that one asks the person whom s/he meets for the first time her/his age "first" because one should use the honorific language to someone who is older than her/him in Korea. 먼저 means "before in terms of time or order." Thus, the correct answer is ③.

52. **Question type** Understanding the subject of the text

It is about an introduction to Korean etiquette such as honorific language, the order of eating, ways of giving something, and ways of greeting. Thus, the correct answer is ④.

[53~54] Read the following and answer the questions.

When I was young, I couldn't go to the hospital because I was scared. However, I have no problem going there now thanks to a kind doctor and nurse. That's why I rush to the hospital when (㉠). However, my friend rarely goes to the hospital because s/he is still scared.

53. **Question type** Selecting the right expression within the context

It would be natural to complete the sentence to mean "if one gets sick, s/he goes to the hospital." –(으)면 is used when supposing something. Thus, the correct answer is ①.

54. **Question type** Understanding details (accordance)

The narrator says that s/he can now go to the hospital without hesitation thanks to a kind doctor and nurse. Thus, the correct answer is ③.

[55~56] Read the following and answer the questions.

I like flowers. I have been growing flowers since last year. When I get up in the morning, the first thing I do is water the flowers. (㉠) it looks as if the flowers "thank" me. There are many kinds of flowers in our home. When I see the flowers bloom, my heart becomes warm.

55. **Question type** Selecting the right expression within the context (conjunction)

그러면 is a connective adverb that is used when the preceding content is the condition of the following content. You should complete the sentence to mean that when the narrator waters the flowers, s/he feels like the flowers greet her/him. Thus, the correct answer is ②.

56. **Question type** Understanding details (accordance)

The narrator says that s/he first waters the flowers when s/he gets up in the morning. Watering the flowers is part of taking care of the them. Thus, the correct answer is ③.

[57~58] Choose the correct order of the statements from among the following.

57.
(가) I take a Korean language class at 9 o'clock every day.

(나) So, I received a small present at school today.

(다) Since that class is a morning class, getting up early is hard.

(라) However, I haven't been late even once so far.

You should choose the correct answer by looking at markers such as 그래서(so) or 하지만(however). It would be natural to go in such an order that although 9 o'clock Korean language class is a morning class so getting up early is hard, the narrator hasn't been late so far, so s/he received a present. Thus, the correct answer is ②.

58.
(가) I eat spicy food very well these days.

(나) But tteokbokki is so delicious that I ate it every day.

(다) So, I can eat spicier food now.

(라) At the beginning it was hard because I couldn't eat spicy food.

You should choose the correct answer based on markers like 그래서 or 하지만. In the sentence (나), it says "because tteokbokki was so delicious that I ate it every day," but since there is a connective word 하지만, (라), which is the opposite of (나), should come before (나). Since the beginning of (다) has 그래서, it would be appropriate that (나) "I ate it every day" comes as a reason for why the narrator can now eat spicier food. Thus, the correct answer is ②.

[59~60] Read the following and answer the questions.

I like taking photos. (㉠) My father taught me how to take pictures since I was young. (㉡) I took pictures in various places near my home with my father. (㉢) Now, I have joined a photo club in my college and am taking pictures with club members. (㉣) It is really fun to take pictures of my friends' diverse facial expressions.

59. **Question type** Placing the sentence in the right place

I liked landscape pictures before but now I like taking pictures of people.

It would be natural to put the narrator's liking for taking pictures of her/his friends' diverse facial expressions after the sentence that s/he likes taking pictures of people. Thus, the correct answer is ④.

60. **Question type** Understanding details (accordance)

You should choose the correct answer based on the statement that the narrator's father taught the narrator how to take pictures since s/he was young. Thus, the correct answer is ②. ① and ③ are incorrect because one cannot know if they are true given the passage.

[61~62] Read the following and answer the questions.

These days, the number of people who leave home and live alone is (㉠). Normally, they live alone because of work or school. In Korean they are called "one-person households." Those living alone buy very little because they do not need a lot of food or things. So, supermarkets also sell food or things for "one-person households" cheaply.

61. **Question type** Selecting the right expression within the context

–고 있다 is used when a certain condition continues to last. It would be natural to complete the sentence to mean that the number of people living alone is increasing. Thus, the correct answer is ①.

62. **Question type** Understanding details (accordance)

You should choose the correct answer based on the statement that people normally live alone because of work or school. Thus, the correct answer is ④.

[63~64] Read the following and answer the questions.

Recipient: nls@maver.com
Sender: foreign@knu.ac.kr
Subject: College of Foreign Language Studies Scholarship

Dear Nurassyl,

We are announcing the results of the scholarship that you applied for at the College of Foreign Language Studies. You have been awarded with a scholarship of half of next semester's tuition.

Please submit a copy of your account book and your student ID to the department office. The deadline for submission is the 30th of this month. Please note that you will lose your scholarship if we do not hear from you by the 30th. Our heartfelt congratulations!
Foreign Language Studies Office

63. **Question type** Understanding the purpose

In the beginning of the message it says "외국어대학에서 접수한 장학금 신청 결과를 알립니다." Thus, the correct answer is ③.

64. **Question type** Understanding details (accordance)

The message says "학과 사무실에 통장과 학생증 사본을 제출해 주세요." Thus, the correct answer is ④.

[65~66] Read the following and answer the questions.

It's been a year since I have been living in Korea but I don't speak Korean well. I'm an English teacher and since other teachers all speak English well, it has been okay. However, I would like to learn Korean now. So, I've decided to learn Korean at a Korean teacher's house every weekend. That Korean teacher lives in a nearby apartment. Since we're having the first class this week, I'll buy a small present and (㉠).

65. **Question type** Selecting the right expression within the context

–(으)ㄹ까 하다 is used when nothing has been decided but one has the intention of doing. It would be natural to complete the sentence to mean that the narrator intends to bring a small present on the first day of Korean class. Thus, the correct answer is ③.

66. **Question type** Understanding details (accordance)

The narrator says that s/he has lived in Korea for a year but doesn't speak Korean well. Thus, the correct answer is ①.

[67~68] Read the following and answer the questions.

The "Children's Experience Center" is a newly opened place where children can experience occupations. Here children can do what they cannot do ordinarily. They can cook like a chef or treat patients like a doctor. While watching their kids experience different professions, parents can see what their children (㉠). This center is very popular because children can have good experiences and parents can learn about their children.

67. **Question type** Selecting the right expression

The Children's Experience Center is a place where children can do something they don't normally do.

At the end of the passage it says that the center is
very popular because "parents can learn about their
children," so it would be natural for the preceding
sentence to be what their children like and dislike. Thus,
the correct answer is ④.

68. **Question type** Understanding details (accordance)

You should choose the correct answer based on the
statement that children can try various things that they
cannot normally do. Thus, the correct answer is ③.

[69~70] Read the following and answer the questions.

I like doing my hair. I usually go to the hairdresser and
get my hair permed or dyed. However, the prices at
beauty salons have gone up significantly these days,
so I can't go to the salon as frequently as before.
However, I found a way to do my hair cheaply. I can
either buy a discount coupon on the Internet or go to
a salon that gives an early morning discount. I (㉠)
to a salon tomorrow with my friend.

69. **Question type** Selecting the right expression within the context

The narrator said 내일(tommorrow) so you should use
an expression that indicates a plan or will that has not
happened yet. −기로 하다 is a phrase that is used to
express one's determination or promise for an action
that the verb refers to. ①, ②, ③ are all incorrect because
they are to be used for past actions. Thus, the correct
answer is ④.

70. **Question type** Understanding details (accordance)

It says that the prices at beauty salons have gone up a
lot. Thus, the correct answer is ②.

정답 ANSWERS

듣기, 읽기

듣기

1. ②	2. ④	3. ③	4. ④	5. ②	6. ④	7. ①	8. ④	9. ②	10. ④
11. ④	12. ①	13. ①	14. ③	15. ②	16. ④	17. ①	18. ③	19. ③	20. ④
21. ③	22. ④	23. ④	24. ③	25. ④	26. ②	27. ②	28. ③	29. ④	30. ②

읽기

31. ③	32. ②	33. ③	34. ①	35. ③	36. ③	37. ①	38. ①	39. ①	40. ②
41. ③	42. ①	43. ④	44. ③	45. ①	46. ③	47. ②	48. ④	49. ①	50. ①
51. ③	52. ①	53. ③	54. ④	55. ④	56. ④	57. ①	58. ③	59. ③	60. ③
61. ②	62. ④	63. ②	64. ③	65. ①	66. ③	67. ②	68. ①	69. ②	70. ③

[1~4] Listen to the following and choose the correct answer as in the example.

1.
여자 이 건물에 식당이 있어요?

남자 _____

W Is there a restaurant in this building?

M _____

To the question of whether there is a restaurant, if the answer is in the affirmative, then you should say either "네, N이/가 있어요" or "식당이 많아요." If the answer is in the negative, then "아니요, N이/가 없어요." Thus, the correct answer is ②.

2.
남자 비행기 표를 사요?

여자 _____

M Are you buying a plane ticket?

W _____

To the question "비행기 표를 사요?," if the answer is in the affirmative, then you should say "네, N을/를 사요." If the answer is in the negative, then you can say "아니요, N을/를 사지 않아요" or you can answer that you are doing some other activity. Thus, the correct answer is ④.

3.
남자 요즘 무엇을 가르쳐요?

여자 _____

M What do you teach these days?

W _____

Since the question is asking about 무엇, you should answer with the subject you teach. Thus, the correct answer is ③.

4.
남자 누구하고 병원에 갈 거예요?

여자 _____

M With whom will you go to the hospital?

W _____

Since the question begins with 누구, you should choose the person who will go to the hospital with you. Thus, the correct answer is ④.

[5~6] Listen to the following and choose what comes next as in the example.

5.
여자 잘 먹겠습니다.

남자 _____

W I will eat well (lit.).

M _____

The most natural response to the woman's statement "잘 먹겠습니다." is to say "맛있게 드세요(Enjoy the food/meal)." Thus, the correct answer is ②.

6.
여자 잠을 못 자서 너무 피곤해요.

남자 _____

W I'm so tired because I couldn't sleep well.

M _____

Since the woman says that she is tired because she couldn't sleep well, the most natural answer is "to rest." Thus, the correct answer is ④.

[7~10] Where is this conversation taking place? Choose the correct answer as in the example.

7.
남자 따뜻한 차는 뭐가 있어요?

여자 녹차가 있어요. 녹차로 드릴까요?

W What kind of warm tea do you have?

M We have green tea. Shall I bring you a cup of green tea?

The man wants to order warm tea and is asking what kinds of tea they serve and the woman is recommending green tea. A place where one may order green tea is a coffee shop. Thus, the correct answer is ①.

(Voca) 미용실 hairdresser | 여행사 travel agency | 옷가게 clothing store

8.
남자 처방전 여기 있어요.

여자 잠시만 기다리세요. 드리는 약은 아침, 저녁 식사 후에 드시면 됩니다.

M Here is the prescription.

W Please wait a minute. (long pause) You should take the medicine I'm giving you after breakfast and after dinner.

One can know the conversation is taking place at a pharmacy from the use of words like 처방전(prescription), or 약(medicine). Thus, the correct answer is ④.

(Voca) 시장 market | 식당 restaurant | 학교 school

9.
남자 이쪽을 보시고 웃으세요.

여자 거울을 다시 보고 싶어요. 조금 후에 찍으면 안 될까요?

M Look this way and smile.

W I would like to look in the mirror again. Is it okay if we take it a bit later?

Judging from the woman asking if they could take(찍다) it a little bit later, you know that this conversation is taking place in a photo studio. Thus, the correct answer is ②.

(Voca) 여행사 travel agency ｜ 백화점 department store ｜ 미용실 hairdresser

10.

남자 지난주에 방을 예약했습니다. 제 이름은 홍길동입니다.

여자 네. 모두 두 분이시고 이박 삼일 동안 지내시는 것이 맞습니까?

M I made a reservation last week. My name is Hong Gildong.

W Yes, I see. Your reservation is for a party of two and you will stay for two nights, is that correct?

Based on the expression 방을 예약하다(to reserve a room), you know that this conversation is taking place in a hotel. Thus, the correct answer is ④.

(Voca) 공원 park ｜ 회사 company ｜ 공항 airport

[11~14] What are the following about? Choose the correct answer as in the example.

11.

여자 오늘 보내면 언제 받을 수 있어요?

남자 내일 중으로 받으실 수 있습니다.

W If I send it today, when can s/he receive it?

M S/he can receive it sometime tomorrow.

The woman is asking when the package will arrive. Based on the verbs like 보내다(to send) and 받다(to receive), you know that they are talking about a package. Thus, the correct answer is ④.

(Voca) 약속 promise, appointment ｜ 요리 cooking ｜ 그림 painting, drawing

12.

여자 형이나 누나가 있어요?

남자 아니요. 동생만 2명 있어요.

W Do you have any older bothers or sisters?

M No, I only have two younger siblings.

They are talking about older brothers and older sisters, that is, family. Thus, the correct answer is ①.

(Voca) 그림 painting, drawing ｜ 사진 picture ｜ 주소 address

13.

남자 어디에서 오셨어요?

여자 저는 미국에서 왔어요.

M Where are you from?

W I'm from America.

The man is asking where the woman is from and the woman answers that she is from America. When asking about one's country, you can ask "어디에서 오셨어요?" or "어느 나라 사람이에요?" Thus, the correct answer is ①.

(Voca) 주소 address ｜ 여행 travel ｜ 계획 plan

14.

여자 무슨 일을 하세요?

남자 한국 회사에 다닙니다.

W What do you do for a living?

M I work for a Korean company.

The woman is asking the man about his occupation and the man answers that he works for a Korean company. Thus, the correct answer is ③.

(Voca) 회사 company ｜ 학교 school ｜ 취미 hobby

Tip "N(place)에 다니다" can be used interchangeably with "N(place)에서 일하다/근무하다," and it is used when talking about one's occupation.

[15~16] Listen to the following and choose the picture that matches best.

15.

여자 이 사진처럼 머리를 잘라 주세요.

남자 잘 어울리겠네요. 먼저 머리를 감겨 드릴게요.

W Please cut my hair like the style in this picture.

M It looks like it'll suit you. Let me wash your hair first.

Since the woman said "이 사진처럼(like in this picture)," you know that she is showing the man a picture. Thus, the correct answer is ②.

16.

남자 손님, 죄송하지만 기계가 고장이 나서 카드는 사용하실 수 없습니다.

여자 그래요? 그럼 현금으로 계산할게요. 여기 오만 원이요.

M Ma'am, I'm sorry but the machine is down so you can't use a credit card.

W Is that so? Then, I'll pay by cash. Here is 50,000 won.

Since the man said "기계가 고장이 나서 카드는 사용하실 수 없다" the picture should show the man giving the woman her card back. The woman is giving the man cash. Thus, the correct answer is ④.

[17~21] Listen to the following and choose the statement that agrees with the conversation as in the example.

17.

여자 요즘 피아노를 배우고 있는데 민수 씨도 피아노 칠 줄 알아요?

남자 아니요. 저도 배우고 싶어요. 나중에 좀 가르쳐 주세요.

여자 그럼요.

W I'm learning the piano these days. Do you know how to play the piano, Minsu?

M No, I want to learn too. Please teach me some time.

W Sure.

The woman is asking the man if he (Minsu) also(도) knows how to play the piano while telling him that she has been learning how to play the piano recently. Thus, the correct answer is ①.

18.
여자 뭘 이렇게 많이 샀어요? 제가 같이 들어 줄게요.

남자 고마워요. 오늘 집에서 동생 생일 파티를 하기로 했어요. 그래서 요리 재료 좀 샀어요.

여자 정말요? 민수 씨가 직접 요리하는 거예요?

남자 아니에요. 요리는 어머니가 하시고 저는 그냥 옆에서 조금 도와 드릴 거예요.

W What did you buy so much off? Let me give you a hand.

M Thanks. We've decided to throw a birthday party for my younger sibling at home today. So, I bought some cooking materials.

W Really? Are you going to cook by yourself?

M No, my mother will cook and I'll just stand next to her and help.

In the beginning of the conversation, the woman proposed to help (carry the bag) and the man responded with "고마워요." Thus, the correct answer is ③.

19.
여자 아저씨 이 사과 하나에 얼마예요?

남자 한 개에 천 원이고 다섯 개에 사천 원이에요. 몇 개 드릴까요?

여자 그럼 사과 다섯 개 주세요. 여기 오천 원이요.

남자 손님, 이건 천 원짜리인데요. 오천 원짜리 주셔야 하는데.

W Hello, how much is it for one of these apples?

M They are 1,000 won each or five for 4,000 won. How many shall I give you?

W Then, please give me five apples. Here's 5,000 Won.

M Ma'am, this is a 1,000 won bill. You should give me a 5,000 won bill instead.

Judging from the man's statement at the end that the woman should give him a 5,000 won bill, you know that the woman gave the wrong bill. Thus, the correct answer is ③.

20.
여자 어제 연극을 봤는데 진짜 좋았어요. 민수 씨도 이 연극 꼭 한번 보세요.

남자 저도 지난달에 친구가 표를 줘서 봤어요. 그런데 저는 슬픈 내용을 안 좋아해서 별로였어요.

여자 그렇군요. 그럼 다음 주에 나오는 새로운 연극 같이 볼래요? 그건 재미있는 내용이에요.

남자 그렇게 해요.

W I saw a play yesterday and it was really great. You should definitely see it too, Minsu.

M I also saw that last month because my friend gave me a ticket. But I didn't particularly like it because I don't like sad contents.

W I see. Then shall we see a new play that's coming next week together? It looks interesting.

M Let's do that.

The woman recommended a play that she saw yesterday to the man because she found it interesting, but the man said that he had already seen that play last month with the ticket his friend gave to him. Thus, the correct answer is ④.

21.
여자 요즘 가족이 없는 할아버지 할머니들이 많은 것 같아요.

남자 맞아요. 그래서 저도 그런 할아버지 할머니들을 돕는 봉사활동을 하려고 해요.

여자 정말요? 언제부터요?

남자 학교 주변에 있는 봉사활동 센터에서 다음 주부터 시작하기로 했어요. 수미 씨도 같이 할래요?

W It seems like that there are many elderly men and women who do not have any family these days.

M Yes, you're right. That's why I am going to do voluntary work to help such people.

W Really? Starting when?

M I decided to start from next week at a service center near school. Would you like to join me, Sumi?

The man is planning to start volunteer that will assist elderly men and women who do not have any family at the Volunteer Center beginning next week. Thus, the correct answer is ③.

[22~24] Listen to the following and identify the woman's main idea.

22.
여자 민수 씨, 뭐 하고 있어요?

남자 옷 좀 사려고 인터넷 쇼핑하고 있어요. 요즘 인터넷 쇼핑이 있어서 너무 편리하네요.

여자 그런데 인터넷으로 옷을 사면 직접 보거나 입어 볼 수 없어서 안 좋은 것 같아요. 직접 가서 사지 그래요.

남자 쇼핑하러 가면 사람도 많고 복잡해서 싫어요. 그냥 인터넷으로 살래요.

W Minsu, what are you doing?

M I'm shopping online as I need some clothes. It's so convenient these days thanks to online shopping.

W But buying clothes on the Internet isn't good because you can't see them or try them on in person. Why don't you go to a store and buy them there directly?

M If I go to a store, there are many people and it's crowded, so I don't like it. I will just buy them online.

The woman thinks that buying clothes on the Internet is not good because she can't see them in person or try them on. Thus, the correct answer is ④.

23.

여자 민수 씨, 오늘 회사에 안 갔어요?

남자 아……. 저 오늘부터 회사에 안 가도 돼요. 어렸을 때부터 영화를 만들고 싶었어요. 그래서 이제부터 영화 공부를 시작할 거예요.

여자 정말요? 돈도 많이 주고 일도 쉬워서 좋은 직장이라고 생각했는데. 회사 일을 계속하고 취미로 영화를 만들면 어때요?

남자 아니에요. 그것보다는 제가 정말 좋아하는 일을 더 열심히 하고 싶어요.

W Minsu, didn't you go to work today?

M Well… I don't have to go to work beginning today. I've wanted to make a movie ever since I was young. So, I'm going to start studying film.

W Really? I thought that you had a good job because your salary was high and the job was easy. Why don't you keep working and make a movie as a hobby?

M No, I'd rather work harder at something that I really love.

Judging from the woman suggesting to the man that he pursues film-making as hobby while continuing to work at a company, you know that she thinks it would be better for the man to remain at the company. Thus, the correct answer is ④.

24.

여자 민수 씨, 저는 수미 씨 집들이에 못 갈 것 같아요.

남자 왜요? 무슨 일 있어요?

여자 지난번에 수미 씨가 약속에 늦어서 제가 화를 많이 냈어요. 그다음부터 수미 씨가 저랑 이야기를 안 해요. 제가 화를 내지 말아야 했어요.

남자 그럼 오늘 집들이에 가서 사과하는 게 어때요?

W Minsu, I don't think I can go to Sumi's housewarming.

M Why? What's wrong?

W Last time when Sumi was late for an appointment, I got very angry. Since then Sumi hasn't talked to me. I shouldn't have gotten angry.

M If that is the case, why don't you go to her housewarming today and apologize?

Since the woman said that she shouldn't have gotten angry, you know that she is regretting getting mad at Sumi. Thus, the correct answer is ③.

[25~26] Listen to the following and answer the questions.

(* 메시지를 남겨 주세요. 띠-)

여자 강 선생님, 저 이수미입니다. 오늘 선생님께서 소개해 주신 회사에서 면접을 봤습니다. 선생님께서 도와주셔서 면접 준비도 잘할 수 있었고 좋은 경험을 했습니다. 직접 얼굴 뵙고 이야기 드리려고 했는데 미국으로 출장 가셨다고 해서 전화를 드렸습니다. 한국에 오시면 꼭 연락 주세요. 꼭 찾아뵙겠습니다. 안녕히 계세요.

(* Please leave a message, beep-)

W Mr. Kang, it's Lee Sumi. Today I had an interview at the company that you introduced to me. Thanks to your help I managed to prepare for the interview well and had a good experience. I wanted to tell you this in person but I heard that you went to America on a business trip so I'm leaving a message. When you come back to Korea, please call me! I'll definitely go to see you. Good-bye.

25. The woman is thanking her teacher for introducing her to the company where she had a successful interview. Thus, the correct answer is ④.

(Voca) 면접 interview ｜ 경험 experience ｜ 출장 business trip

26. The woman had an interview at a company that her teacher introduced to her. Thus, the correct answer is ②.

[27~28] Listen to the following and answer the questions.

남자 이번 주말에 뭐 할 거예요? 같이 등산 가는 거 어때요?

여자 미안한데 오전에 김치 박물관에 가야 해서 못 갈 것 같아요.

남자 김치 박물관요? 거기는 뭐 하러 가요?

여자 요즘 박물관에서 김치를 직접 만들어 볼 수 있는 수업이 있어요. 제가 김치를 만드는 법을 몰라서요. 결혼해서 남편에게 김치를 만들어 주고 싶어요.

남자 아, 박물관이 멀지 않으면 저도 같이 배우고 싶어요. 저도 김치를 만들 줄 알면 나중에 아내가 좋아할 거예요.

여자 좋은 생각이에요. 멀지 않으니까 같이 택시를 타요. 괜찮죠?

M What are you doing this weekend? How about going hiking together?

W I'm sorry but I can't go because I have to go to a kimchi museum in the morning.

M Kimchi museum? Why are you going there?

W Recently they're offering a course where we can make kimchi by ourselves. I don't know how to make kimchi. I want to make kimchi for my husband when I get married.

M If the museum isn't far, I'd like to learn as well. If I know how to make kimchi, my future wife would probably like it.

W That's a good idea. It's not far so let's take a taxi. Would that be all right?

27. The woman is going to the museum because she wants to make kimchi after she gets married, and the man also wants to learn how to make kimchi because he thinks that his future wife will like it. They are talking about the reasons why they want to go to the museum. Thus, the correct answer is ②.

28. The woman is suggesting that they take a taxi because the museum is not far. Thus, the correct answer is ③.

[29~30] Listen to the following and answer the questions.

남자 사진 모임에 새로운 사람들이 많이 왔어요. 그런데 아직 서로를 잘 모르는 것 같아요.

여자 맞아요. 그럼 이번에 1박 2일로 사진 찍으러 가는 게 어때요?

남자 하루 동안 같이 사진을 찍으면서 친해질 수 있겠네요? 정말 좋은 생각이에요.

여자 이번 주 금요일에 가는 게 어때요? 주말에는 사람도 많고 방값도 너무 비싸서요.

남자 그런데 회사를 다니는 사람이 있어서 토요일에 출발해야 할 것 같아요.

여자 아, 그럼 토요일로 해야겠네요. 장소와 일정은 내일 전체 회의가 있으니까 그때 결정해요.

M Many newcomers attended the photography club gathering. But they don't seem to know each other well.

W You're right. How about going on a photo-taking trip for two days?

M We'll become closer while taking photos together all day. That's a really great idea.

W How about leaving this Friday? There are too many people and lodging is too expensive during the weekend.

M But some people have to go to work so we'll have to depart on Saturday.

W Ah, I guess it has to be Saturday. There is a meeting tomorrow so let's decide the location and schedule then.

29. The man says that many newcomers to the photography club do not know each other well yet. The woman is asking the man's opinion of going on a two-day photo-taking trip for the purpose of getting to know the new members. Thus, the correct answer is ④.

30. Based on the fact that the man and the woman are talking about going on a photography club trip together, one can deduce that they are photography club members. At the end of the conversation, the woman proposed to decide the destination and schedule of the trip at a general meeting the next day, but the general meeting here refers to the photography club meeting, so ③ is incorrect. The correct answer is ②.

읽기 | Reading

[31~33] What are the following about? Choose the correct answer as in the example.

31.
I have an exam. I study (lit. look at books) a lot.

"시험이 있다(There is a test)," and "책을 보다(to look at the book)" have to do with "공부(study)." Thus, the correct answer is ③.
(Voca) 모자 hat, cap | 연락 contact | 여행 travel

32.
Tomorrow is Sunday. I will rest at home.

휴일 means a day of rest. Thus, the correct answer is ②.
(Voca) 은행 bank | 가을 autumn | 수업 class

33.
I listen to music. I like Korean singers.

You should choose the one related to music and Korean singers. Thus, the correct answer is ③.
(Voca) 일기 diary | 이름 name | 택시 taxi

[34~39] Choose the most appropriate word for the blank as in the example.

34.
I have an exam tomorrow, so I will go (   ) school by 9 o'clock.

The particle 에 functions as an adverb indicating the direction of a destination or certain behavior, attached to the previous word. Thus, the correct answer is ①.

35.
I (   ) a train at the station. The train arrives at 8 o'clock.

Since it says that the train comes at 8 o'clock, you know that the narrator is waiting for the train at the station. Thus, the correct answer is ③.
(Voca) 만들다 to make | 만나다 to meet | 싫어하다 to dislike

36.
My friend is coming to Korea. I'm waiting for her/him (   ) the airport.

The particle 에서 is attached to a place where a certain action is taking place. The airport is a place where the narrator is waiting for her/his friend. Thus, the correct answer is ③.

37.
There are lots of cars, so the streets are (   ).

It would be appropriate to use the expression 길이 막히다 (Streets are congested) because it states that there are lots of cars. Thus, the correct answer is ①.
(Voca) 넓다 to be wide/spacious | 깨끗하다 to be clean | 조용하다 to be quiet

38.
I have a lot of time on the weekends, so I (   ) watch a movie on weekends.

보통 usually means "in general, commonly." Since "having a lot of time on the weekends" is an expression of the narrator's general situation, it would be natural to complete the sentence to mean "generally" watch a movie. Thus, the correct answer is ①.
(Voca) 정말 really | 조금 a little | 아주 very

39.

I like games. I mostly ( ) games on the computer.

Game is used with the verb 하다. Thus, the correct answer is ①.

(Voca) 놀다 to play | 배우다 to learn |
보내다 to send (something), to spend (time)

[40~42] Read the following and choose the statement that doesn't agree.

40.

"I'm Also a Chef" Cooking Class

Date: Every Sunday 11:00－13:00
Location: 9th floor Cooking Academy

* Only 7－13 year olds can participate.

The location is a cooking academy on the 9th floor. Thus, the correct answer is ②.

41.

February

Sunday	Monday	Tuesday	Wednesday	Thursday	Friday	Saturday
7	8	9	10	11	12	13
shopping	basketball competition	Korean language class	-	Korean language class	movie with Ji-eun	Korean language class

On the 12th, the person who made this schedule doesn't watch a movie alone, but with Ji-eun. Thus, the correct answer is ③.

42.

Let's go on an MT!

We will go on a membership training to the East Sea/Coast on July 18, Saturday. We'll go by train. The participation fee is 20,000 won.

Please apply in the Korean Language Department office.

The participation fee is 20,000 won, not 10,000 won. Thus, the correct answer is ①.

Tip Koreans use MT(Membership Training) for a trip students from the same college take to promote friendship.

[43~45] Choose the statement that agrees with the following.

43.

I made a lunch appointment with my friend whom I met at school. However, we haven't decided the place and time of our get-together, so I'm going to call my friend.

One can infer the correct answer based on the statement that the narrator couldn't decide appointment location or time. Thus, the correct answer is ④.

44.

There is a post office in my school. I often go to the post office when I send holiday presents to my friends at home. It's convenient because it is not far.

Since the narrator says, "멀지 않아서 아주 좋습니다." at the end of the passage, we know that the post office is close. Thus, the correct answer is ③.

45.

I go to a park that is in front of my house after dinner. I feel good when I take a walk with my puppy. However, I don't go on rainy days.

We can infer that the narrator does not go out on rainy days based on the statement "비가 오는 날에는 가지 않습니다." at the end of the passage. Thus, the correct answer is ①.

[46~48] Read the following and choose the main content.

46.

My older sister was quiet and liked being alone when she was young, so she didn't have many friends. However, after she went to college, her personality changed and she meets people often.

You should choose the correct answer based on the statement that the narrator's sister, who was quiet and liked being alone, changed her personality and started meeting people often after going to college. Thus, the correct answer is ③.

47.

There is a lot of work to do these days at work. I go home late after a meeting every day. I have to work this weekend as well.

Since the narrator says that s/he goes home late after a meeting every day because there is so much work to do, we know that s/he is very busy. Thus, the correct answer is ②.

48.

I often watch movies at the cinema. It is more fun watching a movie on a big screen. I watch movies that I like two or tree times.

The narrator says that s/he usually watches movies at the theater because it is more interesting to watch movies on a big screen, so we know the narrator is a person who likes watching movies. Thus, the correct answer is ④.

[49~50] Read the following and answer the questions.

I am a student of the Korean Language Department. I'm now preparing for my graduation exam. I will be taking a writing and speaking exam. As for the writing exam, it will be (㉠) easy because I studied very hard. But I should practice more for the speaking test.

49. **Question type** Selecting the right word within the context (adjective)

아주 means far exceeding a normal degree. You should select an adverb that modifies an adjective 쉽다(to be easy), and 아주 would be appropriate as a degree adverb. Thus, the correct answer is ①.

(Voca) 일찍 early | 미리 in advance | 항상 always

50. **Question type** Understanding details (accordance)

In the beginning of the passage, it says "한국어과 학생입니다." Thus, the correct answer is ①.

[51~52] Read the following and answer the questions.

In Korea there are (㉠) when eating meals. When one eats with elders/seniors, s/he should eat after the elders start first. S/he should not stand up (leave the table) before elders do. One eats using chopsticks and a spoon, while keeping the bowl on the table. One doesn't hold the spoon and chopsticks together. One should not eat holding the bowl or making loud noise.

51. **Question type** Selecting the right expression within the context

The passage is about eating etiquette, that is, what is allowed and what is not during mealtime in Korea. 지키다 means "implement/carry out/execute things like regulations, promises, laws, and etiquette." Thus, the correct answer is ③.

52. **Question type** Understanding the subject of the text

Judging from the content that one should wait not only until elders start eating first but also until they leave the table when eating with elders, we know it's about table manners. Thus, the correct answer is ①.

[53~54] Read the following and answer the questions.

The weather these days is so hot that it's like summer. For this reason, people are wearing summer clothes even before the end of spring. (lit. even before spring had passed.) I too would like to wear summer clothes but I don't have them yet. So, I will be going to Dongdaemun Market in order to (㉠).

53. **Question type** Selecting the right expression within the context

–(으)러 is a connective ending expressing the purpose of action such as going or coming. The purpose of going to Dongdaemun Market is shopping. Thus, the correct answer is ③.

54. **Question type** Understanding details (accordance)

You should infer the correct answer based on the statement that the narrator wants to wear summer clothes but doesn't have them so would go to Dongdaemun Market. Thus, the correct answer is ④.

[55~56] Read the following and answer the questions.

Mr. Kim Cheolsu is a doctor. The hospital where Kim Cheolsu works at is not a building but a boat. He treats the diseases/illnesses of the people living on islands, by moving around the small islands on his boat. A hospital like this is very important because there are no hospitals on small islands. There are times when Kim Cheolsu feels lonely because he spends a lot of time on the boat and can't see his family. (㉠), he is very proud of his work whenever he sees the smiles of the people on the island.

55. **Question type** Selecting the right expression within the context (conjunction)

그렇지만(but, however) is a connective adverb that is used when the narrator admits the preceding content but it conflicts with the following content. Thus, the correct answer is ④.

56. **Question type** Understanding details (accordance)

Kim Cheolsu is an island doctor who goes around island villages and treats people living there. ④ is the correct answer since you know he often meets people on islands.

[57~58] Choose the correct order of the statements from among the following.

57.
(가) First, you borrow money from a card company.
(나) In a month, you give money back to the company.
(다) There are many people who use credit card in Korea.
(라) Thus, you must not use the credit card without planning.

You can guess the order of sentences by looking at discourse markers such as 그래서(Thus) and 먼저(First). It would be natural to say that you must not use a credit card without planning because the way credit card works is that you borrow money from the credit card company and pay back the money to the company in a month. Thus, the correct answer is ①.

58.
(가) I see many people who are taking pictures as well.
(나) I go to the Hangang River to ride a bike every weekend.
(다) It's a must for me to take interesting pictures when I play with my friends.
(라) The Hangang River is a place where families, friends, and lovers go frequently.

The narrator said that s/he goes to the Hangang River every weekend to ride a bike. In sentence (라) the key word 한강 that appeared in sentence (나) is used to connect the content, thus it is appropriate to put (라) after (나). (라) is the first sentence that explains the characteristics of the Hangang River, and those who go there, and in (가) "taking pictures" is another activity at the Han River, thus (가) would be appropriate as the next sentence to follow (라). In sentence (다) the narrator said that it's also a must that s/he himself/herself takes pictures when playing with her/his friends, (다) plays a role to complement (가). Thus, (다) should come after (가). The correct answer is ③.

[59~60] Read the following and answer the questions.

There are habits that are not good for our health among the habits that we usually think are good. (㉠) Drinking water is good for our health, but if one drinks too much water at a time, it is not good for digestion. (㉡) It is better to drink water periodically rather than drinking a lot of water at one time. (㉢) Sudden stretching will exert a bad influence on your waist. (㉣) It is better to stretch (your body) ten minutes after you get up after drinking water or brushing your teeth.

59. **Question type** Placing the sentence in the right place

It is not good to do stretching as soon as you get up.

You can guess that the given sentence can go into ㉢ or ㉣ because 스트레칭(stretching) was mentioned for the first time in the sentence after ㉢. However, it would be natural to arrange the sentences in such order that if one stretches as soon as s/he gets up, it would affect the waist badly. Thus, the correct answer is ③.

60. **Question type** Understanding details (accordance)
It says that sudden stretching would affect one's waist badly. Thus, the correct answer is ③.

[61~62] Read the following and answer the questions.

Many people want to live a long and healthy life. However, (㉠) the flu goes around or one eats the wrong food, s/he can get sick. There is a way of preventing oneself from falling sick. That is by washing the hands without fail after coughing or blowing one's nose, finishing cleaning, or preparing food or eating.

61. **Question type** Selecting the right expression within the context
–(으)면 is a connective ending that is used when supposing an uncertain fact or a fact that has not yet occurred. It would be natural to complete the sentence to mean that if the flu is going around or if one eats the wrong food, then they might get sick. Thus, the correct answer is ②.

62. **Question type** Understanding details (accordance)
In the first sentence it says "많은 사람들은 건강하고 오래 살고 싶어한다." Thus, the correct answer is ④. Although it says that if the flu goes around, one can get sick, it's not flu season now so ③ is incorrect.

[63~64] Read the following and answer the questions.

Recipient: kmj@maver.com
Sender: park@eco.co.kr
Subject: Happy Company Interview Pass

Name: Paul Jin
Congratulations on your passing!

Paul, welcome to our company! You can come to work beginning next Monday. You must report to work by 9 o'clock. However, since it's your first day of work in the office, please arrive 30 minutes early. Since it's the first day, we have a lot of things to inform you. Please come to room 202 on the 2nd floor. We will see you next week!

Happy Company

63. **Question type** Understanding the purpose
By looking at the subject of the mail, and the sentence "합격을 축하합니다!" you can infer that this person passed the interview. Thus, the correct answer is ②.

64. **Question type** Understanding details (accordance)
It says that Paul can come to work beginning next Monday. Thus, the correct answer is ③. Although he must report to work by 9, since it's the first day, Paul is asked to report 30 minutes early, so ① is incorrect.

[65~66] Read the following and answer the questions.

My personality is similar to that of my roommate's, so we're very close. By the way, my roommate had a fever and was very sick last night. I went to the hospital with her in a taxi. The doctor who treated my roommate (㉠) at the hospital for a few days. So, I came back alone, and I'm intending to go back to the hospital again today. I'll buy some porridge and take it to her/him.

65. **Question type** Selecting the right expression within the context
–도록 has the meaning of making someone act. You should complete the sentence to mean that the doctor forced my roommate to rest. Thus, the correct answer is ①.

66. **Question type** Understanding details (accordance)
Judging from the statement that the narrator went to the hospital with her/his sick friend but came back alone and that s/he is going to go back to the hospital again today, you know that her/his roommate was hospitalized yesterday. Thus, the correct answer is ③.

FINAL 실전 모의고사 · TOPIK I 제9회 해설집　125

[67~68] Read the following and answer the questions.

General bus fares will go up starting the 27th. The previously 1,100 won fare will rise to 1,250 won, and the 2,000 won fare will rise to 2,400 won. This is a 10% and 20% increase respectively. So, (㉠) in the morning, we have decided to give a discount. As the fares for the first bus until the 6:30 bus in the morning will be cheaper than the current fares, it is expected that many people will ride these buses.

67. **Question type** Selecting the right expression
버스 요금 is the money that the bus riders pay. Since it says in the subsequent sentence that "아침 첫 차부터 6시 반까지는 기존 요금보다 싼 요금을 낼 수 있으니까 많은 사람이 탈 것입니다." the correct answer is ②.

68. **Question type** Understanding details (accordance)
You should select the correct answer based on the content that the bus fares will go up from the 27th. Thus, the correct answer is ①.

[69~70] Read the following and answer the questions.

My friend likes making clothes. Whenever s/he has the time, s/he makes skirts or T-shirts with her/his old clothes that s/he no longer wears. The clothes that my friend makes look as pretty as clothes that were bought. People don't realize that they were handmade. I also have many clothes that I don't wear, so I am going to ask my friend a favor to turn old clothes into new clothes. The clothes (㉠) are the only one of their kind in this world. I'm really curious how the clothes will turn out.

69. **Question type** Selecting the right expression within the context
The narrator is intending to ask her/his friend who likes making clothes to turn old clothes into new clothes. It is appropriate to fill in the blank with "친구가 만든(my friend makes)." Thus, the correct answer is ②.

70. **Question type** Understanding details (accordance)
The narrator said that her/his friend likes making clothes and that s/he makes skirts or T-shirts using old clothes that s/he no longer wears. Thus, the correct answer is ③. It is right that the clothes that the narrator's friend made are one of a kind in the world. However, since the narrator's friend has not made any clothes for the narrator yet, ④ is wrong.

TOPIK MASTER 3rd Edition

FiNAL 실전 모의고사 10회
The 10th Final Actual Test

정답 ANSWERS

듣기, 읽기

듣기

1. ②	2. ④	3. ④	4. ①	5. ①	6. ③	7. ①	8. ②	9. ③	10. ①
11. ①	12. ④	13. ①	14. ④	15. ③	16. ③	17. ②	18. ①	19. ③	20. ③
21. ①	22. ④	23. ④	24. ②	25. ①	26. ②	27. ①	28. ②	29. ③	30. ②

읽기

31. ④	32. ①	33. ②	34. ①	35. ④	36. ①	37. ③	38. ①	39. ③	40. ③
41. ④	42. ④	43. ④	44. ②	45. ③	46. ①	47. ③	48. ④	49. ①	50. ④
51. ③	52. ④	53. ③	54. ④	55. ②	56. ③	57. ③	58. ①	59. ②	60. ②
61. ③	62. ③	63. ②	64. ④	65. ③	66. ②	67. ②	68. ④	69. ①	70. ①

듣기 Listening

[1~4] Listen to the following and choose the correct answer as in the example.

1.
여자 동생이 의사예요?

남자 _____

W Is your younger sibling a doctor?

M _____

To the question "N이에요/예요?", you should answer "네, N이에요/예요" if the answer is in the affirmative, and "아니요, N이/가 아니에요" if the answer is in the negative. Thus, the correct answer is ②.

2.
남자 공원이 깨끗해요?

여자 _____

M Is the park clean?

W _____

To the question "공원이 깨끗해요?", you should answer "네, N이/가 깨끗해요" if the answer is in the affirmative; you should reply "아니요, N이/가 깨끗하지 않아요/안 깨끗해요" or "아니요, 공원이 더러워요" using 더럽다(to be filthy) which is the opposite of 깨끗하다(to be clean), if the answer is in the negative. Thus, the correct answer is ④.

3.
남자 이건 누구한테 보낼 거예요?

여자 _____

M To whom will you send this?

W _____

Since the question begins with the word 누구, you should choose the answer that has to do with an object. Thus, the correct answer is ④.

4.
남자 어제 산 컴퓨터는 어때요?

여자 _____

M How is the computer that you bought yesterday?

W _____

To the question of how the computer that the man bought yesterday is, you should answer whether it is good or not. Thus, the correct answer is ①.

[5~6] Listen to the following and choose what comes next as in the example.

5.
여자 조용히 해 주세요.

남자 _____

W Please be quiet.

M _____

The most natural response to the woman's request to stay quiet is to accede to her request. Thus, the correct answer is ①.

Answer to a favor/request
• When accepting a request:
네, 알겠습니다. Yes, I see.
물론 가능합니다. Of course, it's possible.
얼마든지 –(으)ㄹ 수 있어요. I certainly can …
• When rejecting a request: 죄송해요./미안해요. I'm sorry.

6.
여자 여기요. 김치 좀 더 주세요.

남자 _____

W Excuse me. Please give me more kimchi.

M _____

The most natural response to the woman's request for more kimchi is "Wait a minute." Thus, the correct answer is ③.

[7~10] Where is this conversation taking place? Choose the correct answer as in the example.

7.
남자 한국의 현대 그림은 몇 층에 있어요?

여자 3층에서 보실 수 있습니다.

M On which floor are the modern Korean paintings located?

W They're on the third floor.

Judging from the man's question to the woman of where he can see modern Korean paintings, you know that this conversation is taking place at a gallery. Thus, the correct answer is ①.

(Voca) 사진관 photo studio | 도서관 library | 영화관 cinema

8.
남자 수업 시간에는 휴대폰을 보지 마세요.

여자 네, 알겠습니다.

M Please don't use your cell phone during class.

W Yes, I got it.

The man asked the woman not to look at her cell phone in "수업 시간" so we know that this conversation is taking place in a 교실. Thus, the correct answer is ②.

(Voca) 서점 bookstore | 도서관 library | 주유소 gas station

9.

남자 여기에서 컵라면을 먹을 수 있어요?

여자 앞에 테이블과 의자가 있습니다. 그곳에서 드시면 됩니다.

M Can I eat *cup-ramyeon* here?

W There is a table and chair in front. You can have it there.

The man is planning to buy (and eat) *cup-ramyeon* and the woman is telling him where he can eat it. A place where one can buy and eat *cup-ramyeon* is a convenience store. Thus, the correct answer is ③.

(Voca) 식당 restaurant | 은행 bank | 운동장 playground

10.

남자 두 시 영화 표, 성인 두 장 주세요.

여자 죄송합니다. 두 시 표는 매진됐습니다.

M Two regular (adult) tickets for the two o'clock movie, please.

W Sorry but the two o'clock show is all sold out.

The man is buying movie tickets and the most appropriate place to buy movie tickets is a cinema. Thus, the correct answer is ①.

(Voca) 서점 bookstore | 은행 bank | 공항 airport

[11~14] What are the following about? Choose the correct answer as in the example.

11.

여자 방학이 언제부터예요?

남자 7월 15일부터 여름 방학이에요.

W When does school vacation start?

M Summer vacation is from July 15.

The woman asks the man when the school vacation starts and the man answers that it start from July 15. Thus, the correct answer is ①.

(Voca) 요일 days of the week | 계절 season | 달력 calendar

12.

여자 아침에 뭐 드셨어요?

남자 김치찌개를 먹었어요.

W What did you have for breakfast?

M I ate kimchi stew.

The woman is asking the man what he ate for breakfast and the man answers that he ate kimchi stew. Thus, the correct answer is ④.

(Voca) 건강 health | 여행 travel | 휴일 holiday

13.

남자 방이 몇 개 있어요?

여자 두 개 있어요. 거실도 따로 있어요.

M How many rooms are there?

W There are two. There is also a separate living room.

Based on the words 방 (room) and 거실 (living room), you know the two are talking about a house. Thus, the correct answer is ①.

(Voca) 일 work | 값 price | 맛 taste

14.

여자 대학교를 졸업하고 무엇을 할 거예요?

남자 고향에 돌아가서 한국 회사에 취직할 거예요.

W What will you do after graduating from college?

M I'll go back to my hometown and get a job at a Korean company.

When the woman asked the man what he would do after graduating from college, the man explains his 계획(plan) to get a job in a Korean company. Thus, the correct answer is ④.

(Voca) 기분 mood/feeling | 시간 time | 주소 address

[15~16] Listen to the following and choose the picture that matches best.

15.

남자 여행 상품을 좀 알아보러 왔어요.

여자 네, 손님. 먼저 이 책을 보시고 장소를 결정해 주세요.

M I came to learn more about travel packages.

W Sure. Please look at this book first and decide the location.

Judging from the man's statement that he came to learn about travel packages, you know that this conversation is taking place at a travel agency. Since the woman said "이 책을 보시고," ④, in which she is looking for information on the computer, is wrong. Thus, the correct answer is ③.

16.

남자 산에서 김밥을 먹으니 정말 맛있어요.

여자 김밥 다 먹고 조금만 더 높이 올라가요.

M It tastes delicious to eat kimbab on the mountain.

W Let's go a little higher after eating the kimbab.

Based on the man's statement that eating kimbab on the mountain is delicious, we know that options ② and ③ are possibly correct. However, judging from the woman's subsequent statement, "다 먹고 더 올라가요," we know that the conversation is taking place on the hillside of the mountain and that they are eating kimbab together. Thus, the correct answer is ③.

[17~21] Listen to the following and choose the statement that agrees with the conversation as in the example.

17.

여자 민수 씨, 어제 왜 회사에 안 왔어요?

남자 회사에 오다가 교통사고가 났어요. 그래서 병원에 갔었는데 지금은 괜찮아요.

여자 정말요? 오늘은 일찍 집에 가서 쉬세요.

---

w Minsu, why didn't you come to work yesterday?

M I had a car accident on my way to work, so I went to the hospital but I'm okay now.

w Really? You should go home early today and rest.

Responding to the woman's question of why he didn't come to work yesterday, the man answers that he had a car accident on his way to work. Thus, the correct answer is ②.

18.
여자 한국 호텔입니다. 무엇을 도와 드릴까요?

남자 김민수인데요. 방 하나를 더 예약하고 싶어서요.

여자 이번 주 토요일 침대 있는 방을 예약하셨네요. 지금은 침대 없는 방밖에 없는데 괜찮으신가요?

남자 네, 좋아요. 침대가 없는 방을 하나 더 예약해 주세요.

w This is Hanguk Hotel, how may I help you?

M My name is Kim Minsu. I would like to reserve one more room.

w You have reserved a room with a bed for this Saturday. The only rooms remaining are without beds, is that okay?

M Yes, it's okay. Please reserve one more room without beds.

Since the man said he would like to reserve "하나 더(one more)" room, we know that he has already reserved a room. The woman confirms that the man already has a room with a bed reserved and says that only rooms without beds are available, so ③ is a wrong answer. The correct answer is ①.

19.
여자 민수 씨, 배가 좀 고픈데 음식을 만들어 먹을까요?

남자 그래요. 떡볶이가 어때요? 매운 음식이 먹고 싶어요.

여자 좋아요. 어……. 그런데 집에 떡이랑 고추장이 없는데 어떡하죠?

남자 그럼, 그냥 집 앞 음식점에서 사 먹어요.

w Minsu, I'm a little hungry, shall we make some food?

M Let's do that. How about *tteokbokki*? I am craving spicy food.

w Sure. Oh, we don't have rice cake and red pepper paste. What shall we do?

M Let's just go to a restaurant in front of the house.

When the woman first proposes to cook food, the man suggests that they eat *tteokbokki* because he wants to eat spicy food. Thus, the correct answer is ③.

20.
여자 어제 백화점에서 새로 산 가방인데 어때요?

남자 어, 이 가방 요즘 사람들이 많이 메고 다니는 것 같아요.

여자 맞아요. 요즘 유행하는 가방이라서 제 친구들도 모두 이 가방을 샀어요.

남자 정말요? 그럼 저도 하나 사서 여자 친구한테 선물해 줘야겠네요.

w This is the bag that I bought at the department store yesterday. What do you think?

M It looks like the one that many people carry these days.

w You're right. This bag is very popular recently so all my friends bought one.

M Really? Then, I should buy one and give it to my girlfriend as a present.

At the end of the conversation the man said that he would buy a bag and give it to his girlfriend. Thus, the correct answer is ③.

21.
여자 금요일에 시험인데 시험공부 많이 했어요?

남자 아……. 저는 이번 주 목요일에 고향에 가야 해요. 그래서 시험을 볼 수 없어요.

여자 정말요? 그럼 시험 점수는 어떡해요?

남자 시험 대신 보고서를 쓰기로 했어요. 교수님이 허락해 주셨어요.

w There is a test on Friday. Did you study hard?

M Well…. I have to go to home this Thursday, so I can't take the test.

w Really? Then what happens to your test score?

M I decided to write a report instead. The professor gave me permission.

The man can't take the test because he has to go to his home this Thursday. Thus, the correct answer is ①.

[22~24] Listen to the following and identify the woman's main idea.

22.
남자 이번 달에 돈을 너무 많이 써서 큰일이에요.

여자 아……. 어디에 돈을 그렇게 많이 썼어요?

남자 잘 모르겠어요. 그냥 친구들하고 밥도 먹고 옷도 샀는데 이렇게 많이 쓴지 몰랐어요. 다음 월급을 받을 때까지 아껴 써야겠어요.

여자 가계부를 쓰면 남은 돈이 얼마인지 바로 알 수 있기 때문에 매일매일 가계부를 쓰는 것이 좋아요. 그러면 어디에 돈을 쓰는지 알 수 있어서 돈을 아낄 수 있을 거예요.

M I'm in trouble because I spent too much money this month.

w How exactly did you spend all that money?

M I don't know. I just had food with my friends and bought some clothes, but I didn't realize that I spent that much. I have to be frugal until my next paycheck.

w You know how much money is left if you track household accounts, so it would be better track household accounts every day. Then, you would know what you spent your money on so you can save it.

The woman thinks that if she tracks household accounts, she would know right away how much money is left and what she spends money on so that she can save money. Thus, the correct answer is ④.

(Voca) 가계부 household accounts

23.

남자 요즘 자전거를 타고 출근하는데 정말 좋은 것 같아요.

여자 자동차를 타고 오면 편한데 왜 자전거를 타세요? 자전거를 타면 땀도 많이 나고 몸이 힘들어서 일할 때 피곤하지 않아요?

남자 아니에요. 출근하면서 운동할 수 있어서 좋고 돈도 아낄 수 있어서 좋아요. 수미 씨도 자전거로 출근해 보세요.

여자 아니에요. 저는 괜찮아요. 그냥 자동차를 탈래요.

M I come to work by bicycle these days and I think it's great.

W Driving is convenient though, why do you ride a bike? If you ride a bike, don't you get sweaty and worn out and then are tired when you work?

M No. that's not the case. It's nice to do exercise on your way to work. You can also save some money. Why don't you come to work by bike, Sumi?

W That's okay, thanks. I'm just going to drive.

The woman feels that going to work in a car (driving to work) is better because if she rides a bike she would get sweaty and be worn out and tired for work. Thus, the correct answer is ④.

24.

남자 수미 씨는 사진 찍는 것을 별로 안 좋아하는 것 같아요.

여자 네. 사진기가 무겁고 커서 들고 다니기 힘들어요. 그리고 사진을 찍어도 다시 보지 않아서요.

남자 그래요? 하지만 시간이 지나서 나중에 사진을 다시 보면 좋지 않아요? 기억하지 못한 것들도 생각나고요. 저는 그래서 사진 찍는 게 좋아요.

여자 저는 민수 씨가 찍은 사진을 보죠, 뭐.

M It appears that you don't like taking photos that much, Sumi.

W You're right. The camera is heavy and big so it's hard to carry it around. Also, even if I take photos, I don't look at them again.

M Really? But wouldn't it be nice if you look at the photos later after some time passes? You'll remember things that you had forgotten. That's why I like taking photos.

W I'll look at the photos that you take, Minsu.

The woman is agreeing with the man's statement that she doesn't particularly like taking pictures. Thus, the correct answer is ②.

[25~26] Listen to the following and answer the questions.

여자 저는 고등학생 딸이 있는 주부입니다. 결혼한 후에 계속 공부하고 싶었지만 딸 때문에 하지 못했습니다. 그런데 내년에는 딸이 대학교에 입학해서 시간이 많을 것 같습니다. 그래서 저도 대학원에 입학해서 한의학을 다시 공부하려고 합니다. 대학원에 입학하려면 영어 시험과 면접을 봐야 하기 때문에 요즘에는 영어 신문을 열심히 읽고 있습니다.

W I am a housewife who has a daughter in high school. I wanted to continue studying after getting married but I couldn't because of my daughter. However, I will have more time next year because my daughter will go to college. So, I am intending to go to graduate school and study oriental medicine again. Since I have to take an English exam and an interview in order to be admitted to graduate school, I'm reading English newspapers diligently these days.

25. The woman is talking about her future plan of "entering graduate school of oriental medicine." Thus, the correct answer is ①.

(Voca) 주부 housewife │ 한의학 oriental medicine

26. Judging from the woman saying that she intends to study oriental medicine 다시(again) after being admitted to a graduate school, you know that she has studied oriental medicine before. Thus, the correct answer is ②.

[27~28] Listen to the following and answer the questions.

남자 수미 씨, 학교 건너편에 있는 카페 알아요?

여자 그럼요. 사장님이 친절하고 잘생기셔서 그 카페에 자주 가요.

남자 오늘 거기서 특별 샌드위치를 팔아요. 그래서 가 보려고요.

여자 아, 샌드위치를 판 돈으로 부모님이 없는 아이들을 도와주는 행사요? 같이 가요. 그런데 그 카페 사장님은 정말 착한 것 같아요.

남자 맞아요. 가끔 학생들이 돈이 부족하면 쿠키나 샌드위치를 그냥 주기도 해요.

여자 저도 몇 번 봤어요. 커피랑 음식도 맛있고 사장님도 너무 좋아서 계속 그 카페에 가게 돼요.

M Sumi, do you know the café opposite from school?

W Of course. I go there often because the owner is kind and good-looking.

M They're selling a special sandwich today so I'm going to go.

W Oh, you mean the event that will help orphans with the money earned from the sandwich? Let's go together. By the way, the owner of the café looks really kind-hearted.

M You're right. When students are short on their money every once in a while, he gives them cookies or sandwiches for free.

W I've also seen that happen a few times. The coffee and food are good and I like the owner so I keep going back there.

27. The two are saying that the café owner is kind and good-hearted. Thus, the correct answer is ①.

28. Judging from the woman's response that she goes to the café often to the man's question of whether she knows the café across from school, you know that the woman has been to the café near school before. Thus, the correct answer is ②.

[29~30] Listen to the following and answer the questions.

여자 민수 씨, 쉬는 시간 얼마 안 남았는데 어디 가요?

남자 배가 고파서 뭐 좀 사 먹으려고요. 같이 갈래요?

여자 같이 가고 싶은데 숙제를 해야 돼요. 어제 저녁에 친구들이 집에 놀러 와서 늦게 잤어요. 그래서 숙제를 다 못 했어요.

남자 아……. 오늘까지 숙제를 안 하면 점수가 안 좋을 거예요. 빨리 하세요.

여자 네. 그런데 너무 졸리네요. 민수 씨, 정말 미안한데 오면서 커피 좀 사다 줄래요? 제가 이따 수업 끝나고 점심 살게요.

남자 좋아요. 그럼 숙제하고 있어요. 빨리 갔다 올게요.

W   Minsu, the break is almost over (lit. little time is left). Where are you going?

M   I'm hungry so I'm going to buy something. Do you want to come with me?

W   I want to but I should do homework. My friends visited me last night so I went to bed late. That's why I couldn't finish my homework.

M   Well…. If you don't finish your homework by today, your score won't be good. Hurry and do it.

W   Yes, but I'm so sleepy. Minsu, I'm really sorry but would you get me a coffee on your way back? I'll buy you lunch after class.

M   Okay. Then keep doing your homework. I'll be right back.

29. The woman couldn't finish her homework yesterday because she spent time with her friends, so she is going to do her homework in the classroom. Thus, the correct answer is ③.

30. The man is going to get something to eat during the break because he is hungry. Thus, the correct answer is ②.

읽기   Reading

[31~33] What are the following about? Choose the correct answer as in the example.

31.
I buy fruits. They are cheap and there are many.

Based on 과일(fruit), 아주 싸다(to be very cheap), 물건이 많다(there are many items), you know that it is about a 시장(market). Thus, the correct answer is ④.

(Voca) 요일 days | 전화 telephone | 파티 party

32.
I'm a taxi driver. Many people take my taxi.

Taxi driver is a type of occupation. Thus, the correct answer is ①.

(Voca) 지폐 bill | 이름 name | 휴일 holiday

33.
Today is January 10. Tomorrow is my birthday.

1월 10일(January 10) and 생일(birthday) are espressions of 날짜(date). Thus, the correct answer is ②.

(Voca) 지도 map | 겨울 winter | 장소 place

[34~39] Choose the most appropriate word for the blank as in the example.

34.
School vacation will begin tomorrow. I will go on a trip (   ) Busan.

에 is an article indicating that the preceding word is the destination or the progress direction of a certain action. Thus, the correct answer is ①.

35.
I (   ) an umbrella in the subway. I bought another umbrella.

Since the narrator said that s/he bought a second umbrella, it would make sense to say "I lost my umbrella" in the preceding sentence. Thus, the correct answer is ④.

(Voca) 줍다 to pick up | 만들다 to make | 잊어버리다 to forget

36.
I caught a cold. I will go to the hospital and get treatment.

The narrator said that s/he will get treatment at the hospital, it would be appropriate to place "감기에 걸리다(caught a cold)" in the preceding sentence. Thus, the correct answer is ①.

37.
I ate a big dinner. I'm (   ) now.

Here 저녁 means "dinner." 배(stomach) is used with such verbs as 아프다(to be sick/to hurt), 고프다(to be hungry), 부르다(to be full) etc. Since the narrator said that s/he ate a big dinner, "배가 부르다" is most appropriate. Thus, the correct answer is ③.

(Voca) 있다 to exist/to have | 적다 to be little

38.
The exam was hard, so I will take it (   ).

다시 means repeating a certain thing. As the narrator said that the exam was hard and the sentence was linked with a connective adverb 그래서, it would be most appropriate to say "다시 시험을 본다(to take an exam again)." Thus, the correct answer is ①.

(Voca) 아주 very | 정말 really | 절대 never

39.

> My clothes are very dirty, so (   ).

The narrator says that her/his clothes are dirty and the sentence is linked by a connective adverb 그래서, "빨래하다(to do laundry)" would be most appropriate for the blank. Thus, the correct answer is ③.

(Voca) 운동하다 to exercise │ 요리하다 to cook │ 청소하다 to clean (a place)

[40~42] Read the following and choose the statement that doesn't agree.

40.

> ### You're invited to "Good Parent" Talk.
>
> ■ **Dates:** October 16 and 30, 2024 at 7 pm
> ■ **Location:** Hanguk University Library
>
> ※Adolescents who come with their parents will receive a gift.

Not everyone will receive a gift, but adolescents who attend with their parents will receive a gift. Thus, the correct answer is ③.

Tip Unlike 일월(January), 이월(February), and 삼월(March), 유월(June) and 시월(October) lose ㅂ and ㄹ respectively.

41.

> ### Clean desk for sale.
>
> Used for one year. No accompanying chair.
> Price: 20,000 won
> contact: myo987@khu.ac.kr

For contact information, there is no phone number. Those who want to buy the desk should contact the seller by e-mail. Thus, the correct answer is ④.

42.

> ### Floor Directory
>
> **4th Floor:** Lecture Room
> **3rd Floor:** Computer Room, Lecture Room
> **2nd Floor:** Faculty Room, Main Conference Room
> **1st Floor:** Office, Convenience Store

Since the computer room is on the third floor, one should go to the third floor to use a computer. Thus, the correct answer is ④.

[43~45] Read the following and choose the statement that matches.

43.

> I am very bad at cooking, so I eat out often. Since I eat little, it is less expensive than cooking.

The narrator says that "밖에서 자주 사 먹는다." However, s/he says in the last sentence that "조금씩 먹어서 음식을 만들어 먹는 것 보다 비싸지 않다." Thus, the correct answer is ④.

44.

> The bookstore in my school didn't have the book that I was looking for, so I went to a big bookstore in Seoul. I bought the book since they had it there.

The narrator said, "서울에 있는 큰 서점에 갔습니다." Thus, the correct answer is ②.

45.

> Drinking a lot of water is good for your health. As I frequently drink a little water at a time, I've become healthier.

You should infer the correct answer based on what the narrator said, which is that s/he frequently drinks a litter water at a time because drinking a lot of water would be good for your health. Thus, the correct answer is ③.

[46~48] Read the following and choose the main content.

46.

> Today I saw the movie *Friend*. After I watched the movie, I got in touch with my high school friends for the first time in a long time. I met with them, talked and we made travel plans.

You should choose the correct answer based on the content that the narrator met her/his friends, talked with them, and made travel plans. Thus, the correct answer is ②.

47.

> There is a performance by our school dance club this weekend. I have been practicing dancing hard since two months ago. I can't wait to perform.

The narrator has been practicing dance since two months ago. You can infer that the narrator is eagerly awaiting the performance judging from the phrase "공연을 빨리 하고 싶습니다." Thus, the correct answer is ③.

48.

> Because the weather was hot, I bought some summer clothes a few days ago. It feels good when I wear those clothes because they are cool. I'm going to wear those clothes again tomorrow.

The narrator says that the summer clothes that s/he bought a few days ago are good because they are cool. Thus, the correct answer is ④.

[49~50] Read the following and answer the questions.

> I came to Korea last month. I work at a company during the day and learn Korean at night. The book I'm studying is a bit hard, so my colleague recommended a (㉠) book. I'll go to a bookstore to buy that book this coming weekend.

49. **Question type** Selecting the right word within the context (adjective)

다른 is a modifier which refers to a different one of the thing being referred to. In the last sentence, the narrator said that s/he would go to a bookstore to buy a book that her/his colleague recommened. That book is different(다른) than the one that the narrator has. Thus, the correct answer is ①.

(Voca) 비싸다 to be expensive | 어렵다 to be difficult | 깨끗하다 to be clean

50. **Question type** Understanding details (accordance)
The narrator said that s/he worked at a company and studied Korean at night little by little. Thus, the correct answer is ④.

[51~52] Read the following and answer the questions.

"Hanji Craft" is a handicraft in which people make things with Hanji, traditional Korean paper. "Hanji" is a paper that is made in a traditional way, and people make various things with it. People make daily necessities or dolls. They make boxes for items they can (㉠), maps, paper flowers, etc. These are very popular with foreigners because they are sturdy and last long, and they have traditional Korean shapes.

51. **Question type** Selecting the right expression within the context
It is about boxes and other things that can be made with 한지. One can "put things in" the boxes. Thus, the correct answer is ③.

Tip 한지, which literally means "Korean paper," is a traditional Korean paper that is handmade from mulberry trees,

52. **Question type** Understanding the subject of the text
This is about "handicrafts" that has to do with making stuff with 한지, which is a traditional Korean paper. Boxes, maps, and paper flowers are things that can be made with 한지. Thus, the correct answer is ④.

[53~54] Read the following and answer the questions.

I like exercising outside these days. I would like to exercise every day because the new sneakers that I bought are comfortable. However, it's raining outside today. (㉠) my sneakers will get dirty if they get wet, I'm going to take today off and will exercise again tomorrow.

53. **Question type** Selecting the right expression within the context
You should choose a connective that will reveal the reason why "I'll rest today and exercise again tomorrow." –(으)니까 is a connective ending that indicates the preceding word becomes the reason or basis of the following word, and thus the expression "because my sneakers will get dirty if they get wet" is the most appropriate expression. Thus, the correct answer is ③.

54. **Question type** Understanding details (accordance)
The narrator said that s/he would like to exercise every morning because her/his new sneakers are comfortable. Thus, the correct answer is ④.

[55~56] Read the following and answer the questions.

In our school, there is a culture experience once a month. Last month, we went to Bukchon Korean traditional house village. In Bukchon, we walked and took a look at the alleys with traditional Korean houses. (㉠) since people are still living in these houses, one has to be quiet while looking. We couldn't see the inside of the houses, but we could get a feel of Korea's past.

55. **Question type** Selecting the right expression within the context (conjunction)
The narrator is talking about sightseeing at a traditional Korean house village and mentions something visitors need to keep in mind to respect the people who live there. 그런데 is a connective adverb that is used when the narrator leads to a different direction while linking the topic of the subsequent sentence to the preceding content. Thus, the answer is ②.

56. **Question type** Understanding details (accordance)
It says that one should look quietly because people are still living in the Bukchon Korean traditional house village. Thus, the correct answer is ③.

[57~58] Choose the correct order of the statements from among the following.

57.

(가) Even so, I go to see my parents by bus during the weekend.
(나) I don't live with my parents due to my work.
(다) It takes about four hours to get to where my parents live.
(라) When I arrive there, my mother always cooks a delicious meal for me.

Question type Selecting the right expression within the context
You can find the correct answer by looking at discourse markers such as 그래도 and 그 곳. It would be natural to arrange the sentences in such order that first, you don't live with your parents because of your work, then, you go see your parents during the weekend although it takes about four hours to go to your parents' house. Then, you eat the food that your mother cooks. Thus, the correct answer is ③.

58.

(가) The facilities are good so it is really good for studying.
(나) My school library is very big.
(다) So, I go to the library whenever I have time.
(라) I'll read a book in the library today as well since I have time.

Question type Arranging the sentences in right order
One can find the order through the words 시설도, 그래서 and 오늘도. The narrator said that in her/his school "the library is very big." The fact that the library is big is a strength. Then, in (가) it says "the facility is good as

well," which is another strength so one could guess that (가) succeeds (나). Since it says in (라) that "I have time today as well," one knows that talking about the time appears a second time. Thus, the correct answer is ①.

[59~60] Read the following and answer the questions.

When I am on a trip, I always send a postcard back home. (㉠) I choose a postcard that depicts the scenery of the place that I traveled to. (㉡) I can think about the place I traveled to again while looking at the postcard, and I can also decorate a wall with the card that has beautiful scenery. (㉢) The postcard that I sent from a place I traveled to becomes another travel souvenir for me. (㉣)

59. **Question type** Placing the sentence in the right place

When I arrive at home after the trip, the postcard is awaiting me.

It would be natural to locate the sentence to make sense that the narrator arrives home and thinks about the place s/he traveled to again while looking at the postcard that s/he sent. Thus, the correct answer is ②.

60. **Question type** Understanding details (accordance)
The narrator is explaining the advantages of sending a postcard from the travel destination while saying that s/he sends home a postcard without fail. Thus, the correct answer is ②.

[61~62] Read the following and answer the questions.

People like cute animals. One becomes happy living with animals. Thus, many people raise puppies or cats at home. Raising an animal can especially help heal sick people. Moreover, when old people live with animals, they can be healthier and (㉠). Since animals and people are very close, even young people these days would like to raise small animals.

61. **Question type** Selecting the right expression within the context
It would be natural if one completes the sentence meaning that it is more likely that old people will become healthier and live longer. –(으)ㄹ 수 있다 is used when expressing one's ability to do a certain thing or a likelihood of something to happen. Thus, the correct answer is ③.

62. **Question type** Understanding details (accordance)
You should choose the correct answer based on the content that people like cute animals and that they become happy when living with animals. Thus, the correct answer is ③.

[63~64] Read the following and answer the questions.

Recipient: jungks88@maver.com
Sender: ling321@ppec.ac.kr
Subject: To My Dear Professor

Dear Professor Jung,
How are you?
I'm Lingling, a graduate from the Korean Language Department five years ago. I've been attending a graduate school here in China since my return upon graduating in Korea. I'm still in school but it looks like I will graduate next year. When I graduate, I will definitely come see you. How's your health? I hope to see you soon. Stay healthy. (bye-bye).

Lingling

63. **Question type** Understanding the purpose
①, ③, ④ can't be inferred based on what is given here. Since Lingling is asking her/his professor's health while informing her/his recent state, one could know that s/he is asking after the professor. Thus, the correct answer is ②.

64. **Question type** Understanding details (accordance)
The narrator is a graduate of the Korean Language Department, and has been attending a graduate school since her/his return to China. Since s/he said, "졸업하면 꼭 교수님께 찾아 가겠습니다." the correct answer is ④.

[65~66] Read the following and answer the questions.

There is a broken bed in my room. It was okay until last week but it has become strange since my friend's son's visit. So, I went to a furniture store to replace it. There were cheap beds and expensive beds. The bed that I bought last time was too cheap, (㉠) broke quickly. So, I am going to buy a bed that is a bit more expensive this time.

65. **Question type** Selecting the right expression within the context
The narrator is guessing the reason for the past incident, saying that the bed got broken quickly because s/he bought a cheap bed. –(으)ㄴ 것 같다 is used when one makes a guess about things which happened in the past, attached to a verb. Thus, the correct answer is ③.

66. **Question type** Understanding details (accordance)
You should choose the correct answer based on the content that the narrator went to a furniture store in order to replace a broken bed. Thus, the correct answer is ②.

In wintertime, it is easy for the air in the house to become dry. If the air is dry, one can easily catch a cold and get an achy throat. It is good to (㉠) in order to keep the air in the house from being dry. When there are lots of plants, the house is not dry because there is a lot of moisture in the air. And it is good to leave room doors open so that the air circulates well in the house. It is also good to leave a wet towels or the wash to dry in the room.

67. **Question type** Selecting the right expression

It would be most appropriate to say "it is good to grow plants in the house" in the preceding sentence because it says that if there are lots of plants in the house, the house is not dry because the moisture level will increase. Thus, the correct answer is ②.

68. **Question type** Understanding details (accordance)

It says that it would be good to leave room doors open so that the air circulates well. Thus, the correct answer is ④.

[69~70] Read the following and answer the questions.

I met a friend who is studying at another school through my friend's introduction. S/he didn't speak Korean very well and seemed to be acting rudely towards me because his/her culture is different from mine. So, I didn't like him/her at first. But as we continued to talk, I realized that we had the same interests and s/he had a very nice personality. I learned that when you meet people, you shouldn't judge them by their first impression, but take the time to get to know them and (㉠) each other slowly and gradually through conversation.

69. **Question type** Selecting the right expression within the context

The narrator said that although s/he didn't like this friend at first because s/he was not good at Korean and also because s/he seemed to be rude towards her/him, but s/he acknowledged that this friend had a good personality. The narrator realized that it's important to understand a person through conversation and not just rely on first impressions when meeting someone. −아/어/여야 한다 is an expression that indicates a mandatory act or necessary condition for someone to do something or to reach a certain situation. Thus, the correct answer is ①.

70. **Question type** Understanding details (accordance)

Since it says that while talking, the narrator found out that they have the "same likes," one knows that they have the same hobbies. Thus, the correct answer is ①.